광주광역시
공공기관 직원
통합채용

직업기초능력평가(NCS)

광주광역시 공공기관 직원
공공기관 직원 통합채용
직업기초능력평가(NCS)

개정 3판 1쇄 발행　　　 2024년 04월 01일
개정 4판 1쇄 발행　　　 2025년 03월 17일

편 저 자 ｜ 취업적성연구소
발 행 처 ｜ (주)서원각
등록번호 ｜ 1999-1A-107호
주　 　소 ｜ 경기도 고양시 일산서구 덕산로 88-45(가좌동)
대표번호 ｜ 031-923-2051
팩　 　스 ｜ 031-923-3815
교재문의 ｜ 카카오톡 플러스 친구 [서원각]
홈페이지 ｜ goseowon.com

우리나라 기업들은 현재까지 비약적인 발전을 이루고 있습니다. 이렇게 급속한 성장을 이룰 수 있었던 배경에는 국민들의 근면성과 도전정신이 있었습니다. 그러나 빠르게 변화하는 세계경제의 환경에 적응하기 위해서는 근면성과 도전정신뿐만 아니라 또 다른 성장요인이 필요합니다.

최근 대부분의 공사·공단에서는 기존의 직무 관련성에 대한 고려 없이 치러지던 인·적성, 지식 중심의 필기전형에서 탈피하여 산업현장에서 직무를 수행하기 위해 요구되는 능력을 산업부문별·수준별로 체계화 및 표준화한 직업기초능력평가(NCS)를 기반으로 채용공고 단계에서 제시되는 '직무설명자료'의 직업기초능력과 직무수행능력을 측정하기 위한 직업기초능력평가(NCS), 직무수행능력평가 등을 도입하고 있습니다.

광주광역시 공공기관에서도 업무에 필요한 역량 및 책임감과 적응력 등을 구비한 인재를 선발하기 위하여 고유의 필기전형을 치르고 있습니다.

> 본서는 광주광역시 공공기관 채용대비를 위한 도서입니다.
>
> **1** 광주광역시 및 채용 안내를 수록하였습니다.
>
> **2** 직업기초능력평가(NCS)에 대한 전반적인 이해를 돕기 위해 핵심 이론 및 대표유형 문제 수록하였습니다.
>
> **3** 고득점을 위해 최근 출제 유형을 반영한 영역별 예상 직업기초능력평가(NCS) 문제를 수록하였습니다.

신념을 가지고 도전하는 사람은 반드시 그 꿈을 이룰 수 있습니다. 처음에 품은 신념과 열정이 합격의 그날까지 빛바래지 않도록 서원각이 응원합니다.

Structure

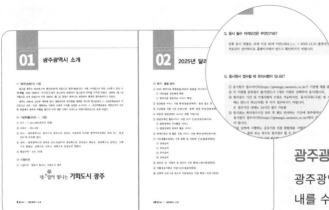

광주광역시 소개

광주광역시 시정 및 2025년 달라지는 시책 및 제도, 채용 안내를 수록하여, 시험 준비 전 광주광역시에 대한 기본적인 정보를 확인할 수 있습니다.

NCS 핵심이론 및 대표유형

직업기초능력평가(NCS) 핵심이론을 체계적으로 정리하고, 대표유형 문제를 수록하여 시험에 대한 전반적인 이해를 높일 수 있도록 하였습니다.

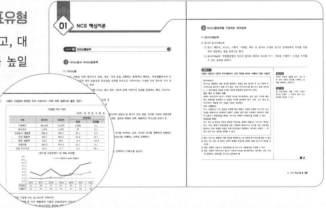

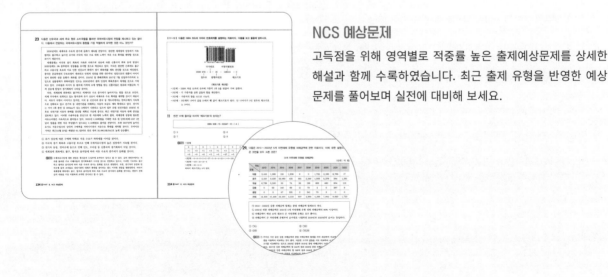

NCS 예상문제

고득점을 위해 영역별로 적중률 높은 출제예상문제를 상세한 해설과 함께 수록하였습니다. 최근 출제 유형을 반영한 예상문제를 풀어보며 실전에 대비해 보세요.

Contents

PART

I

광주광역시
소개

—

광주광역시 소개

(1) '광주(光州)'의 기원

빛고을 광주는 940년(고려 태조23년)에 처음으로 '광주(光州)'라고 이름 지어졌으며 특히 고려후기 문인 이색(李穡, 1328~1396)의 「석서정기」에서 '光之州'라 표현되어 '빛고을'의 의미를 가지게 되었다. 1988년 1월 1일 직할시로 승격 되었으며 이후 1995년 1월 1일 명칭이 광역시로 변경되어 현재의 광주광역시가 되었다.

광주는 1980년 신군부 세력에 맞서 대한민국의 민주화를 쟁취한 역사적 항거운동인 5·18민주화운동의 주인공으로 민주·인권·평화라는 인류의 보편적 가치를 실천한 도시이다. 5·18민주화운동은 대한민국의 민주화 과정에서 중추적 역할을 했으며 이에 대한 기록이 유네스코 세계기록유산으로 등재 되었다.

(2) 기본현황(2025. 1. 기준)

① 인구 ··· 1,444,585(외국인 포함)

② 세대수 ··· 655,025

③ 위치 ··· 광주광역시는 동아시아 한반도의 전라도 서남부에 위치한 광역자치단체로 북위 35°, 동경 126°에 위치해 있다.

④ 면적 ··· 광주광역시의 면적은 500.97㎢이며 동남쪽으로 전라남도 화순군, 동북쪽으로 담양군, 서쪽으로 함평군, 남쪽으로 나주시, 북쪽으로 장성군과 접한다.

⑤ 행정구역 ··· 5구, 97동

(3) 시정비전

① 시정비전 : 내일이 빛나는 기회도시 광주

② 시정목표
   ㉠ 내일을 주도하는 신경제도시 : 내일을 기대하는 경제
- MoT산업
- 5000억 창업 펀드
- 공익가치수당

   ㉡ 상상이 현실이 되는 꿀잼도시 : 온종일 활력이 넘치는 도시
- 영산강 Y벨트 글로벌 MICE도시
- 복합 쇼핑몰
- 일상 속 문화예술 향유 스포츠 건강도시

   ㉢ 따뜻하고 촘촘한 돌봄도시 : 내 삶에 행복을 잇는 광주
- 광주다움 5대 돌봄
- 종사자 단일임금 체계
- 50+종합채움 시니어클럽 활성화

   ㉣ 언제 어디서나 안심도시 : 안전과 건강의 안심도시
- 안전의 컨트롤타워
- 광주교통공사
- 다양한 공공주택
- 공공의료원 건립

   ㉤ 모두가 성장하는 교육도시 : 광주의 혁신이 대한민국의 표준으로
- 교육의 컨트롤타워
- 공공혁신
- ESG 혁신

(4) 광주광역시 상징물

① 시조 : 비둘기
평화를 상징하는 길조로 화합과 안정을 추구하는 광주시민의 정서를 상징한다.

② 시화 : 철쭉
무등산에 자생하는 꽃으로 은은하고 따스한 광주시민의 후한 인심과 다정다감함을 상징한다.

③ 시목 : 은행나무
나무가 곧고 수명이 길어 거목으로 성장하므로 광주의 기개와 무궁한 발전을 상징한다.

CHAPTER

02

2025년 달라지는 시책 및 제도

(1) 복지 · 돌봄 분야

① 2025 광주다움 통합돌봄(의료와 돌봄을 하나로!)(돌봄정책과/市 자체)

 ㉠ 의료돌봄 전달체계 확충

 ㉡ 광주다움 방문의료 서비스 확대

② 일상돌봄 서비스 지원 확대(돌봄정책과) : 돌봄 필요 청 · 중장년(19 ~ 64세), 가족돌봄청년(9 ~ 39세)

③ 긴급돌봄 지원 사업 운영(신청 · 결제) 방법 변경(돌봄정책과)

④ 최중증 발달장애인 24시간 개별 지원사업

⑤ 발달장애인 활동서비스 지원 단가 인상(장애인복지과)

 ㉠ 발달징애인 주간활동 서비스

 ㉡ 발달장애인 방과후 활동 서비스

⑥ 장애인연금 및 활동 지원 서비스 지원 확대(장애인복지과)

⑦ 기초생활보장제도 기준 완화 및 지원액 인상(돌봄정책과)

 ㉠ 생계급여

 ㉡ 의료급여

 ㉢ 주거급여

 ㉣ 교육급여

⑧ 경로당 냉 · 난방비 및 양곡비 지원 확대(고령사회정책과)

⑨ 자활성공지원금 지원(신규)(돌봄정책과)

⑩ 성폭력 보호시설 퇴소자 자립정착금 지원 확대 (여성가족과)

(2) 아동 · 보육 분야

① 출생가정 축하 상생카드 지원(신규)(여성가족과 / 市 자체)

② 영유아 발달 컨설팅(신규)(여성가족과/市 자체)

③ 아이돌봄서비스 지원 확대(여성가족과) : 생후 3개월 ~ 12세 이하 아동

④ 가정위탁아동양육보조금 연령별 지원 확대(아동청소년과/市 자체)

　　㉠ 7세 미만 : 동일

　　㉡ 7세 이상 : 인상

⑤ 소상공인 육아응원패키지 지원(신규)(여성가족과/市 자체)

　　㉠ 소상공인 아이돌봄 서비스 지원

　　㉡ 1인 여성 자영업자 대체인력비 지원

⑥ 한부모가족 자녀양육비 등 지원 확대(여성가족과)

⑦ 청소년한부모 아동양육비 지원 확대(여성가족과)

⑧ 결식아동 급식 지원 단가 인상(아동청소년과/市 자체)

(3) 청소년 · 청년 분야

① 광주청년드림수당 및 활동지원 확대(청년정책과/市 자체)

② 청년성장프로젝트 지원 강화(청년정책과)

③ '청년, 광주 어때' 프로그램 운영(신규)(청년정책과 / 市 자체)

④ 광주시 청년 정책, 청년통(通)으로 통합 제공(청년정책과/市 자체)

⑤ 고립 · 은둔 청소년 원스톱 패키지 지원(신규)(아동청소년과)

⑥ 청년 고독사 고위험군 지원 서비스 제공(신규)(돌봄정책과)

　　㉠ 마음회복지원

　　㉡ 관계회복지원

　　㉢ 이상회복지원

　　㉣ 긴급복지지원

⑦ 쉼터 퇴소청소년 자립지원수당 인상(아동청소년과)

⑧ 저소득 여성청소년 생리용품 지원 단가 인상(아동청소년과)

(4) 경제 · 일자리 분야

① 초등학부모 10시 출근제 도입 중소사업장 장려금 지원 확대(일가정양립지원본부/市 자체)

② AI기업 맞춤형 지원 사업(신규)(AI반도체과/市 자체)

    ㉠ AI 최소요건제품 제작 · 사업화지원

    ㉡ AI 기업 투자 유치 지원

    ㉢ 유치 · 입주기업 맞품형 사업화 지원 사업

③ 광주형 청년일자리 공제 지원 인원 확대(청년정책과/市 자체)

④ 노인일자리 및 사회활동 지원 사업 확대(고령사회정책과)

⑤ 배달노동자 산재보험료 지원(신규)(노동일자리정책관/市 자체)

⑥ 대체인력 근로자 인센티브 지원(신규)(노동일자리정책관)

⑦ 저임금 노동자를 위한 생활임금 인상(노동일자리정책관)

⑧ 새일여성 인턴지원금 확대(여성가족과)

⑨ 전략작물 직불금 지급 단가 인상(농업동물정책과)

(5) 생활 기반 분야

① 교통 분야

    ㉠ 광주형 대중교통비 지원, "광주G-패스" 시행(대중교통과/市 자체)

    ㉡ 어르신 콜택시 운영(신규)(대중교통과/市 자체)

② 의료 분야

    ㉠ 독립유공자 및 후손 의료지원 서비스 확대(민주보훈과/市 자체)

    ㉡ 아동 구강건강관리제도 확대 제공(건강위생과)

    ㉢ 임신 사전 건강관리 지원 확대(건강위생과)

    ㉣ 난임 시술비 지원 확대(건강위생과)

    ㉤ 광주광역시 동물보호센터 운영(농업동물정책과/市 자체)

③ 주거 · 교육 분야

    ㉠ 주거급여 지원금 인상(주택정책과)

    ㉡ 빛고을 장학금 혜택 강화(교육지원정책과/市 자체)

    ㉢ 평생교육 이용권(바우처) 지원 범위 확대(교육지원정책과)

(6) 일반 행정 분야

① 시 청사 내 · 외부를 예식 공간으로 개방(신규)(총무과/市 자체)

② 지역혁신중심 대학지원체계(RISE) 본격 시행(신규)(대학인재정책과)

   ㉠ 지역정주형 인재 양성

   ㉡ 지산학연 협력 생태계 구축

   ㉢ 지역 현안 해결

   ㉣ 직업 평생 교육을 위한 프로젝트 5대 UP* 및 16개 사업 과제 추진

   *인재 SKILL UP, 기업 VALUE UP, 지역사회 GROW UP, 대학 INNO UP, 범부처 · 초광역 BRIDGE UP

③ 국가보훈대상자 보훈 · 참전명예수당 확대 및 인상(민주보훈과/市 자체)

   ㉠ 보훈 명예 수당

   ㉡ 참전 명예 수당

④ 통합문화이용권(문화누리카드) 지원액 인상(문화정책관)

⑤ 차량용 소화기 설치 대상 확대(화재예방과)

⑥ 등록면허세(면허분) 시스템 개선을 통한 민원 편의 제공(세정과)

⑦ 정비사업 절차 개선 및 통합심의제도 추진(공간혁신과/市 자체)

   ㉠ 정비 사업 도시 · 경관 공동위원회 운영

   ㉡ 정비 사업 통합 심의 제도 추진

⑧ 상업지역 내 주거복합건물 주거용 외의 용도비율 완화(도시계획과)

CHAPTER
03
채용 안내

Q. 응시 필수 자격요건은 무엇인가요?

공통 응시 연령은 18세 이상 60세 미만(1964.1.1. ~ 2005.12.31.출생자)입니다. 채용 공공기관별 자격요건이 상이하므로 홈페이지에서 반드시 확인하시기 바랍니다.

Q. 응시원서 접수할 때 유의사항이 있나요?

① 응시원서 접수사이트(https://gwangju.saramin.co.kr/) 기관별 채용 홈페이지 개별 접수해주세요.
② 각 기관별 중복접수 불가(반드시 1개의 기관만 선택하여 응시)합니다.
③ 원서접수 기간 내 기재사항의 수정은 가능하지만, 응시(직류/구분) 및 기재사항을 변경하고자 할때에는 반드시 취소(삭제) 후 다시 접수하시기 바랍니다.
　※ 접수기간 내에는 24시간 접수 가능함
④ 응시표는 원서접수기간 만료 후 별도 안내하는 기간에 광주광역시 공공기관 직원 통합채용 인터넷 응시원서 접수사이트(https://gwangju.saramin.co.kr)에서 본인이 출력하여 시험 당일 지참하여야 합니다.
⑤ 동일 날짜에 시행하는 공공기관 직원 통합채용 시험의 응시원서는 1개 기관의 1개 시험에만 접수 가능하며, 중복 또는 복수로 원서접수 할 수 없습니다.
⑥ 응시자격 제한, 시험응시에 필요한 자격요건 등 증빙서류는 필기시험 합격자 발표 시 별도 안내하는 기간 내에 제출하여야 합니다.
⑦ 응시원서 접수 시 연락 가능한 전화번호 및 휴대전화번호를 반드시 기재하시기 바라며, 누락·착오 입력 시 연락불능으로 인한 불이익은 본인의 책임입니다.
⑧ 지원서 작성 시 기본인적사항란을 제외한 교육사항, 자격사항, 경험 또는 경력사항 및 자기소개사항에 출신지역, 가족관계, 학력 등 본인의 인적사항에 대한 내용은 기입하지 않습니다.
⑨ 거주지 제한, 응시자격 제한 등 시험 응시에 필요한 자격요건 및 우대 사항에 관련된 증빙서류는 필기시험 합격자 발표 시별도 안내하는 기간 내에 제출하여야 합니다.

Q. 기관별 시험과목에 대해 설명해주세요.

시험과목은 일반상식, 전공과목, NCS 등입니다. 기관별로 시험과목이 상이하므로, 반드시 공공 기관별 채용 예정인원 및 "시험과목표"를 확인하시기 바랍니다.

Q. 응시자 유의사항에 대해 설명해주세요.

① 시험과목, 응시자격, 가산점 등 세부사항은 기관별 채용 홈페이지 내 공고문 참고하시기 바랍니다.
② 필기시험 이후 일정(서류전형, 면접시험, 합격자 발표 등)은 기관별 채용 일정에 따르므로 확인해 주시기 바랍니다.
③ 장애 등 편의지원 사항은 원서접수 시작 일에 홈페이지를 통해 별도 안내 할 계획이며, 별도 안내 문을 참조하여 원서접수 시 편의지원 신청할 예정입니다.

Q. 기타 유의사항에 대해 설명해주세요.

① 채용관련 문의사항은 각 기관 채용홈페이지 "질문하기"게시판을 통해 문의해주시기 바랍니다.
② 기관사정에 따라 채용기관, 직렬, 인원 등은 변경될 수 있습니다.
③ 시험과목 중 일반상식은 국어 30%, 한국사 30%, 시사 · 경제 · 문화 40%로 구성됩니다.
④ 모든 문제는 4지 택1형으로 구성됩니다.

PART

II

NCS
핵심유형 및
대표유형

—

01 NCS 핵심이론

PART ① 의사소통능력

① 의사소통과 의사소통능력

(1) 의사소통

① 개념 : 사람들 간에 생각이나 감정, 정보, 의견 등을 교환하는 총체적인 행위로, 직장생활에서의 의사소통은 조직과 팀의 효율성과 효과성을 성취할 목적으로 이루어지는 구성원 간의 정보와 지식 전달 과정이라고 할 수 있다.

② 기능 : 공동의 목표를 추구해 나가는 집단 내의 기본적 존재 기반이며 성과를 결정하는 핵심 기능이다.

③ 의사소통의 종류
    ㉠ 언어적인 것 : 대화, 전화통화, 토론 등
    ㉡ 문서적인 것 : 메모, 편지, 기획안 등
    ㉢ 비언어적인 것 : 몸짓, 표정 등

④ 의사소통을 저해하는 요인 : 정보의 과다, 메시지의 복잡성 및 메시지 간의 경쟁, 상이한 직위와 과업지향형, 신뢰의 부족, 의사소통을 위한 구조상의 권한, 잘못된 매체의 선택, 폐쇄적인 의사소통 분위기 등

(2) 의사소통능력

① 개념 : 직장생활에서 문서나 상대방이 하는 말의 의미를 파악하는 능력, 자신의 의사를 정확하게 표현하는 능력, 간단한 외국어 자료를 읽거나 외국인의 의사표시를 이해하는 능력을 포함한다.

② 의사소통능력 개발을 위한 방법
    ㉠ 사후검토와 피드백을 활용한다.
    ㉡ 명확한 의미를 가진 이해하기 쉬운 단어를 선택하여 이해도를 높인다.
    ㉢ 적극적으로 경청한다.
    ㉣ 메시지를 감정적으로 곡해하지 않는다.

2 의사소통능력을 구성하는 하위능력

(1) 문서이해능력

① 문서와 문서이해능력

    ㉠ 문서 : 제안서, 보고서, 기획서, 이메일, 팩스 등 문자로 구성된 것으로 상대방에게 의사를 전달하여 설득하는 것을 목적으로 한다.

    ㉡ 문서이해능력 : 직업현장에서 자신의 업무와 관련된 문서를 읽고, 내용을 이해하고 요점을 파악할 수 있는 능력을 말한다.

예제 1

다음은 신용카드 약관의 주요내용이다. 규정 약관을 제대로 이해하지 못한 사람은?

> **[부가서비스]**
> 카드사는 법령에서 정한 경우를 제외하고 상품을 새로 출시한 후 1년 이내에 부가서비스를 줄이거나 없앨 수가 없다. 또한 부가서비스를 줄이거나 없앨 경우에는 그 세부내용을 변경일 6개월 이전에 회원에게 알려주어야 한다.
>
> **[중도 해지 시 연회비 반환]**
> 연회비 부과기간이 끝나기 이전에 카드를 중도해지하는 경우 남은 기간에 해당하는 연회비를 계산하여 10 영업일 이내에 돌려줘야 한다. 다만, 카드 발급 및 부가서비스 제공에 이미 지출된 비용은 제외된다.
>
> **[카드 이용한도]**
> 카드 이용한도는 카드 발급을 신청할 때에 회원이 신청한 금액과 카드사의 심사 기준을 종합적으로 반영하여 회원이 신청한 금액 범위 이내에서 책정되며 회원의 신용도가 변동되었을 때에는 카드사는 회원의 이용한도를 조정할 수 있다.
>
> **[부정사용 책임]**
> 카드 위조 및 변조로 인하여 발생된 부정사용 금액에 대해서는 카드사가 책임을 진다. 다만, 회원이 비밀번호를 다른 사람에게 알려주거나 카드를 다른 사람에게 빌려주는 등의 중대한 과실로 인해 부정사용이 발생하는 경우에는 회원이 그 책임의 전부 또는 일부를 부담할 수 있다.

① 혜수 : 카드사는 법령에서 정한 경우를 제외하고는 1년 이내에 부가서비스를 줄일 수 없어

② 진성 : 카드 위조 및 변조로 인하여 발생된 부정사용 금액은 일괄 카드사가 책임을 지게 돼

③ 영훈 : 회원의 신용도가 변경되었을 때 카드사가 이용한도를 조정할 수 있어

④ 영호 : 연회비 부과기간이 끝나기 이전에 카드를 중도해지하는 경우에는 남은 기간에 해당하는 연회비를 카드사는 돌려줘야 해

출제의도

주어진 약관의 내용을 읽고 그에 대한 상세 내용의 정보를 이해하는 능력을 측정하는 문항이다.

해 설

② 부정사용에 대해 고객의 과실이 있으면 회원이 그 책임의 전부 또는 일부를 부담할 수 있다.

답 ②

② 문서의 종류

　㉠ 공문서 : 정부기관에서 공무를 집행하기 위해 작성하는 문서로, 단체 또는 일반회사에서 정부기관을 상대로 사업을 진행할 때 작성하는 문서도 포함된다. 엄격한 규격과 양식이 특징이다.

　㉡ 기획서 : 아이디어를 바탕으로 기획한 프로젝트에 대해 상대방에게 전달하여 시행하도록 설득하는 문서이다.

　㉢ 기안서 : 업무에 대한 협조를 구하거나 의견을 전달할 때 작성하는 사내 공문서이다.

　㉣ 보고서 : 특정한 업무에 관한 현황이나 진행 상황, 연구·검토 결과 등을 보고하고자 할 때 작성하는 문서이다.

　㉤ 설명서 : 상품의 특성이나 작동 방법 등을 소비자에게 설명하기 위해 작성하는 문서이다.

　㉥ 보도자료 : 정부기관이나 기업체 등이 언론을 상대로 자신들의 정보를 기사화 되도록 하기 위해 보내는 자료이다.

　㉦ 자기소개서 : 개인이 자신의 성장과정이나, 입사 동기, 포부 등에 대해 구체적으로 기술하여 자신을 소개하는 문서이다.

　㉧ 비즈니스 레터(E-mail) : 사업상의 이유로 고객에게 보내는 편지다.

　㉨ 비즈니스 메모 : 업무상 확인해야 할 일을 메모형식으로 작성하여 전달하는 글이다.

③ 문시이해의 절차 : 문서의 목적 이해→문서 작성 배경·주제 파악→정보 확인 및 현안문제 파악→문서 작성자의 의도 파악 및 자신에게 요구되는 행동 분석→목적 달성을 위해 취해야 할 행동 고려→문서 작성자의 의도를 도표나 그림 등으로 요약·정리

(2) 문서작성능력

① 작성되는 문서에는 대상과 목적, 시기, 기대효과 등이 포함되어야 한다.

② 문서작성의 구성요소

　㉠ 짜임새 있는 골격, 이해하기 쉬운 구조

　㉡ 객관적이고 논리적인 내용

　㉢ 명료하고 설득력 있는 문장

　㉣ 세련되고 인상적인 레이아웃

예제 2

다음은 들은 내용을 구조적으로 정리하는 방법이다. 순서에 맞게 배열하면?

> ㉠ 관련 있는 내용끼리 묶는다.
> ㉡ 묶은 내용에 적절한 이름을 붙인다.
> ㉢ 전체 내용을 이해하기 쉽게 구조화한다.
> ㉣ 중복된 내용이나 덜 중요한 내용을 삭제한다.

① ㉠㉡㉢㉣
② ㉠㉡㉣㉢
③ ㉡㉠㉢㉣
④ ㉡㉠㉣㉢

출제의도

음성정보는 문자정보와는 달리 쉽게 잊혀지기 때문에 음성정보를 구조화 시키는 방법을 묻는 문항이다.

해 설

② 내용을 구조적으로 정리하는 방법 은 '㉠ 관련 있는 내용끼리 묶는다. → ㉡ 묶은 내용에 적절한 이름을 붙인다. → ㉣ 중복된 내용이나 덜 중요한 내 용을 삭제한다. → ㉢ 전체 내용을 이 해하기 쉽게 구조화 한다.'가 적절하다.

답 ②

③ 문서의 종류에 따른 작성방법

  ㉠ 공문서
- 육하원칙이 드러나도록 써야 한다.
- 날짜는 반드시 연도와 월, 일을 함께 언급하며, 날짜 다음에 괄호를 사용할 때는 마침표를 찍지 않는다.
- 대외문서이며, 장기간 보관되기 때문에 정확하게 기술해야 한다.
- 내용이 복잡할 경우 '-다음-', '-아래-'와 같은 항목을 만들어 구분한다.
- 한 장에 담아내는 것을 원칙으로 하며, 마지막엔 반드시 '끝'자로 마무리 한다.

  ㉡ 설명서
- 정확하고 간결하게 작성한다.
- 이해하기 어려운 전문용어의 사용은 삼가고, 복잡한 내용은 도표화 한다.
- 명령문보다는 평서문을 사용하고, 동어 반복보다는 다양한 표현을 구사하는 것이 바람직하다.

  ㉢ 기획서
- 상대를 설득하여 기획서가 채택되는 것이 목적이므로 상대가 요구하는 것이 무엇인지 고려하여 작 성하며, 기획의 핵심을 잘 전달하였는지 확인한다.
- 분량이 많을 경우 전체 내용을 한눈에 파악할 수 있도록 목차구성을 신중히 한다.
- 효과적인 내용 전달을 위한 표나 그래프를 적절히 활용하고 산뜻한 느낌을 줄 수 있도록 한다.
- 인용한 자료의 출처 및 내용이 정확해야 하며 제출 전 충분히 검토한다.

  ㉣ 보고서
- 도출하고자 하는 핵심내용을 구체적이고 간결하게 작성한다.
- 내용이 복잡할 경우 도표나 그림을 활용하고, 참고자료는 정확하게 제시한다.
- 제출하기 전에 최종점검을 하며 질의를 받을 것에 대비한다.

다음 중 공문서 작성에 대한 설명으로 가장 적절하지 못한 것은?

① 공문서나 유가증권 등에 금액을 표시할 때에는 한글로 기재하고 그 옆에 괄호를 넣어 숫자로 표기한다.

② 날짜는 숫자로 표기하되 연도, 월, 일의 글자는 생략하고 그 자리에 온점(.)을 찍어 표시한다.

③ 첨부물이 있는 경우에는 붙임 표시문 끝에 1자 띄우고 "끝."이라고 표시한다.

④ 공문서의 본문이 끝났을 경우에는 1자를 띄우고 "끝."이라고 표시한다.

출제의도

업무를 할 때 필요한 공문서 작성법을 잘 알고 있는지를 측정하는 문항이다.

해 설

공문서 금액 표시

아라비아 숫자로 쓰고, 숫자 다음에 괄호를 하여 한글로 기재한다.

예) 123,456원의 표시 : 금 123,456(금일십이만삼천사백오십육원)

답 ①

④ 문서작성의 원칙

  ㉠ 문장은 짧고 간결하게 작성한다(간결체 사용).

  ㉡ 상대방이 이해하기 쉽게 쓴다.

  ㉢ 불필요한 한자의 사용을 자제한다.

  ㉣ 문장은 긍정문의 형식을 사용한다.

  ㉤ 간단한 표제를 붙인다.

  ㉥ 문서의 핵심내용을 먼저 쓰도록 한다(두괄식 구성).

⑤ 문서작성 시 주의사항

  ㉠ 육하원칙에 의해 작성한다.

  ㉡ 문서 작성시기가 중요하다.

  ㉢ 한 사안은 한 장의 용지에 작성한다.

  ㉣ 반드시 필요한 자료만 첨부한다.

  ㉤ 금액, 수량, 일자 등은 기재에 정확성을 기한다.

  ㉥ 경어나 단어사용 등 표현에 신경 쓴다.

  ㉦ 문서작성 후 반드시 최종적으로 검토한다.

⑥ 효과적인 문서작성 요령

    ㉠ 내용이해 : 전달하고자 하는 내용과 핵심을 정확하게 이해해야 한다.

    ㉡ 목표설정 : 전달하고자 하는 목표를 분명하게 설정한다.

    ㉢ 구성 : 내용 전달 및 설득에 효과적인 구성과 형식을 고려한다.

    ㉣ 자료수집 : 목표를 뒷받침할 자료를 수집한다.

    ㉤ 핵심전달 : 단락별 핵심을 하위목차로 요약한다.

    ㉥ 대상파악 : 대상에 대한 이해와 분석을 통해 철저히 파악한다.

    ㉦ 보충설명 : 예상되는 질문을 정리하여 구체적인 답변을 준비한다.

    ㉧ 문서표현의 시각화 : 그래프, 그림, 사진 등을 적절히 사용하여 이해를 돕는다.

(3) 경청능력

① 경청의 중요성 : 경청은 다른 사람의 말을 주의 깊게 들으며 공감하는 능력으로 경청을 통해 상대방을 한 개인으로 존중하고 성실한 마음으로 대하게 되며, 상대방의 입장에 공감하고 이해하게 된다.

② 경청을 방해하는 습관 : 짐작하기, 대답할 말 준비하기, 걸러내기, 판단하기, 다른 생각하기, 조언하기, 언쟁하기, 옳아야만 하기, 슬쩍 넘어가기, 비위 맞추기 등

③ 효과적인 경청방법

    ㉠ 준비하기 : 강연이나 프레젠테이션 이전에 나누어주는 자료를 읽어 미리 주제를 파악하고 등장하는 용어를 익혀둔다.

    ㉡ 주의 집중 : 말하는 사람의 모든 것에 집중해서 적극적으로 듣는다.

    ㉢ 예측하기 : 다음에 무엇을 말할 것인가를 추측하려고 노력한다.

    ㉣ 나와 관련짓기 : 상대방이 전달하고자 하는 메시지를 나의 경험과 관련지어 생각해 본다.

    ㉤ 질문하기 : 질문은 듣는 행위를 적극적으로 하게 만들고 집중력을 높인다.

    ㉥ 요약하기 : 주기적으로 상대방이 전달하려는 내용을 요약한다.

    ㉦ 반응하기 : 피드백을 통해 의사소통을 점검한다.

다음은 면접스터디 중 일어난 대화이다. 민아의 고민을 해소하기 위한 조언으로 가장 적절한 것은?

> 지섭 : 민아 씨, 어디 아파요? 표정이 안 좋아 보여요.
>
> 민아 : 제가 원서 넣은 공단이 내일 면접이어서요. 그동안 스터디를 통해서 면접 연습을 많이 했는데도 벌써부터 긴장이 되네요.
>
> 지섭 : 민아 씨는 자기 의견도 명확히 피력할 줄 알고 조리 있게 설명을 잘 하시니 걱정 안하셔도 될 것 같아요. 아, 손에 꽉 쥐고 계신 건 뭔가요?
>
> 민아 : 아, 제가 예상 답변을 정리해서 모아둔거에요. 내용은 거의 외웠는데 이렇게 쥐고 있지 않으면 불안해서..
>
> 지섭 : 그 정도로 준비를 철저히 하셨으면 걱정할 이유 없을 것 같아요.
>
> 민아 : 그래도 압박면접이거나 예상치 못한 질문이 들어오면 어떻게 하죠?
>
> 지섭 : _____

① 시선을 적절히 처리하면서 부드러운 어투로 말하는 연습을 해보는 건 어때요?
② 공식적인 자리인 만큼 옷차림을 신경 쓰는 게 좋을 것 같아요.
③ 당황하지 말고 질문자의 의도를 잘 파악해서 침착하게 대답하면 되지 않을까요?
④ 예상 질문에 대한 답변을 좀 더 정확하게 외워보는 건 어떨까요?

상대방이 하는 말을 듣고 질문 의도에 따라 올바르게 답하는 능력을 측정하는 문항이다.

③ 민아는 압박질문이나 예상치 못한 질문에 대해 걱정을 하고 있으므로 침착하게 대응하라고 조언을 해주는 것이 좋다.

답 ③

(4) 의사표현능력

① 의사표현의 개념과 종류

    ㉠ 개념 : 화자가 자신의 생각과 감정을 청자에게 음성언어나 신체언어로 표현하는 행위이다.

    ㉡ 종류
- 공식적 말하기 : 사전에 준비된 내용을 대중을 대상으로 말하는 것으로 연설, 토의, 토론 등이 있다.
- 의례적 말하기 : 사회·문화적 행사에서와 같이 절차에 따라 하는 말하기로 식사, 주례, 회의 등이 있다.
- 친교적 말하기 : 친근한 사람들 사이에서 자연스럽게 주고받는 대화 등을 말한다.

② 의사표현의 방해요인

    ㉠ 연단공포증 : 연단에 섰을 때 가슴이 두근거리거나 땀이 나고 얼굴이 달아오르는 등의 현상으로 충분한 분석과 준비, 더 많은 말하기 기회 등을 통해 극복할 수 있다.

    ㉡ 말 : 말의 장단, 고저, 발음, 속도, 쉼 등을 포함한다.

    ㉢ 음성 : 목소리와 관련된 것으로 음색, 고저, 명료도, 완급 등을 의미한다.

    ㉣ 몸짓 : 비언어적 요소로 화자의 외모, 표정, 동작 등이다.

    ㉤ 유머 : 말하기 상황에 따른 적절한 유머를 구사할 수 있어야 한다.

③ 상황과 대상에 따른 의사표현법

    ㉠ 잘못을 지적할 때 : 모호한 표현을 삼가고 확실하게 지적하며, 당장 꾸짖고 있는 내용에만 한정한다.

    ㉡ 칭찬할 때 : 자칫 아부로 여겨질 수 있으므로 센스 있는 칭찬이 필요하다.

    ㉢ 부탁할 때 : 먼저 상대방의 사정을 듣고 응하기 쉽게 구체적으로 부탁하며 거절을 당해도 싫은 내색을 하지 않는다.

    ㉣ 요구를 거절할 때 : 먼저 사과하고 응해줄 수 없는 이유를 설명한다.

    ㉤ 명령할 때 : 강압적인 말투보다는 'ㅇㅇ을 이렇게 해주는 것이 어떻겠습니까?'와 같은 식으로 부드럽게 표현하는 것이 효과적이다.

    ㉥ 설득할 때 : 일방적으로 강요하기보다는 먼저 양보해서 이익을 공유하겠다는 의지를 보여주는 것이 좋다.

    ㉦ 충고할 때 : 충고는 가장 최후의 방법이다. 반드시 충고가 필요한 상황이라면 예화를 들어 비유적으로 깨우쳐주는 것이 바람직하다.

    ㉧ 질책할 때 : 샌드위치 화법(칭찬의 말 + 질책의 말 + 격려의 말)을 사용하여 청자의 반발을 최소화한다.

예제 5

당신은 팀장님께 업무 지시내용을 수행하고 결과물을 보고 드렸다. 하지만 팀장님께서는 "최대리 업무를 이렇게 처리하면 어떡하나? 누락된 부분이 있지 않은가."라고 말하였다. 이에 대해 당신이 행할 수 있는 가장 부적절한 대처 자세는?

① "죄송합니다. 제가 잘 모르는 부분이라 이수혁 과장님께 부탁을 했는데 과장님께서 실수를 하신 것 같습니다."

② "주의를 기울이지 못해 죄송합니다. 어느 부분을 수정보완하면 될까요?"

③ "지시하신 내용을 제가 충분히 이해하지 못하였습니다. 내용을 다시 한 번 여쭤보아도 되겠습니까?"

④ "부족한 내용을 보완하는 자료를 취합하기 위해서 하루정도가 더 소요될 것 같습니다. 언제까지 재작성하여 드리면 될까요?"

출제의도

상사가 잘못을 지적하는 상황에서 어떻게 대처해야 하는지를 묻는 문항이다.

해 설

① 상사가 부탁한 지시사항을 다른 사람에게 부탁하는 것은 옳지 못하며 설사 그렇다고 해도 그 일의 과오에 대해 책임을 전가하는 것은 지양해야 할 자세이다.

답 ①

---

④ 원활한 의사표현을 위한 지침

    ㉠ 올바른 화법을 위해 독서를 하라.

    ㉡ 좋은 청중이 되라.

    ㉢ 칭찬을 아끼지 마라.

    ㉣ 공감하고, 긍정적으로 보이게 하라.

ⓜ 겸손은 최고의 미덕임을 잊지 마라.

ⓗ 과감하게 공개하라.

ⓢ 뒷말을 숨기지 마라.

ⓞ 첫마디 말을 준비하라.

ⓩ 이성과 감성의 조화를 꾀하라.

ⓒ 대화의 룰을 지켜라.

ⓚ 문장을 완전하게 말하라.

⑤ 설득력 있는 의사표현을 위한 지침

㉠ 'Yes'를 유도하여 미리 설득 분위기를 조성하라.

㉡ 대비 효과로 분발심을 불러 일으켜라.

㉢ 침묵을 지키는 사람의 참여도를 높여라.

㉣ 여운을 남기는 말로 상대방의 감정을 누그러뜨려라.

㉤ 하던 말을 갑자기 멈춤으로써 상대방의 주의를 끌어라.

㉥ 호칭을 바꿔서 심리적 간격을 좁혀라.

㉦ 끄집어 말하여 자존심을 건드려라.

㉧ 정보전달 공식을 이용하여 설득하라.

㉨ 상대방의 불평이 가져올 결과를 강조하라.

㉩ 권위 있는 사람의 말이나 작품을 인용하라.

㉾ 약점을 보여 주어 심리적 거리를 좁혀라.

㉣ 이상과 현실의 구체적 차이를 확인시켜라.

㉦ 자신의 잘못도 솔직하게 인정하라.

ⓗ 집단의 요구를 거절하려면 개개인의 의견을 물어라.

ⓐ 동조 심리를 이용하여 설득하라.

ⓑ 지금까지의 노고를 치하한 뒤 새로운 요구를 하라.

ⓒ 담당자가 대변자 역할을 하도록 하여 윗사람을 설득하게 하라.

ⓓ 겉치레 양보로 기선을 제압하라.

ⓔ 변명의 여지를 만들어 주고 설득하라.

ⓕ 혼자 말하는 척하면서 상대의 잘못을 지적하라.

(5) 기초외국어능력

① 기초외국어능력의 개념과 필요성

    ㉠ 개념 : 외국어로 된 간단한 자료를 이해하거나, 외국인과의 전화응대와 간단한 대화 등 외국인의 의사표현을 이해하고, 자신의 의사를 기초외국어로 표현할 수 있는 능력이다.

    ㉡ 필요성 : 국제화·세계화 시대에 다른 나라와의 무역을 위해 우리의 언어가 아닌 국제적인 통용어를 사용하거나 그들의 언어로 의사소통을 해야 하는 경우가 생길 수 있다.

② 외국인과의 의사소통에서 피해야 할 행동

    ㉠ 상대를 볼 때 흘겨보거나, 노려보거나, 아예 보지 않는 행동

    ㉡ 팔이나 다리를 꼬는 행동

    ㉢ 표정이 없는 것

    ㉣ 다리를 흔들거나 펜을 돌리는 행동

    ㉤ 맞장구를 치지 않거나 고개를 끄덕이지 않는 행동

    ㉥ 생각 없이 메모하는 행동

    ㉦ 자료만 들여다보는 행동

    ㉧ 바르지 못한 자세로 앉는 행동

    ㉨ 한숨, 하품, 신음소리를 내는 행동

    ㉩ 다른 일을 하며 듣는 행동

    ㉪ 상대방에게 이름이나 호칭을 어떻게 부를지 묻지 않고 마음대로 부르는 행동

③ 기초외국어능력 향상을 위한 공부법

    ㉠ 외국어공부의 목적부터 정하라.

    ㉡ 매일 30분씩 눈과 손과 입에 밸 정도로 반복하라.

    ㉢ 실수를 두려워하지 말고 기회가 있을 때마다 외국어로 말하라.

    ㉣ 외국어 잡지나 원서와 친해져라.

    ㉤ 소홀해지지 않도록 라이벌을 정하고 공부하라.

    ㉥ 업무와 관련된 주요 용어의 외국어는 꼭 알아두자.

    ㉦ 출퇴근 시간에 외국어 방송을 보거나, 듣는 것만으로도 귀가 트인다.

    ㉧ 어린이가 단어를 배우듯 외국어 단어를 암기할 때 그림카드를 사용해 보라.

    ㉨ 가능하면 외국인 친구를 사귀고 대화를 자주 나눠 보라.

1 문제와 문제해결

(1) 문제의 정의와 분류

① 정의 : 업무를 수행함에 있어서 답을 요구하는 질문이나 의논하여 해결해야 되는 사항이다.

② 문제의 분류

구분	창의적 문제	분석적 문제
문제제시 방법	현재 문제가 없더라도 보다 나은 방법을 찾기 위한 문제 탐구→문제 자체가 명확하지 않음	현재의 문제점이나 미래의 문제로 예견될 것에 대한 문제 탐구→문제 자체가 명확함
해결방법	창의력에 의한 많은 아이디어의 작성을 통해 해결	분석, 논리, 귀납과 같은 논리적 방법을 통해 해결
해답 수	해답의 수가 많으며, 많은 답 가운데 보다 나은 것을 선택	답의 수가 적으며 한정되어 있음
주요특징	주관적, 직관적, 감각적, 정성적, 개별적, 특수성	객관적, 논리적, 정량적, 이성적, 일반적, 공통성

(2) 업무수행과정에서 발생하는 문제 유형

① 발생형 문제(보이는 문제) : 현재 직면하여 해결하기 위해 고민하는 문제이다. 원인이 내재되어 있기 때문에 원인지향적인 문제라고도 한다.

    ㉠ 일탈문제 : 어떤 기준을 일탈함으로써 생기는 문제

    ㉡ 미달문제 : 어떤 기준에 미달하여 생기는 문제

② 탐색형 문제(찾는 문제) : 현재의 상황을 개선하거나 효율을 높이기 위한 문제이다. 방치할 경우 큰 손실이 따르거나 해결할 수 없는 문제로 나타나게 된다.

    ㉠ 잠재문제 : 문제가 잠재되어 있어 인식하지 못하다가 확대되어 해결이 어려운 문제

    ㉡ 예측문제 : 현재로는 문제가 없으나 현 상태의 진행 상황을 예측하여 찾아야 앞으로 일어날 수 있는 문제가 보이는 문제

    ㉢ 발견문제 : 현재로서는 담당 업무에 문제가 없으나 선진기업의 업무 방법 등 보다 좋은 제도나 기법을 발견하여 개선시킬 수 있는 문제

③ 설정형 문제(미래 문제) : 장래의 경영전략을 생각하는 것으로 앞으로 어떻게 할 것인가 하는 문제이다. 문제해결에 창조적인 노력이 요구되어 창조적 문제라고도 한다.

예제 1

D회사 신입사원으로 입사한 귀하는 신입사원 교육에서 업무수행과정에서 발생하는 문제 유형 중 설정형 문제를 하나씩 찾아오라는 지시를 받았다. 이에 대해 귀하는 교육받은 내용을 다시 복습하려고 한다. 설정형 문제에 해당하는 것은?

① 현재 직면하여 해결하기 위해 고민하는 문제
② 현재의 상황을 개선하거나 효율을 높이기 위한 문제
③ 앞으로 어떻게 할 것인가 하는 문제
④ 원인이 내재되어 있는 원인지향적인 문제

출제의도

업무수행 중 문제가 발생하였을 때 문제 유형을 구분하는 능력을 측정하는 문항이다.

해 설

③ 업무수행과정에서 발생하는 문제 유형으로는 발생형 문제, 탐색형 문제, 설정형 문제가 있으며 ①④는 발생형 문제이며 ②는 탐색형 문제, ③이 설정형 문제이다.

답 ③

(3) 문제해결

① 정의 : 목표와 현상을 분석하고 이 결과를 토대로 과제를 도출하여 최적의 해결책을 찾아 실행·평가해 가는 활동이다.

② 문제해결에 필요한 기본적 사고

　㉠ 전략적 사고 : 문제와 해결방안이 상위 시스템과 어떻게 연결되어 있는지를 생각한다.

　㉡ 분석적 사고 : 전체를 각각의 요소로 나누어 그 의미를 도출하고 우선순위를 부여하여 구체적인 문제해결방법을 실행한다.

　㉢ 발상의 전환 : 인식의 틀을 전환하여 새로운 관점으로 바라보는 사고를 지향한다.

　㉣ 내·외부자원의 활용 : 기술, 재료, 사람 등 필요한 자원을 효과적으로 활용한다.

③ 문제해결의 장애요소

　㉠ 문제를 철저하게 분석하지 않는 경우

　㉡ 고정관념에 얽매이는 경우

　㉢ 쉽게 떠오르는 단순한 정보에 의지하는 경우

　㉣ 너무 많은 자료를 수집하려고 노력하는 경우

④ 문제해결방법

　㉠ 소프트 어프로치 : 문제해결을 위해서 직접적인 표현보다는 무언가를 시사하거나 암시를 통하여 의사를 전달하여 문제해결을 도모하고자 한다.

　㉡ 하드 어프로치 : 상이한 문화적 토양을 가지고 있는 구성원을 가정하고, 서로의 생각을 직설적으로 주장하고 논쟁이나 협상을 통해 서로의 의견을 조정해 가는 방법이다.

© 퍼실리테이션(facilitation) : 촉진을 의미하며 어떤 그룹이나 집단이 의사결정을 잘 하도록 도와
주는 일을 의미한다.

② 문제해결능력을 구성하는 하위능력

(1) 사고력

① 창의적 사고 : 개인이 가지고 있는 경험과 지식을 통해 새로운 가치 있는 아이디어를 산출하는 사고능력
이다.
  ㉠ 창의적 사고의 특징
  • 정보와 정보의 조합
  • 사회나 개인에게 새로운 가치 창출
  • 창조적인 가능성

예제 2

M사 홍보팀에서 근무하고 있는 귀하는 입사 5년차로 창의적인 기획안을 제출
하기로 유명하다. S부장은 이번 신입사원 교육 때 귀하에게 창의적인 사고란
무엇인지 교육을 맡아달라고 부탁하였다. 창의적인 사고에 대한 귀하의 설명으
로 옳지 않은 것은?

① 창의적인 사고는 새롭고 유용한 아이디어를 생산해 내는 정신적인 과정이다.
② 창의적인 사고는 특별한 사람들만이 할 수 있는 대단한 능력이다.
③ 창의적인 사고는 기존의 정보들을 특정한 요구조건에 맞거나 유용하도록 새롭게
조합시킨 것이다.
④ 창의적인 사고는 통상적인 것이 아니라 기발하거나, 신기하며 독창적인 것이다.

출제의도

창의적 사고에 대한 개념을 정확히
파악하고 있는지를 묻는 문항이다.

해 설

흔히 사람들은 창의적인 사고에 대해
특별한 사람들만이 할 수 있는 대단
한 능력이라고 생각하지만 그리 대단
한 능력이 아니며 이미 알고 있는 경
험과 지식을 해체하여 다시 새로운
정보로 결합하여 가치 있는 아이디어
를 산출하는 사고라고 할 수 있다.

답 ②

  ㉡ 발산적 사고 : 창의적 사고를 위해 필요한 것으로 자유연상법, 강제연상법, 비교발상법 등을 통해
  개발할 수 있다.

구분	내용
자유연상법	생각나는 대로 자유롭게 발상 ex) 브레인스토밍
강제연상법	각종 힌트에 강제적으로 연결 지어 발상 ex) 체크리스트
비교발상법	주제의 본질과 닮은 것을 힌트로 발상 ex) NM법, Synectics

POINT 브레인스토밍

ⓐ 진행방법
- 주제를 구체적이고 명확하게 정한다.
- 구성원의 얼굴을 볼 수 있는 좌석 배치와 큰 용지를 준비한다.
- 구성원들의 다양한 의견을 도출할 수 있는 사람을 리더로 선출한다.
- 구성원은 다양한 분야의 사람들로 5~8명 정도로 구성한다.
- 발언은 누구나 자유롭게 할 수 있도록 하며, 모든 발언 내용을 기록한다.
- 아이디어에 대한 평가는 비판해서는 안 된다.

ⓑ 4대 원칙
- 비판엄금(Support) : 평가 단계 이전에 결코 비판이나 판단을 해서는 안 되며 평가는 나중까지 유보한다.
- 자유분방(Silly) : 무엇이든 자유롭게 말하고 이런 바보 같은 소리를 해서는 안 된다는 등의 생각은 하지 않아야 한다.
- 질보다 양(Speed) : 질에는 관계없이 가능한 많은 아이디어들을 생성해내도록 격려한다.
- 결합과 개선(Synergy) : 다른 사람의 아이디어에 자극되어 보다 좋은 생각이 떠오르고, 서로 조합하면 재미있는 아이디어가 될 것 같은 생각이 들면 즉시 조합시킨다.

② 논리적 사고 : 사고의 전개에 있어 전후의 관계가 일치하고 있는가를 살피고 아이디어를 평가하는 사고능력이다.

ⓐ 논리적 사고를 위한 5가지 요소 : 생각하는 습관, 상대 논리의 구조화, 구체적인 생각, 타인에 대한 이해, 설득

ⓑ 논리적 사고 개발 방법
- 피라미드 구조 : 하위의 사실이나 현상부터 사고하여 상위의 주장을 만들어가는 방법
- so what기법 : '그래서 무엇이지?'하고 자문자답하여 주어진 정보로부터 가치 있는 정보를 이끌어 내는 사고 기법

③ 비판적 사고 : 어떤 주제나 주장에 대해서 적극적으로 분석하고 종합하며 평가하는 능동적인 사고이다.

ⓐ 비판적 사고 개발 태도 : 비판적 사고를 개발하기 위해서는 지적 호기심, 객관성, 개방성, 융통성, 지적 회의성, 지적 정직성, 체계성, 지속성, 결단성, 다른 관점에 대한 존중과 같은 태도가 요구된다.

ⓑ 비판적 사고를 위한 태도
- 문제의식 : 비판적인 사고를 위해서 가장 먼저 필요한 것은 바로 문제의식이다. 자신이 지니고 있는 문제와 목적을 확실하고 정확하게 파악하는 것이 비판적인 사고의 시작이다.
- 고정관념 타파 : 지각의 폭을 넓히는 일은 정보에 대한 개방성을 가지고 편견을 갖지 않는 것으로 고정관념을 타파하는 일이 중요하다.

(2) 문제처리능력과 문제해결절차

① 문제처리능력 : 목표와 현상을 분석하고 이를 토대로 문제를 도출하여 최적의 해결책을 찾아 실행 · 평가하는 능력이다.

② 문제해결절차 : 문제 인식 → 문제 도출 → 원인 분석 → 해결안 개발 → 실행 및 평가

    ㉠ 문제 인식 : 문제해결과정 중 'what'을 결정하는 단계로 환경 분석 → 주요 과제 도출 → 과제 선정의 절차를 통해 수행된다.

       • 3C 분석 : 환경 분석 방법의 하나로 사업 환경을 구성하고 있는 요소인 자사(Company), 경쟁사(Competitor), 고객(Customer)을 분석하는 것이다.

예제 3

L사에서 주력 상품으로 밀고 있는 TV의 판매 이익이 감소하고 있는 상황에서 귀하는 B부장으로부터 3C분석을 통해 해결방안을 강구해 오라는 지시를 받았다. 다음 중 3C에 해당하지 않는 것은?

① Customer
② Company
③ Competitor
④ Content

출제의도

3C의 개념과 구성요소를 정확히 숙지하고 있는지를 측정하는 문항이다.

해 설

3C 분석에서 사업 환경을 구성하고 있는 요소인 자사(Company), 경쟁사(Competitor), 고객(Customer)을 3C라고 한다. 3C 분석에서 고객 분석에서는 '고객은 자사의 상품 · 서비스에 만족하고 있는지'를, 자사 분석에서는 '자사가 세운 달성목표와 현상 간에 차이가 없는지'를 경쟁사 분석에서는 '경쟁기업의 우수한 점과 자사의 현상과 차이가 없는지'에 대한 질문을 통해서 환경을 분석하게 된다.

답 ④

       • SWOT 분석 : 기업내부의 강점과 약점, 외부환경의 기회와 위협요인을 분석 · 평가하여 문제해결 방안을 개발하는 방법이다.

		내부환경요인	
		강점(Strengths)	약점(Weaknesses)
외부환경요인	기회(Opportunities)	SO 내부강점과 외부기회 요인을 극대화	WO 외부기회를 이용하여 내부약점을 강점으로 전환
	위협(Threat)	ST 외부위협을 최소화하기 위해 내부강점을 극대화	WT 내부약점과 외부위협을 최소화

ⓛ 문제 도출 : 선정된 문제를 분석하여 해결해야 할 것이 무엇인지를 명확히 하는 단계로, 문제 구조 파악 → 핵심 문제 선정 단계를 거쳐 수행된다.
- Logic Tree : 문제의 원인을 파고들거나 해결책을 구체화할 때 제한된 시간 안에서 넓이와 깊이를 추구하는 데 도움이 되는 기술로 주요 과제를 나무모양으로 분해·정리하는 기술이다.
ⓒ 원인 분석 : 문제 도출 후 파악된 핵심 문제에 대한 분석을 통해 근본 원인을 찾는 단계로 Issue 분석 → Data 분석 → 원인 파악의 절차로 진행된다.
ⓔ 해결안 개발 : 원인이 밝혀지면 이를 효과적으로 해결할 수 있는 다양한 해결안을 개발하고 최선의 해결안을 선택하는 것이 필요하다.
ⓜ 실행 및 평가 : 해결안 개발을 통해 만들어진 실행계획을 실제 상황에 적용하는 활동으로 실행계획 수립 → 실행 → Follow-up의 절차로 진행된다.

예제 4

C사는 최근 국내 매출이 지속적으로 하락하고 있어 사내 분위기가 심상치 않다. 이에 대해 Y부장은 이 문제를 극복하고자 문제처리 팀을 구성하여 해결방안을 모색하도록 지시하였다. 문제처리 팀의 문제해결 절차를 올바른 순서로 나열한 것은?

① 문제 인식 → 원인 분석 → 해결안 개발 → 문제 도출 → 실행 및 평가
② 문제 도출 → 문제 인식 → 해결안 개발 → 원인 분석 → 실행 및 평가
③ 문제 인식 → 원인 분석 → 문제 도출 → 해결안 개발 → 실행 및 평가
④ 문제 인식 → 문제 도출 → 원인 분석 → 해결안 개발 → 실행 및 평가

출제의도

실제 업무 상황에서 문제가 일어났을 때 해결 절차를 알고 있는지를 측정하는 문항이다.

해 설

일반적인 문제해결절차는 '문제 인식 → 문제 도출 → 원인 분석 → 해결안 개발 → 실행 및 평가'로 이루어진다.

답 ④

1 직장생활에서의 대인관계

(1) 대인관계능력

① 의미 직장생활에서 협조적인 관계를 유지하고, 조직구성원들에게 도움을 줄 수 있으며, 조직내부 및 외부의 갈등을 원만히 해결하고 고객의 요구를 충족시켜줄 수 있는 능력이다.

② 인간관계를 형성할 때 가장 중요한 것은 자신의 내면이다.

예제 1

인간관계를 형성하는데 있어 가장 중요한 것은?

① 외적 성격 위주의 사고
② 이해득실 위주의 만남
③ 자신의 내면
④ 피상적인 인간관계 기법

출제의도

인간관계형성에 있어서 가장 중요한 요소가 무엇인지 묻는 문제다.

해 설

③ 인간관계를 형성하는 데 있어서 가장 중요한 것은 자신의 내면이고 이때 필요한 기술이나 기법 등은 자신의 내면에서 자연스럽게 우러나와야 한다.

답 ③

---

(2) 대인관계 향상 방법

① 감정은행계좌 : 인간관계에서 구축하는 신뢰의 정도

② 감정은행계좌를 적립하기 위한 6가지 주요 예입 수단

  ㉠ 상대방에 대한 이해심
  ㉡ 사소한 일에 대한 관심
  ㉢ 약속의 이행
  ㉣ 기대의 명확화
  ㉤ 언행일치
  ㉥ 진지한 사과

② 대인관계능력을 구성하는 하위능력

(1) 팀워크능력

① 팀워크의 의미

  ㉠ 팀워크와 응집력

  • 팀워크 : 팀 구성원이 공동의 목적을 달성하기 위해 상호 관계성을 가지고 협력하여 일을 해 나가는 것

  • 응집력 : 사람들로 하여금 집단에 머물도록 만들고 그 집단의 멤버로서 계속 남아있기를 원하게 만드는 힘

예제 2

A회사에서는 격주로 사원 소식지 '우리가족'을 발행하고 있다. 이번 호의 특집 테마는 팀워크에 대한 것으로, 좋은 사례를 모으고 있다. 다음 중 팀워크의 사례로 가장 적절하지 않은 것은 무엇인가?

① 팀원들의 개성과 장점을 살려 사내 직원 연극대회에서 대상을 받을 수 있었던 사례

② 팀장의 갑작스러운 부재 상황에서 팀원들이 서로 역할을 분담하고 소통을 긴밀하게 하면서 팀의 당초 목표를 원만하게 달성할 수 있었던 사례

③ 자재 조달의 차질로 인해 납기 준수가 어려웠던 상황을 팀원들이 똘똘 뭉쳐 헌신적으로 일한 결과 주문 받은 물품을 성공적으로 납품할 수 있었던 사례

④ 팀의 분위기가 편안하고 인간적이어서 주기적인 직무순환 시기가 도래해도 다른 부서로 가고 싶어 하지 않는 사례

출제의도

팀워크와 응집력에 대한 문제로 각 용어에 대한 정의를 알고 이를 실제 사례를 통해 구분할 수 있어야 한다.

해 설

④ 응집력에 대한 사례에 해당한다.

답 ④

  ㉡ 팀워크의 유형

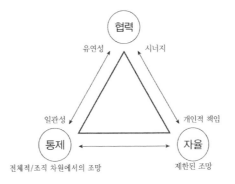

② 효과적인 팀의 특성

  ㉠ 팀의 사명과 목표를 명확하게 기술한다.

  ㉡ 창조적으로 운영된다.

ⓒ 결과에 초점을 맞춘다.

ⓔ 역할과 책임을 명료화시킨다.

ⓜ 조직화가 잘 되어 있다.

ⓗ 개인의 강점을 활용한다.

ⓢ 리더십 역량을 공유하며 구성원 상호간에 지원을 아끼지 않는다.

ⓞ 팀 풍토를 발전시킨다.

ⓩ 의견의 불일치를 건설적으로 해결한다.

ⓒ 개방적으로 의사소통한다.

ⓚ 객관적인 결정을 내린다.

ⓔ 팀 자체의 효과성을 평가한다.

③ 멤버십의 의미

　ㄱ 멤버십은 조직의 구성원으로서의 자격과 지위를 갖는 것으로 훌륭한 멤버십은 팔로워십(followership)의 역할을 충실하게 수행하는 것이다.

　ㄴ 멤버십 유형 : 독립적 사고와 적극적 실천에 따른 구분

구분	소외형	순응형	실무형	수동형	주도형
자아상	• 자립적인 사람 • 일부러 반대의견 제시 • 조직의 양심	• 기쁜 마음으로 과업 수행 • 팀플레이를 함 • 리더나 조직을 믿고 헌신함	• 조직의 운영방침에 민감 • 사건을 균형 잡힌 시각으로 봄 • 규정과 규칙에 따라 행동함	• 판단, 사고를 리더에 의존 • 지시가 있어야 행동	• 스스로 생각하고 건설적 비판을 하며 자기 나름의 개성이 있고 혁신적·창조적 • 솔선수범하고 주인의식을 가지며 적극적으로 참여하고 자발적, 기대 이상의 성과를 내려고 노력
동료/ 리더의 시각	• 냉소적 • 부정적 • 고집이 셈	• 아이디어가 없음 • 인기 없는 일은 하지 않음 • 조직을 위해 자신과 가족의 요구를 양보함	• 개인의 이익을 극대화하기 위한 흥정에 능함 • 적당한 열의와 평범한 수완으로 업무 수행	• 하는 일이 없음 • 제 몫을 하지 못 함 • 업무 수행에는 감독이 반드시 필요	
조직에 대한 자신의 느낌	• 자신을 인정 안 해줌 • 적절한 보상이 없음 • 불공정하고 문제가 있음	• 기존 질서를 따르는 것이 중요 • 리더의 의견을 거스르는 것은 어려운 일임 • 획일적인 태도 행동에 익숙함	• 규정준수를 강조 • 명령과 계획의 빈번한 변경 • 리더와 부하 간의 비인간적 풍토	• 조직이 나의 아이디어를 원치 않음 • 노력과 공헌을 해도 아무 소용이 없음 • 리더는 항상 자기 마음대로 함	

④ 팀워크 촉진 방법

　㉠ 동료 피드백 장려하기

　㉡ 갈등 해결하기

　㉢ 창의력 조성을 위해 협력하기

　㉣ 참여적으로 의사결정하기

(2) 리더십능력

① 리더십의 의미 : 리더십이란 조직의 공통된 목적을 달성하기 위하여 개인이 조직원들에게 영향을 미치는 과정이다.

　㉠ 리더십 발휘 구도 : 산업 사회에서는 상사가 하급자에게 리더십을 발휘하는 수직적 구조였다면 정보 사회로 오면서 하급자뿐만 아니라 동료나 상사에게까지도 발휘하는 전방위적 구조로 바뀌었다.

　㉡ 리더와 관리자

리더	관리자
• 새로운 상황 창조자	• 상황에 수동적
• 혁신지향적	• 유지지향적
• 내일에 초점을 둠.	• 오늘에 초점을 둠.
• 사람의 마음에 불을 지핀다.	• 사람을 관리한다.
• 사람을 중시	• 체제나 기구를 중시
• 정신적	• 기계적
• 계산된 리스크를 취한다.	• 리스크를 회피한다.
• '무엇을 할까'를 생각한다.	• '어떻게 할까'를 생각한다.

예제 3

리더에 대한 설명으로 옳지 않은 것은?

① 사람을 중시한다.

② 오늘에 초점을 둔다.

③ 혁신지향적이다.

④ 새로운 상황 창조자이다.

출제의도

리더와 관리자에 대한 문제로 각각에 대해 완벽하게 구분할 수 있어야 한다.

해　설

② 리더는 내일에 초점을 둔다.

답 ②

② 리더십 유형

　㉠ 독재자 유형 : 정책의사결정과 대부분의 핵심정보를 그들 스스로에게만 국한하여 소유하고 고수하려는 경향이 있다. 통제 없이 방만한 상태일 때, 가시적인 성과물이 안 보일 때 효과적이다.

　㉡ 민주주의에 근접한 유형 : 그룹에 정보를 잘 전달하려고 노력하고 전체 그룹의 구성원 모두를 목표방향으로 설정에 참여하게 함으로써 구성원들에게 확신을 심어주려고 노력한다. 혁신적이고 탁월한 부하직원들을 거느리고 있을 때 효과적이다.

　㉢ 파트너십 유형 : 리더와 집단 구성원 사이의 구분이 희미하고 리더가 조직에서 한 구성원이 되기도 한다. 소규모 조직에서 경험, 재능을 소유한 조직원이 있을 때 효과적으로 활용할 수 있다.

　㉣ 변혁적 리더십 유형 : 개개인과 팀이 유지해 온 업무수행 상태를 뛰어넘어 전체 조직이나 팀원들에게 변화를 가져오는 원동력이 된다. 조직에 있어 획기적인 변화가 요구될 때 활용할 수 있다.

③ 동기부여 방법

　㉠ 긍정적 강화법을 활용한다.

　㉡ 새로운 도전의 기회를 부여한다.

　㉢ 창의적인 문제해결법을 찾는다.

　㉣ 책임감으로 철저히 무장한다.

　㉤ 적절한 코칭을 한다.

　㉥ 변화를 두려워하지 않는다.

　㉦ 지속적으로 교육한다.

④ 코칭

　㉠ 코칭은 조직의 지속적인 성장과 성공을 만들어내는 리더의 능력으로 직원들의 능력을 신뢰하며 확신하고 있다는 사실에 기초한다.

　㉡ 코칭의 기본 원칙

　　• 관리는 만병통치약이 아니다.

　　• 권한을 위임한다.

　　• 훌륭한 코치는 뛰어난 경청자이다.

　　• 목표를 정하는 것이 가장 중요하다.

⑤ 임파워먼트 : 조직구성원들을 신뢰하고 그들의 잠재력을 믿으며 그 잠재력의 개발을 통해 High Performance 조직이 되도록 하는 일련의 행위이다.

　㉠ 임파워먼트의 이점(High Performance 조직의 이점)

　　• 나는 매우 중요한 일을 하고 있으며, 이 일은 다른 사람이 하는 일보다 훨씬 중요한 일이다.

　　• 일의 과정과 결과에 나의 영향력이 크게 작용했다.

- 나는 정말로 도전하고 있고 나는 계속해서 성장하고 있다.
- 우리 조직에서는 아이디어가 존중되고 있다.
- 내가 하는 일은 항상 재미가 있다.
- 우리 조직의 구성원들은 모두 대단한 사람들이며, 다 같이 협력해서 승리하고 있다.

ⓛ 임파워먼트의 충족 기준
- 여건의 조성 : 사람들이 자유롭게 참여하고 기여할 수 있는 여건 조성
- 재능과 에너지의 극대화
- 명확하고 의미 있는 목적에 초점

ⓒ 높은 성과를 내는 임파워먼트 환경의 특징
- 도전적이고 흥미 있는 일
- 학습과 성장의 기회
- 높은 성과와 지속적인 개선을 가져오는 요인들에 대한 통제
- 성과에 대한 지식
- 긍정적인 인간관계
- 개인들이 공헌하며 만족한다는 느낌
- 상부로부터의 지원

ⓡ 임파워먼트의 장애요인
- 개인 차원 : 주어진 일을 해내는 역량의 결여, 동기의 결여, 결의의 부족, 책임감 부족, 의존성
- 대인 차원 : 다른 사람과의 성실성 결여, 약속 불이행, 성과를 제한하는 조직의 규범, 갈등처리 능력 부족, 승패의 태도
- 관리 차원 : 통제적 리더십 스타일, 효과적 리더십 발휘 능력 결여, 경험 부족, 정책 및 기획의 실행 능력 결여, 비전의 효과적 전달능력 결여
- 조직 차원 : 공감대 형성이 없는 구조와 시스템, 제한된 정책과 절차

⑥ 변화관리의 3단계 : 변화 이해 → 변화 인식 → 변화 수용

(3) 갈등관리능력

① 갈등의 의미 및 원인
  ㉠ 갈등이란 상호 간의 의견차이 때문에 생기는 것으로 당사자 간에 가치, 규범, 이해, 아이디어, 목표 등이 서로 불일치하여 충돌하는 상태를 의미한다.
  ㉡ 갈등을 확인할 수 있는 단서
  - 지나치게 감정적으로 논평과 제안을 하는 것
  - 타인의 의견발표가 끝나기도 전에 타인의 의견에 대해 공격하는 것
  - 핵심을 이해하지 못한데 대해 서로 비난하는 것

- 편을 가르고 타협하기를 거부하는 것
- 개인적인 수준에서 미묘한 방식으로 서로를 공격하는 것

ⓒ 갈등을 증폭시키는 원인 : 적대적 행동, 입장 고수, 감정적 관여 등

② 실제로 존재하는 갈등 파악

ⓐ 갈등의 두 가지 쟁점

핵심 문제	감정적 문제
• 역할 모호성 • 방법에 대한 불일치 • 목표에 대한 불일치 • 절차에 대한 불일치 • 책임에 대한 불일치 • 가치에 대한 불일치 • 사실에 대한 불일치	• 공존할 수 없는 개인적 스타일 • 통제나 권력 확보를 위한 싸움 • 자존심에 대한 위협 • 질투 • 분노

예제 4

갈등의 두 가지 쟁점 중 감정적 문제에 대한 설명으로 적절하지 않은 것은?

① 공존할 수 없는 개인적 스타일
② 역할 모호성
③ 통제나 권력 확보를 위한 싸움
④ 자존심에 대한 위협

출제의도

갈등의 두 가지 쟁점인 핵심문제와 감정적 문제에 대해 묻는 문제로 이 두 가지 쟁점을 구분할 수 있는 능력이 필요하다.

해 설

② 갈등의 두 가지 쟁점 중 핵심 문제에 대한 설명이다.

답 ②

ⓑ 갈등의 두 가지 유형

- 불필요한 갈등 : 개개인이 저마다 문제를 다르게 인식하거나 정보가 부족한 경우, 편견 때문에 발생한 의견 불일치로 적대적 감정이 생길 때 불필요한 갈등이 일어난다.
- 해결할 수 있는 갈등 : 목표와 욕망, 가치, 문제를 바라보는 시각과 이해하는 시각이 다를 경우에 일어날 수 있는 갈등이다.

③ 갈등해결 방법

    ㉠ 다른 사람들의 입장을 이해한다.

    ㉡ 사람들이 당황하는 모습을 자세하게 살핀다.

    ㉢ 어려운 문제는 피하지 말고 맞선다.

    ㉣ 자신의 의견을 명확하게 밝히고 지속적으로 강화한다.

    ㉤ 사람들과 눈을 자주 마주친다.

    ㉥ 마음을 열어놓고 적극적으로 경청한다.

    ㉦ 타협하려 애쓴다.

    ㉧ 어느 한쪽으로 치우치지 않는다.

    ㉨ 논쟁하고 싶은 유혹을 떨쳐낸다.

    ㉩ 존중하는 자세로 사람들을 대한다.

④ 윈-윈(Win-Win) 갈등 관리법 : 갈등과 관련된 모든 사람으로부터 의견을 받아서 문제의 본질적인 해결책을 얻고자 하는 방법이다.

⑤ 갈등을 최소화하기 위한 기본원칙

    ㉠ 먼저 다른 팀원의 말을 경청하고 나서 어떻게 반응할 것인가를 결정한다.

    ㉡ 모든 사람이 거의 대부분의 문제에 대해 나름의 의견을 가지고 있다는 점을 인식한다.

    ㉢ 의견의 차이를 인정한다.

    ㉣ 팀 갈등해결 모델을 사용한다.

    ㉤ 자신이 받기를 원하지 않는 형태로 남에게 작업을 넘겨주지 않는다.

    ㉥ 다른 사람으로부터 그러한 작업을 넘겨받지 않는다.

    ㉦ 조금이라도 의심이 날 때에는 분명하게 말해 줄 것을 요구한다.

    ㉧ 가정하는 것은 위험하다.

    ㉨ 자신의 책임이 어디서부터 어디까지인지를 명확히 하고 다른 팀원의 책임과 어떻게 조화되는지를 명확히 한다.

    ㉩ 자신이 알고 있는 바를 알 필요가 있는 사람들을 새롭게 파악한다.

    ㉪ 다른 팀원과 불일치하는 쟁점이나 사항이 있다면 다른 사람이 아닌 당사자에게 직접 말한다.

(4) 협상능력

① 협상의 의미

    ㉠ 의사소통 차원 : 이해당사자들이 자신들의 욕구를 충족시키기 위해 상대방으로부터 최선의 것을 얻어내려 설득하는 커뮤니케이션 과정

    ㉡ 갈등해결 차원 : 갈등관계에 있는 이해당사자들이 대화를 통해서 갈등을 해결하고자 하는 상호작용과정

    ㉢ 지식과 노력 차원 : 우리가 얻고자 하는 것을 가진 사람의 호의를 쟁취하기 위한 것에 관한 지식이며 노력의 분야

    ㉣ 의사결정 차원 : 선호가 서로 다른 협상 당사자들이 합의에 도달하기 위해 공동으로 의사결정 하는 과정

    ㉤ 교섭 차원 : 둘 이상의 이해당사자들이 여러 대안들 가운데서 이해당사자들 모두가 수용 가능한 대안을 찾기 위한 의사결정과정

② 협상 과정

단계	내용
협상 시작	• 협상 당사자들 사이에 상호 친근감을 쌓음 • 간접적인 방법으로 협상의사를 전달함 • 상대방의 협상의지를 확인함 • 협상진행을 위한 체제를 짬
상호 이해	• 갈등문제의 진행상황과 현재의 상황을 점검함 • 적극적으로 경청하고 자기주장을 제시함 • 협상을 위한 협상대상 안건을 결정함
실질 이해	• 겉으로 주장하는 것과 실제로 원하는 것을 구분하여 실제로 원하는 것을 찾아 냄 • 분할과 통합 기법을 활용하여 이해관계를 분석함
해결 대안	• 협상 안건마다 대안들을 평가함 • 개발한 대안들을 평가함 • 최선의 대안에 대해서 합의하고 선택함 • 대안 이행을 위한 실행계획을 수립함
합의 문서	• 합의문을 작성함 • 합의문상의 합의내용, 용어 등을 재점검함 • 합의문에 서명함

③ 협상전략

    ㉠ 협력전략 : 협상 참여자들이 협동과 통합으로 문제를 해결하고자 하는 협력적 문제해결전략

    ㉡ 유화전략 : 양보전략으로 상대방이 제시하는 것을 일방적으로 수용하여 협상의 가능성을 높이려는 전략이다. 순응전략, 화해전략, 수용전략이라고도 한다.

    ㉢ 회피전략 : 무행동전략으로 협상으로부터 철수하는 철수전략이다. 협상을 피하거나 잠정적으로 중단한다.

    ㉣ 강압전략 : 경쟁전략으로 자신이 상대방보다 힘에 있어서 우위를 점유하고 있을 때 자신의 이익을 극대화하기 위한 공격적인 전략이다.

④ 상대방 설득 방법의 종류

    ㉠ See-Feel-Change 전략 : 시각화를 통해 직접 보고 스스로가 느끼게 하여 변화시키는 전략

    ㉡ 상대방 이해 전략 : 상대방에 대한 이해를 바탕으로 갈등해결을 용이하게 하는 전략

    ㉢ 호혜관계 형성 전략 : 혜택들을 주고받은 호혜관계 형성을 통해 협상을 용이하게 하는 전략

    ㉣ 헌신과 일관성 전략 : 협상 당사자간에 기대하는 바에 일관성 있게 헌신적으로 부응하여 행동함으로서 협상을 용이하게 하는 전략

    ㉤ 사회적 입증 전략 : 과학적인 논리보다 동료나 사람들의 행동에 의해서 상대방을 설득하는 전략

    ㉥ 연결전략 : 갈등 문제와 갈등관리자를 연결시키는 것이 아니라 갈등을 야기한 사람과 관리자를 연결시킴으로서 협상을 용이하게 하는 전략

    ㉦ 권위전략 : 직위나 전문성, 외모 등을 활용하여 협상을 용이하게 하는 전략

    ㉧ 희소성 해결 전략 : 인적, 물적 자원 등의 희소성을 해결함으로서 협상과정상의 갈등해결을 용이하게 하는 전략

    ㉨ 반항심 극복 전략 : 억압하면 할수록 더욱 반항하게 될 가능성이 높아지므로 이를 피함으로서 협상을 용이하게 하는 전략

(5) 고객서비스능력

① 고객서비스의 의미 : 고객서비스란 다양한 고객의 요구를 파악하고 대응법을 마련하여 고객에게 양질의 서비스를 제공하는 것을 말한다.

② 고객의 불만표현 유형 및 대응방안

불만표현 유형	대응방안
거만형	• 정중하게 대하는 것이 좋다. • 자신의 과시욕이 채워지도록 뽐내게 내버려 둔다. • 의외로 단순한 면이 있으므로 일단 호감을 얻게 되면 득이 될 경우도 있다.
의심형	• 분명한 증거나 근거를 제시하여 스스로 확신을 갖도록 유도한다. • 때로는 책임자로 하여금 응대하는 것도 좋다.
트집형	• 이야기를 경청하고 맞장구를 치며 추켜세우고 설득해 가는 방법이 효과적이다. • '손님의 말씀이 맞습니다.' 하고 고객의 지적이 옳음을 표시한 후 '저도 그렇게 생각하고 있습니다만……' 하고 설득한다. • 잠자코 고객의 의견을 경청하고 사과를 하는 응대가 바람직하다.
빨리빨리형	• '글쎄요.', '아마' 하는 식으로 애매한 화법을 사용하지 않는다. • 만사를 시원스럽게 처리하는 모습을 보이면 응대하기 쉽다.

③ 고객 불만처리 프로세스

단계	내용
경청	• 고객의 항의를 경청하고 끝까지 듣는다. • 선입관을 버리고 문제를 파악한다.
감사와 공감표시	• 일부러 시간을 내서 해결의 기회를 준 것에 감사를 표시한다. • 고객의 항의에 공감을 표시한다.
사과	고객의 이야기를 듣고 문제점에 대해 인정하고, 잘못된 부분에 대해 사과한다.
해결약속	고객이 불만을 느낀 상황에 대해 관심과 공감을 보이며, 문제의 빠른 해결을 약속한다.
정보파악	• 문제해결을 위해 꼭 필요한 질문만 하여 정보를 얻는다. • 최선의 해결방법을 찾기 어려우면 고객에게 어떻게 해주면 만족스러운지를 묻는다.
신속처리	잘못된 부분을 신속하게 시정한다.
처리확인과 사과	불만처리 후 고객에게 처리 결과에 만족하는지를 물어본다.
피드백	고객 불만 사례를 회사 및 전 직원에게 알려 다시는 동일한 문제가 발생하지 않도록 한다.

④ 고객만족 조사
  ㉠ 목적 : 고객의 주요 요구를 파악하여 가장 중요한 고객요구를 도출하고 자사가 가지고 있는 자원을 토대로 경영 프로세스의 개선에 활용함으로써 경쟁력을 증대시키는 것이다.
  ㉡ 고객만족 조사계획에서 수행되어야 할 것
    • 조사 분야 및 대상 결정 : 정확한 조사를 위해 명확히 결정
    • 조사목적 설정 : 전체적 경향의 파악, 고객에 대한 개별대응 및 고객과의 관계유지 파악, 평가목적, 개선목적
    • 조사방법 및 횟수 : 설문조사 및 심층면접법이 대표적이며, 연속으로 조사해야 효과적
    • 조사결과 활용 계획 : 조사목적에 맞게 구체적인 활용계획 작성

예제 5

고객중심 기업의 특징으로 옳지 않은 것은?

① 고객이 정보, 제품, 서비스 등에 쉽게 접근할 수 있도록 한다.
② 보다 나은 서비스를 제공할 수 있도록 기업정책을 수립한다.
③ 고객 만족에 중점을 둔다.
④ 기업이 행한 서비스에 대한 평가는 한번으로 끝낸다.

출제의도

고객서비스능력에 대한 포괄적인 문제로 실제 고객중심 기업의 입장에서 생각해 보면 쉽게 풀 수 있는 문제다.

해 설

④ 기업이 행한 서비스에 대한 평가는 수시로 이루어져야 한다.

답 ④

1 기술과 기술능력

(1) 기술과 과학

① 노하우(know-how)와 노와이(know-why)

  ㉠ 노하우 : 특허권을 수반하지 않는 과학자, 엔지니어 등이 가지고 있는 체화된 기술로 경험적이고 반복적인 행위에 의해 얻어진다.

  ㉡ 노와이 : 기술이 성립하고 작용하는가에 관한 원리적 측면에 중심을 둔 개념으로 이론적인 지식으로서 과학적인 탐구에 의해 얻어진다.

② 기술의 특징

  ㉠ 하드웨어나 인간에 의해 만들어진 비자연적인 대상, 혹은 그 이상을 의미한다.

  ㉡ 기술은 노하우(know-how)를 포함한다.

  ㉢ 기술은 하드웨어를 생산하는 과정이다.

  ㉣ 기술은 인간의 능력을 확장시키기 위한 하드웨어와 그것의 활용을 뜻한다.

  ㉤ 기술은 정의 가능한 문제를 해결하기 위해 순서화되고 이해 가능한 노력이다.

③ 기술과 과학 : 기술은 과학과 같이 추상적 이론보다는 실용성, 효용, 디자인을 강조하고 과학은 그 반대로 추상적 이론, 지식을 위한 지식, 본질에 대한 이해를 강조한다.

(2) 기술능력

① 기술능력과 기술교양 : 기술능력은 기술교양의 개념을 보다 구체화시킨 개념으로, 기술교양은 모든 사람들이 광범위한 관점에서 기술의 특성, 기술적 행동, 기술의 힘, 기술의 결과에 대해 어느 정도의 지식을 가지는 것을 의미한다.

② 기술능력이 뛰어난 사람의 특징

  ㉠ 실질적 해결을 필요로 하는 문제를 인식한다.

  ㉡ 인식된 문제를 위한 다양한 해결책을 개발하고 평가한다.

  ㉢ 실제적 문제를 해결하기 위해 지식이나 기타 자원을 선택·최적화시키며 적용한다.

  ㉣ 주어진 한계 속에서 제한된 자원을 가지고 일한다.

  ㉤ 기술적 해결에 대한 효용성을 평가한다.

  ㉥ 여러 상황 속에서 기술의 체계와 도구를 사용하고 배울 수 있다.

Y그룹 기술연구소에 근무하는 정호는 연구 역량 강화를 위한 업계 워크숍에 참석해 기술 능력이 뛰어난 사람의 특징에 대해 기조 발표를 하려고 한다. 다음 중 정호가 발표에 포함시킬 내용으로 옳지 않은 것은?

① 기술의 체계와 같은 무형의 기술에 대한 능력과는 무관하다.
② 주어진 한계 속에서 제한된 자원을 가지고 일한다.
③ 기술적 해결에 대한 효용성을 평가한다.
④ 실질적 해결을 필요로 하는 문제를 인식한다.

③ 새로운 기술능력 습득방법

　　㉠ 전문 연수원을 통한 기술과정 연수

　　㉡ E-learning을 활용한 기술교육

　　㉢ 상급학교 진학을 통한 기술교육

　　㉣ OJT를 활용한 기술교육

(3) 분야별 유망 기술 전망

① 전기전자정보공학분야 : 지능형 로봇 분야

② 기계공학분야 : 하이브리드 자동차 기술

③ 건설환경공학분야 : 지속가능한 건축 시스템 기술

④ 화학생명공학분야 : 재생에너지 기술

(4) 지속가능한 기술

① 지속가능한 발전 : 지금 우리의 현재 욕구를 충족시키면서 동시에 후속 세대의 욕구 충족을 침해하지 않는 발전

② 지속가능한 기술

　　㉠ 이용 가능한 자원과 에너지를 고려하는 기술

　　㉡ 자원이 사용되고 그것이 재생산되는 비율의 조화를 추구하는 기술

　　㉢ 자원의 질을 생각하는 기술

　　㉣ 자원이 생산적인 방식으로 사용되는가에 주의를 기울이는 기술

(5) 산업재해

① 산업재해란 산업 활동 중의 사고로 인해 사망하거나 부상을 당하고, 또는 유해 물질에 의한 중독 등으로 직업성 질환에 걸리거나 신체적 장애를 가져오는 것을 말한다.

② 산업 재해의 기본적 원인

    ㉠ 교육적 원인 : 안전 지식의 불충분, 안전 수칙의 오해, 경험이나 훈련의 불충분과 작업관리자의 작업 방법의 교육 불충분, 유해 위험 작업 교육 불충분 등

    ㉡ 기술적 원인 : 건물·기계 장치의 설계 불량, 구조물의 불안정, 재료의 부적합, 생산 공정의 부적당, 점검·정비·보존의 불량 등

    ㉢ 작업 관리상 원인 : 안전 관리 조직의 결함, 안전 수칙 미제정, 작업 준비 불충분, 인원 배치 및 작업 지시 부적당 등

예제 2

다음은 철재가 알아낸 산업재해 원인과 관련된 자료이다. 다음 자료에 해당하는 산업재해의 기본적인 원인은 무엇인가?

〈2015년 산업재해 현황분석 자료에 따른 사망자의 수〉

(단위 : 명)

사망원인	사망자 수
안전 지식의 불충분	120
안전 수칙의 오해	56
경험이나 훈련의 불충분	73
작업관리자의 작업방법 교육 불충분	28
유해 위험 작업 교육 불충분	91
기타	4

출처 : 고용노동부 2015 산업재해 현황분석

① 정책적 원인   ② 작업 관리상 원인
③ 기술적 원인   ④ 교육적 원인

출제의도

산업재해의 원인은 크게 기본적 원인과 직접적 원인으로 나눌 수 있고 이들 원인은 다시 여러 개의 세부 원인들로 나뉜다. 표에 나와 있는 각각의 원인들이 어디에 속하는지 잘 구분할 수 있어야 한다.

해 설

④ 안전 지식의 불충분, 안전 수칙의 오해, 경험이나 훈련의 불충분, 작업관리자의 작업방법 교육 불충분, 유해 위험 작업 교육 불충분 등은 산업재해의 기본적 원인 중 교육적 원인에 해당한다.

답 ④

---

③ 산업 재해의 직접적 원인

    ㉠ 불안전한 행동 : 위험 장소 접근, 안전장치 기능 제거, 보호 장비의 미착용 및 잘못 사용, 운전 중인 기계의 속도 조작, 기계·기구의 잘못된 사용, 위험물 취급 부주의, 불안전한 상태 방치, 불안전한 자세와 동장, 감독 및 연락 잘못 등

    ㉡ 불안전한 상태 : 시설물 자체 결함, 전기 기설물의 누전, 구조물의 불안정, 소방기구의 미확보, 안전 보호 장치 결함, 복장·보호구의 결함, 시설물의 배치 및 장소 불량, 작업 환경 결함, 생산 공정의 결함, 경계 표시 설비의 결함 등

④ 산업 재해의 예방 대책

ㄱ 안전 관리 조직 : 경영자는 사업장의 안전 목표를 설정하고, 안전 관리 책임자를 선정해야 하며, 안전 관리 책임자는 안전 계획을 수립하고, 이를 시행·후원·감독해야 한다.

ㄴ 사실의 발견 : 사고 조사, 안전 점검, 현장 분석, 작업자의 제안 및 여론 조사, 관찰 및 보고서 연구, 면담 등을 통하여 사실을 발견한다.

ㄷ 원인 분석 : 재해의 발생 장소, 재해 형태, 재해 정도, 관련 인원, 직원 감독의 적절성, 공구 및 장비의 상태 등을 정확히 분석한다.

ㄹ 시정책의 선정 : 원인 분석을 토대로 적절한 시정책, 즉 기술적 개선, 인사 조정 및 교체, 교육, 설득, 호소, 공학적 조치 등을 선정한다.

ㅁ 시정책 적용 및 뒤처리 : 안전에 대한 교육 및 훈련 실시, 안전시설과 장비의 결함 개선, 안전 감독 실시 등의 선정된 시정책을 적용한다.

2 기술능력을 구성하는 하위능력

(1) 기술이해능력

① 기술시스템

ㄱ 개념 : 기술시스템은 인공물의 집합체만이 아니라 회사, 투자회사, 법적 제도, 정치, 과학, 자연 자원을 모두 포함하는 것이기 때문에, 기술적인 것(the technical)과 사회적인 것(the social)이 결합해서 공존한다.

ㄴ 기술시스템의 발전 단계 : 발명·개발·혁신의 단계 → 기술 이전의 단계 → 기술 경쟁의 단계 → 기술 공고화 단계

② 기술혁신

ㄱ 기술혁신의 특성

• 기술혁신은 그 과정 자체가 매우 불확실하고 장기간의 시간을 필요로 한다.

• 기술혁신은 지식 집약적인 활동이다.

• 혁신 과정의 불확실성과 모호함은 기업 내에서 많은 논쟁과 갈등을 유발할 수 있다.

• 기술혁신은 조직의 경계를 넘나드는 특성을 갖고 있다.

ⓒ 기술혁신의 과정과 역할

기술혁신 과정	혁신 활동	필요한 자질과 능력
아이디어 창안	• 아이디어를 창출하고 가능성을 검증 • 일을 수행하는 새로운 방법 고안 • 혁신적인 진보를 위한 탐색	• 각 분야의 전문지식 • 추상화와 개념화 능력 • 새로운 분야의 일을 즐김
챔피언	• 아이디어의 전파 • 혁신을 위한 자원 확보 • 아이디어 실현을 위한 헌신	• 정력적이고 위험을 감수함 • 아이디어의 응용에 관심
프로젝트 관리	• 리더십 발휘 • 프로젝트의 기획 및 조직 • 프로젝트의 효과적인 진행 감독	• 의사결정 능력 • 업무 수행 방법에 대한 지식
정보 수문장	• 조직외부의 정보를 내부 구성원들에게 전달 • 조직 내 정보원 기능	• 높은 수준의 기술적 역량 • 원만한 대인 관계 능력
후원	• 혁신에 대한 격려와 안내 • 불필요한 제약에서 프로젝트 보호 • 혁신에 대한 자원 획득을 지원	조직의 주요 의사결정에 대한 영향력

(2) 기술선택능력

① 기술선택 : 기업이 어떤 기술을 외부로부터 도입하거나 자체 개발하여 활용할 것인가를 결정하는 것이다.

ⓖ 기술선택을 위한 의사결정
- 상향식 기술선택 : 기업 전체 차원에서 필요한 기술에 대한 체계적인 분석이나 검토 없이 연구자나 엔지니어들이 자율적으로 기술을 선택하는 것
- 하향식 기술선택 : 기술경영진과 기술기획담당자들에 의한 체계적인 분석을 통해 기업이 획득해야 하는 대상기술과 목표기술수준을 결정하는 것

ⓛ 기술선택을 위한 절차

```
        외부환경 분석
            ↓
중장기 사업목표 설정 → 사업전략 수립 → 요구기술 분석 → 기술전략 수립 → 핵심기술 선택
            ↓
        내부역량 분석
```

- 외부환경 분석 : 수요변화 및 경쟁자 변화, 기술 변화 등 분석
- 중장기 사업목표 설정 : 기업의 장기비전, 중장기 매출목표 및 이익목표 설정
- 내부역량 분석 : 기술능력, 생산능력, 마케팅/영업능력, 재무능력 등 분석
- 사업전략 수립 : 사업 영역결정, 경쟁 우위 확보 방안 수립
- 요구기술 분석 : 제품 설계/디자인 기술, 제품 생산공정, 원재료/부품 제조기술 분석
- 기술전략 수립 : 기술획득 방법 결정

ⓒ 기술선택을 위한 우선순위 결정
- 제품의 성능이나 원가에 미치는 영향력이 큰 기술
- 기술을 활용한 제품의 매출과 이익 창출 잠재력이 큰 기술
- 쉽게 구할 수 없는 기술
- 기업 간에 모방이 어려운 기술
- 기업이 생산하는 제품 및 서비스에 보다 광범위하게 활용할 수 있는 기술
- 최신 기술로 진부화될 가능성이 적은 기술

예제 3

주현은 건설회사에 근무하면서 프로젝트 관리를 한다. 얼마 전 대규모 프로젝트에 참가한 한 하청업체가 중간 보고회를 열고 다음과 같이 자신들이 이번 프로젝트의 성공적 마무리를 위해 노력하고 있음을 설명하고 있다. 다음 중 총괄 책임자로서 주현이 하청업체의 올바른 추진 방향으로 인정해줘야 하는 부분으로 바르게 묶인 것은?

ⓐ 정부 및 환경단체가 요구하는 성과평가의 실천 방안을 연구하여 반영하고 있습니다.
ⓑ 이번 프로젝트 성공을 위해 기술적 효용과 함께 환경적 효용도 추구하고 있습니다.
ⓒ 오염 예방을 위한 청정 생산기술을 진단하고 컨설팅하면서 협력회사와 연대하고 있습니다.
ⓓ 환경영향평가에 대해서는 철저한 사후평가 방식으로 진행하고 있습니다.

① ㉠㉡㉢ ② ㉠㉡㉣
③ ㉠㉢㉣ ④ ㉡㉢㉣

출제의도

실제 현장에서 사용하는 기술들에 대해 바람직한 평가요소는 무엇인지 묻는 문제다.

해 설

㉣ 환경영향평가에 대해서는 철저한 사전평가 방식으로 진행해야 한다.

답 ①

---

② 벤치마킹

㉠ 벤치마킹의 종류

기준	종류
비교대상에 따른 분류	• 내부 벤치마킹 : 같은 기업 내의 다른 지역, 타 부서, 국가 간의 유사한 활동을 비교대상으로 함 • 경쟁적 벤치마킹 : 동일 업종에서 고객을 직접적으로 공유하는 경쟁기업을 대상으로 함 • 비경쟁적 벤치마킹 : 제품, 서비스 및 프로세스의 단위 분야에 있어 가장 우수한 실무를 보이는 비경쟁적 기업 내의 유사 분야를 대상으로 함 • 글로벌 벤치마킹 : 프로세스에 있어 최고로 우수한 성과를 보유한 동일업종의 비경쟁적 기업을 대상으로 함
수행방식에 따른 분류	• 직접적 벤치마킹 : 벤치마킹 대상을 직접 방문하여 수행하는 방법 • 간접적 벤치마킹 : 인터넷 및 문서형태의 자료를 통해서 수행하는 방법

ⓛ 벤치마킹의 주요 단계
- 범위결정 : 벤치마킹이 필요한 상세 분야를 정의하고 목표와 범위를 결정하며 벤치마킹을 수행할 인력들을 결정
- 측정범위 결정 : 상세분야에 대한 측정항목을 결정하고, 측정항목이 벤치마킹의 목표를 달성하는 데 적정한가를 검토
- 대상 결정 : 비교분석의 대상이 되는 기업/기관들을 결정하고, 대상 후보별 벤치마킹 수행의 타당성을 검토하여 최종적인 대상 및 대상별 수행방식을 결정
- 벤치마킹 : 직접 또는 간접적인 벤치마킹을 진행
- 성과차이 분석 : 벤치마킹 결과를 바탕으로 성과차이를 측정항목별로 분석
- 개선계획 수립 : 성과차이에 대한 원인 분석을 진행하고 개선을 위한 성과목표를 결정하며, 성과목표를 달성하기 위한 개선계획을 수립
- 변화 관리 : 개선목표 달성을 위한 변화사항을 지속적으로 관리하고, 개선 후 변화사항과 예상했던 변화 사항을 비교

③ 매뉴얼 : 매뉴얼의 사전적 의미는 어떤 기계의 조작 방법을 설명해 놓은 사용 지침서이다.

ⓖ 매뉴얼의 종류
- 제품 매뉴얼 : 사용자를 위해 제품의 특징이나 기능 설명, 사용방법과 고장 조치방법, 유지 보수 및 A/S, 폐기까지 제품에 관련된 모든 서비스에 대해 소비자가 알아야 할 모는 정보를 제공하는 것
- 업무 매뉴얼 : 어떤 일의 진행 방식, 지켜야할 규칙, 관리상의 절차 등을 일관성 있게 여러 사람이 보고 따라할 수 있도록 표준화하여 설명하는 지침서

ⓛ 매뉴얼 작성을 위한 Tip
- 내용이 정확해야 한다.
- 사용자가 알기 쉽게 쉬운 문장으로 쓰여야 한다.
- 사용자의 심리적 배려가 있어야 한다.
- 사용자가 찾고자 하는 정보를 쉽게 찾을 수 있어야 한다.
- 사용하기 쉬어야 한다.

(3) 기술적용능력

① 기술적용

ⓖ 기술적용 형태
- 선택한 기술을 그대로 적용한다.
- 선택한 기술을 그대로 적용하되, 불필요한 기술은 과감히 버리고 적용한다.
- 선택한 기술을 분석하고 가공하여 활용한다.

ⓛ 기술적용 시 고려 사항

- 기술적용에 따른 비용이 많이 드는가?
- 기술의 수명 주기는 어떻게 되는가?
- 기술의 전략적 중요도는 어떻게 되는가?
- 잠재적으로 응용 가능성이 있는가?

② 기술경영자와 기술관리자

ⓐ 기술경영자에게 필요한 능력

- 기술을 기업의 전반적인 전략 목표에 통합시키는 능력
- 빠르고 효과적으로 새로운 기술을 습득하고 기존의 기술에서 탈피하는 능력
- 기술을 효과적으로 평가할 수 있는 능력
- 기술 이전을 효과적으로 할 수 있는 능력
- 새로운 제품개발 시간을 단축할 수 있는 능력
- 크고 복잡하고 서로 다른 분야에 걸쳐 있는 프로젝트를 수행할 수 있는 능력
- 조직 내의 기술 이용을 수행할 수 있는 능력
- 기술 전문 인력을 운용할 수 있는 능력

예제 4

다음은 기술경영자의 어떤 부분을 이야기하고 있는가?

> 어떤 일을 마무리하는 데 있어서 6개월의 시간이 걸린다면 그는 그 일을 한 달 안으로 끝낼 것을 원한다. 그에게 강한 밀어붙임을 경험한 사람들은 그에 대해 비판적인 입장을 취하기도 한다. 그의 직원 중 일부는 그 무게를 이겨내지 못하고, 다른 일부의 직원들은 그것을 스스로 더욱 열심히 할 수 있는 자극제로 사용한다고 말한다.

① 빠르고 효과적으로 새로운 기술을 습득하는 능력
② 기술 이전을 효과적으로 할 수 있는 능력
③ 기술 전문 인력을 운용할 수 있는 능력
④ 조직 내의 기술 이용을 수행할 수 있는 능력

출제의도

해당 사례가 기술경영자에게 필요한 능력 중 무엇에 해당하는 내용인지 묻는 문제로 각 능력에 대해 확실하게 이해하고 있어야 한다.

해 설

③ 기술경영자는 기술 전문 인력을 운용함에 있어 강한 리더십을 발휘하고 직원 스스로 움직일 수 있게 이끌 수 있어야 한다.

답 ③

ⓛ 기술관리자에게 필요한 능력
- 기술을 운용하거나 문제 해결을 할 수 있는 능력
- 기술직과 의사소통을 할 수 있는 능력
- 혁신적인 환경을 조성할 수 있는 능력
- 기술적, 사업적, 인간적인 능력을 통합할 수 있는 능력
- 시스템적인 관점
- 공학적 도구나 지원방식에 대한 이해 능력
- 기술이나 추세에 대한 이해 능력
- 기술팀을 통합할 수 있는 능력

③ 네트워크 혁명
ⓐ 네트워크 혁명의 3가지 법칙
- 무어의 법칙 : 컴퓨터의 파워가 18개월마다 2배씩 증가한다는 법칙
- 메트칼피의 법칙 : 네트워크의 가치는 사용자 수의 제곱에 비례한다는 법칙
- 카오의 법칙 : 창조성은 네트워크에 접속되어 있는 다양한 지수함수로 비례한다는 법칙
ⓑ 네트워크 혁명의 역기능 : 디지털 격차(digital divide), 정보화에 따른 실업의 문제, 인터넷 게임과 채팅 중독, 범죄 및 반사회적인 사이트의 활성화, 정보기술을 이용한 감시 등

예제 5

직표는 J그룹의 기술연구팀에서 근무하고 있는데 하루는 공정 개선 워크숍이 열려 최근 사내에서 이슈로 떠오른 신 제조공법의 도입과 관련해 토론을 벌이고 있다. 신 제조공법 도입으로 인한 이해득실에 대해 의견이 분분한 가운데 직표가 할 수 있는 발언으로 옳지 않은 것은?

① "기술의 수명 주기뿐만 아니라 기술의 전략적 중요성과 잠재적 응용 가능성 등도 따져봐야 합니다."
② "다른 것은 그냥 넘어가도 되지만 기계 교체로 인한 막대한 비용만큼은 철저히 고려해야 합니다."
③ "신 제조공법 도입이 우리 회사의 어떤 시장 전략과 연관되어 있는지 궁금합니다."
④ "신 제조공법의 수명을 어떻게 예상하고 있는지 알고 싶군요."

출제의도

기술적용능력에 대해 포괄적으로 묻는 문제로 신기술 적용 시 중요하게 생각해야 할 요소로는 무엇이 있는지 파악하고 있어야 한다.

해 설

② 기계 교체로 인한 막대한 비용뿐만 아니라 신 기술도입과 관련된 모든 사항에 대해 사전에 철저히 고려해야 한다.

답 ②

---

① 직장생활과 수리능력

(1) 기초직업능력으로서의 수리능력

① 개념 : 직장생활에서 요구되는 사칙연산과 기초적인 통계를 이해하고 도표의 의미를 파악하거나 도표를 이용해서 결과를 효과적으로 제시하는 능력을 말한다.

② 수리능력은 크게 기초연산능력, 기초통계능력, 도표분석능력, 도표작성능력으로 구성된다.

    ㉠ 기초연산능력 : 직장생활에서 필요한 기초적인 사칙연산과 계산방법을 이해하고 활용할 수 있는 능력

    ㉡ 기초통계능력 : 평균, 합계, 빈도 등 직장생활에서 자주 사용되는 기초적인 통계기법을 활용하여 자료의 특성과 경향성을 파악하는 능력

    ㉢ 도표분석능력 : 그래프, 그림 등 도표의 의미를 파악하고 필요한 정보를 해석하는 능력

    ㉣ 도표작성능력 : 도표를 이용하여 결과를 효과적으로 제시하는 능력

(2) 업무수행에서 수리능력이 활용되는 경우

① 업무상 계산을 수행하고 결과를 정리하는 경우

② 업무비용을 측정하는 경우

③ 고객과 소비자의 정보를 조사하고 결과를 종합하는 경우

④ 조직의 예산안을 작성하는 경우

⑤ 업무수행 경비를 제시해야 하는 경우

⑥ 다른 상품과 가격비교를 하는 경우

⑦ 연간 상품 판매실적을 제시하는 경우

⑧ 업무비용을 다른 조직과 비교해야 하는 경우

⑨ 상품판매를 위한 지역조사를 실시해야 하는 경우

⑩ 업무수행과정에서 도표로 주어진 자료를 해석하는 경우

⑪ 도표로 제시된 업무비용을 측정하는 경우

예제 1

다음 자료를 보고 주어진 상황에 대한 물음에 답하시오.

〈근로소득에 대한 간이 세액표〉

월 급여액(천 원) [비과세 및 학자금 제외]		공제대상 가족 수				
이상	미만	1	2	3	4	5
2,500	2,520	38,960	29,280	16,940	13,570	10,190
2,520	2,540	40,670	29,960	17,360	13,990	10,610
2,540	2,560	42,380	30,640	17,790	14,410	11,040
2,560	2,580	44,090	31,330	18,210	14,840	11,460
2,580	2,600	45,800	32,680	18,640	15,260	11,890
2,600	2,620	47,520	34,390	19,240	15,680	12,310
2,620	2,640	49,230	36,100	19,900	16,110	12,730
2,640	2,660	50,940	37,810	20,560	16,530	13,160
2,660	2,680	52,650	39,530	21,220	16,960	13,580
2,680	2,700	54,360	41,240	21,880	17,380	14,010
2,700	2,720	56,070	42,950	22,540	17,800	14,430
2,720	2,740	57,780	44,660	23,200	18,230	14,850
2,740	2,760	59,500	46,370	23,860	18,650	15,280

※ 갑근세는 제시되어 있는 간이 세액표에 따름
※ 주민세＝갑근세의 10%
※ 국민연금＝급여액의 4.50%
※ 고용보험＝국민연금의 10%
※ 건강보험＝급여액의 2.90%
※ 교육지원금＝분기별 100,000원(매 분기별 첫 달에 지급)

박○○ 사원의 5월 급여내역이 다음과 같고 전월과 동일하게 근무하였으나, 특별수당은 없고 차량지원금으로 100,000원을 받게 된다면, 6월에 받게 되는 급여는 얼마인가? (단, 원 단위 절삭)

(주) 서원플랜테크 5월 급여내역			
성명	박○○	지급일	5월 12일
기본급여	2,240,000	갑근세	39,530
직무수당	400,000	주민세	3,950
명절 상여금		고용보험	11,970
특별수당	20,000	국민연금	119,700
차량지원금		건강보험	77,140
교육지원		기타	
급여계	2,660,000	공제합계	252,290
		지급총액	2,407,710

① 2,443,910
② 2,453,910
③ 2,463,910
④ 2,473,910

출제의도

업무상 계산을 수행하거나 결과를 정리하고 업무비용을 측정하는 능력을 평가하기 위한 문제로서, 주어진 자료에서 문제를 해결하는 데에 필요한 부분을 빠르고 정확하게 찾아내는 것이 중요하다.

해 설

기본급여	2,240,000	갑근세	46,370
직무수당	400,000	주민세	4,630
명절상여금		고용보험	12,330
특별수당		국민연금	123,300
차량지원금	100,000	건강보험	79,460
교육지원		기타	
급여계	2,740,000	공제합계	266,090
		지급총액	2,473,910

답 ④

(3) 수리능력의 중요성

① 수학적 사고를 통한 문제해결

② 직업세계의 변화에의 적응

③ 실용적 가치의 구현

(4) 단위환산표

구분	단위환산
길이	1cm = 10mm, 1m = 100cm, 1km = 1,000m
넓이	$1cm^2$ = $100mm^2$, $1m^2$ = $10,000cm^2$, $1km^2$ = $1,000,000m^2$ = 10,000a = 100ha
부피	$1cm^3$ = $1,000mm^3$, $1m^3$ = $1,000,000cm^3$, $1km^3$ = $1,000,000,000m^3$
들이	$1m\ell$ = $1cm^3$, $1d\ell$ = $100cm^3$, 1L = $1,000cm^3$ = $10d\ell$
무게	1kg = 1,000g, 1t = 1,000kg = 1,000,000g
시간	1분 = 60초, 1시간 = 60분 = 3,600초
할푼리	1푼 = 0.1할, 1리 = 0.01할, 1모 = 0.001할

예제 2

둘레의 길이가 4.4km인 정사각형 모양의 공원이 있다. 이 공원의 넓이는 몇 a인가?

① 12,100a

② 1,210a

③ 121a

④ 12.1a

② 수리능력을 구성하는 하위능력

(1) 기초연산능력

① 사칙연산 : 수에 관한 덧셈, 뺄셈, 곱셈, 나눗셈의 네 종류의 계산법으로 업무를 원활하게 수행하기 위해서는 기본적인 사칙연산뿐만 아니라 다단계의 복잡한 사칙연산까지도 수행할 수 있어야 한다.

② 검산 : 연산의 결과를 확인하는 과정으로 대표적인 검산방법으로 역연산과 구거법이 있다.

　　㉠ 역연산 : 덧셈은 뺄셈으로, 뺄셈은 덧셈으로, 곱셈은 나눗셈으로, 나눗셈은 곱셈으로 확인하는 방법이다.

　　㉡ 구거법 : 원래의 수와 각 자리 수의 합이 9로 나눈 나머지가 같다는 원리를 이용한 것으로 9를 버리고 남은 수로 계산하는 것이다.

예제 3

다음 식을 바르게 계산한 것은?

$$1 + \frac{2}{3} + \frac{1}{2} - \frac{3}{4}$$

① $\frac{13}{12}$　　　　　　② $\frac{15}{12}$

③ $\frac{17}{12}$　　　　　　④ $\frac{19}{12}$

출제의도

직장생활에서 필요한 기초적인 사칙연산과 계산방법을 이해하고 활용할 수 있는 능력을 평가하는 문제로서, 분수의 계산과 통분에 대한 기본적인 이해가 필요하다.

해 설

$$\frac{12}{12} + \frac{8}{12} + \frac{6}{12} - \frac{9}{12} = \frac{17}{12}$$

답 ③

---

(2) 기초통계능력

① 업무수행과 통계

　　㉠ 통계의 의미 : 통계란 집단현상에 대한 구체적인 양적 기술을 반영하는 숫자이다.

　　㉡ 업무수행에 통계를 활용함으로써 얻을 수 있는 이점

　　• 많은 수량적 자료를 처리가능하고 쉽게 이해할 수 있는 형태로 축소

　　• 표본을 통해 연구대상 집단의 특성을 유추

　　• 의사결정의 보조수단

　　• 관찰 가능한 자료를 통해 논리적으로 결론을 추출 · 검증

ⓒ 기본적인 통계치
- 빈도와 빈도분포 : 빈도란 어떤 사건이 일어나거나 증상이 나타나는 정도를 의미하며, 빈도분포란 빈도를 표나 그래프로 종합적으로 표시하는 것이다.
- 평균 : 모든 사례의 수치를 합한 후 총 사례 수로 나눈 값이다.
- 백분율 : 전체의 수량을 100으로 하여 생각하는 수량이 그중 몇이 되는가를 퍼센트로 나타낸 것이다.

② 통계기법
ⓐ 범위와 평균
- 범위 : 분포의 흩어진 정도를 가장 간단히 알아보는 방법으로 최곳값에서 최젓값을 뺀 값을 의미한다.
- 평균 : 집단의 특성을 요약하기 위해 가장 자주 활용하는 값으로 모든 사례의 수치를 합한 후 총 사례 수로 나눈 값이다.
- 관찰값이 1, 3, 5, 7, 9일 경우 범위는 $9 - 1 = 8$이 되고, 평균은 $\dfrac{1+3+5+7+9}{5} = 5$가 된다.

ⓑ 분산과 표준편차
- 분산 : 관찰값의 흩어진 정도로, 각 관찰값과 평균값의 차의 제곱의 평균이다.
- 표준편차 : 평균으로부터 얼마나 떨어져 있는가를 나타내는 개념으로 분산값의 제곱근 값이다.
- 관찰값이 1, 2, 3이고 평균이 2인 집단의 분산은 $\dfrac{(1-2)^2 + (2-2)^2 + (3-2)^2}{3} = \dfrac{2}{3}$ 이고 표준편차는 분산값의 제곱근 값인 $\sqrt{\dfrac{2}{3}}$ 이다.

③ 통계자료의 해석
ⓐ 다섯숫자요약
- 최솟값 : 원자료 중 값의 크기가 가장 작은 값
- 최댓값 : 원자료 중 값의 크기가 가장 큰 값
- 중앙값 : 최솟값부터 최댓값까지 크기에 의하여 배열했을 때 중앙에 위치하는 사례의 값
- 하위 25%값 · 상위 25%값 : 원자료를 크기 순으로 배열하여 4등분한 값
ⓑ 평균값과 중앙값 : 평균값과 중앙값은 그 개념이 다르기 때문에 명확하게 제시해야 한다.

인터넷 쇼핑몰에서 회원가입을 하고 디지털캠코더를 구매하려고 한다. 다음은 구입하고자 하는 모델에 대하여 인터넷 쇼핑몰 세 곳의 가격과 조건을 제시한 표이다. 표에 있는 혜택 중 1가지만 적용 가능할 때 디지털캠코더의 배송비를 포함한 실제 구매가격을 바르게 비교한 것은?

구분	A 쇼핑몰	B 쇼핑몰	C 쇼핑몰
정상가격	129,000원	131,000원	130,000원
회원혜택	7,000원 할인	3,500원 할인	7% 할인
할인쿠폰	5% 쿠폰	3% 쿠폰	5,000원
중복할인여부	불가	가능	불가
배송비	2,000원	무료	2,500원

① A<B<C
② B<C<A
③ C<A<B
④ C<B<A

출제의도

직장생활에서 자주 사용되는 기초적인 통계기법을 활용하여 자료의 특성과 경향성을 파악하는 능력이 요구되는 문제이다.

해 설

㉠ A 쇼핑몰
• 회원혜택을 선택한 경우 : $129,000 - 7,000 + 2,000 = 124,000$(원)
• 5% 할인쿠폰을 선택한 경우 : $129,000 \times 0.95 + 2,000 = 124,550$
㉡ B 쇼핑몰 : $131,000 \times 0.97 - 3,500 = 123,570$
㉢ C 쇼핑몰
• 회원혜택을 선택한 경우 : $130,000 \times 0.93 + 2,500 = 123,400$
• 5,000원 할인쿠폰을 선택한 경우 : $130,000 - 5,000 + 2,500 = 127,500$
∴ C<B<A

답 ④

---

(3) 도표분석능력

① 도표의 종류

㉠ 목적별 : 관리(계획 및 통제), 해설(분석), 보고

㉡ 용도별 : 경과 그래프, 내역 그래프, 비교 그래프, 분포 그래프, 상관 그래프, 계산 그래프

㉢ 형상별 : 선 그래프, 막대 그래프, 원 그래프, 점 그래프, 층별 그래프, 레이더 차트

② 도표의 활용

㉠ 선 그래프

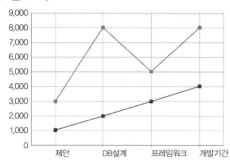

• 주로 시간의 경과에 따라 수량에 의한 변화 상황(시계열 변화)을 절선의 기울기로 나타내는 그래프이다.
• 경과, 비교, 분포를 비롯하여 상관관계 등을 나타낼 때 쓰인다.

㉡ 막대 그래프

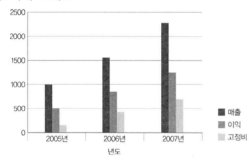

• 비교하고자 하는 수량을 막대 길이로 표시하고 그 길이를 통해 수량 간의 대소관계를 나타내는 그래프이다.
• 내역, 비교, 경과, 도수 등을 표시하는 용도로 쓰인다.

㉢ 원 그래프

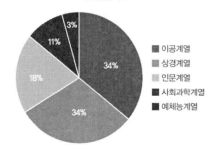

• 내역이나 내용의 구성비를 원을 분할하여 나타낸 그래프이다.
• 전체에 대해 부분이 차지하는 비율을 표시하는 용도로 쓰인다.

ⓔ 점 그래프

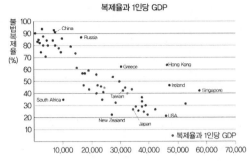
복제율과 1인당 GDP

• 종축과 횡축에 2요소를 두고 보고자 하는 것이 어떤 위치에 있는가를 나타내는 그래프이다.
• 지역분포를 비롯하여 도시, 기방, 기업, 상품 등의 평가나 위치·성격을 표시하는데 쓰인다.

ⓜ 층별 그래프

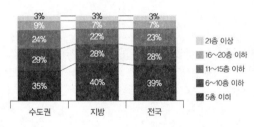
전국 아파트 층수별 거래 비중

• 선 그래프의 변형으로 연속내역 봉 그래프라고 할 수 있다. 선과 선 사이의 크기로 데이터 변화를 나타낸다.
• 합계와 부분의 크기를 백분율로 나타내고 시간적 변화를 보고자 할 때나 합계와 각 부분의 크기를 실수로 나타내고 시간적 변화를 보고자 할 때 쓰인다.

ⓗ 레이더 차트(거미줄 그래프)

• 원 그래프의 일종으로 비교하는 수량을 직경, 또는 반경으로 나누어 원의 중심에서의 거리에 따라 각 수량의 관계를 나타내는 그래프이다.
• 비교하거나 경과를 나타내는 용도로 쓰인다.

③ 도표 해석상의 유의사항

　　㉠ 요구되는 지식의 수준을 넓힌다.

　　㉡ 도표에 제시된 자료의 의미를 정확히 숙지한다.

　　㉢ 도표로부터 알 수 있는 것과 없는 것을 구별한다.

　　㉣ 총량의 증가와 비율의 증가를 구분한다.

　　㉤ 백분위수와 사분위수를 정확히 이해하고 있어야 한다.

예제 5

다음 표는 2022 ~ 2023년 지역별 직장인들의 자기개발에 관해 조사한 내용을 정리한 것이다. 이에 대한 분석으로 옳은 것은?

(단위 : %)

연도 / 구분 / 지역	2022				2023			
	자기개발 하고 있음	자기개발 비용 부담 주체			자기개발 하고 있음	자기개발 비용 부담 주체		
		직장 100%	본인 100%	직장50% + 본인50%		직장 100%	본인 100%	직장50% + 본인50%
충청도	36.8	8.5	88.5	3.1	45.9	9.0	65.5	24.5
제주도	57.4	8.3	89.1	2.9	68.5	7.9	68.3	23.8
경기도	58.2	12	86.3	2.6	71.0	7.5	74.0	18.5
서울시	60.6	13.4	84.2	2.4	72.7	11.0	73.7	15.3
경상도	40.5	10.7	86.1	3.2	51.0	13.6	74.9	11.6

① 2022년과 2023년 모두 자기개발 비용을 본인이 100% 부담하는 사람의 수는 응답자의 절반 이상이다.

② 자기개발을 하고 있다고 응답한 사람의 수는 2022년과 2023년 모두 서울시가 가장 많다.

③ 자기개발 비용을 직장과 본인이 각각 절반씩 부담하는 사람의 비율은 2022년과 2023년 모두 서울시가 가장 높다.

④ 2022년과 2023년 모두 자기개발을 하고 있다고 응답한 비율이 가장 높은 지역에서 자기개발비용을 직장이 100% 부담한다고 응답한 사람의 비율이 가장 높다.

출제의도

그래프, 그림, 도표 등 주어진 자료를 이해하고 의미를 파악하여 필요한 정보를 해석하는 능력을 평가하는 문제이다.

해 설

② 지역별 인원수가 제시되어 있지 않으므로, 각 지역별 응답자 수는 알 수 없다.

③ 2022년에는 경상도에서, 2023년에는 충청도에서 가장 높은 비율을 보인다.

④ 2022년과 2023년 모두 '자기 개발을 하고 있다'고 응답한 비율이 가장 높은 지역은 서울시이며, 2023년의 경우 자기개발 비용을 직장이 100% 부담한다고 응답한 사람의 비율이 가장 높은 지역은 경상도이다.

답 ①

(4) 도표작성능력

① 도표작성 절차

    ㉠ 어떠한 도표로 작성할 것인지를 결정

    ㉡ 가로축과 세로축에 나타낼 것을 결정

    ㉢ 한 눈금의 크기를 결정

    ㉣ 자료의 내용을 가로축과 세로축이 만나는 곳에 표현

    ㉤ 표현한 점들을 선분으로 연결

    ㉥ 도표의 제목을 표기

② 도표작성 시 유의사항

    ㉠ 선 그래프 작성 시 유의점

- 세로축에 수량, 가로축에 명칭구분을 제시한다.
- 선의 높이에 따라 수치를 파악하는 경우가 많으므로 세로축의 눈금을 가로축보다 크게 하는 것이 효과적이다.
- 선이 두 종류 이상일 경우 반드시 그 명칭을 기입한다.

    ㉡ 막대 그래프 작성 시 유의점

- 막대 수가 많을 경우에는 눈금선을 기입하는 것이 알아보기 쉽다.
- 막대의 폭은 모두 같게 하여야 한다.

    ㉢ 원 그래프 작성 시 유의점

- 정각 12시의 선을 기점으로 오른쪽으로 그리는 것이 보통이다.
- 분할선은 구성비율이 큰 순서로 그린다.

    ㉣ 층별 그래프 작성 시 유의점

- 눈금은 선 그래프나 막대 그래프보다 적게 하고 눈금선은 넣지 않는다.
- 층별로 색이나 모양이 완전히 다른 것이어야 한다.
- 같은 항목은 옆에 있는 층과 선으로 연결하여 보기 쉽도록 한다.

1 조직과 개인

(1) 조직

① 조직과 기업

  ㉠ 조직 : 두 사람 이상이 공동의 목표를 달성하기 위해 의식적으로 구성된 상호작용과 조정을 행하는 행동의 집합체

  ㉡ 기업 : 노동, 자본, 물자, 기술 등을 투입하여 제품이나 서비스를 산출하는 기관

② 조직의 유형

기준	구분	예
공식성	공식조직	조직의 규모, 기능, 규정이 조직화된 조직
	비공식조직	인간관계에 따라 형성된 자발적 조직
영리성	영리조직	사기업
	비영리조직	정부조직, 병원, 대학, 시민단체
조직규모	소규모 조직	가족 소유의 상점
	대규모 조직	대기업

(2) 경영

① 경영의 의미 : 조직의 목적을 달성하기 위한 전략, 관리, 운영활동이다.

② 경영의 구성요소

  ㉠ 경영목적 : 조직의 목적을 달성하기 위한 방법이나 과정

  ㉡ 인적자원 : 조직의 구성원 · 인적자원의 배치와 활용

  ㉢ 자금 : 경영활동에 요구되는 돈 · 경영의 방향과 범위 한정

  ㉣ 경영전략 : 변화하는 환경에 적응하기 위한 경영활동 체계화

③ 경영자의 역할

대인적 역할	정보적 역할	의사결정적 역할
• 조직의 대표자	• 외부환경 모니터	• 문제 조정
• 조직의 리더	• 변화전달	• 대외적 협상 주도
• 상징자, 지도자	• 정보전달자	• 분쟁조정자, 자원배분자, 협상가

(3) 조직체제 구성요소

① 조직목표 : 전체 조직의 성과, 자원, 시장, 인력개발, 혁신과 변화, 생산성에 대한 목표

② 조직구조 : 조직 내의 부문 사이에 형성된 관계

③ 조직문화 : 조직구성원들 간에 공유하는 생활양식이나 가치

④ 규칙 및 규정 : 조직의 목표나 전략에 따라 수립되어 조직구성원들이 활동범위를 제약하고 일관성을 부여하는 기능

예제 1

주어진 글의 빈칸에 들어갈 말로 가장 적절한 것은?

> 조직이 지속되게 되면 조직구성원들 간 생활양식이나 가치를 공유하게 되는데 이를 조직의 (㉠)라고 한다. 이는 조직구성원들의 사고와 행동에 영향을 미치며 일체감과 정체성을 부여하고 조직이 (㉡)으로 유지되게 한다. 최근 이에 대한 중요성이 부각되면서 긍정적인 방향으로 조성하기 위한 경영층의 노력이 이루어지고 있다.

① ㉠ : 목표, ㉡ : 혁신적
② ㉠ : 구조, ㉡ : 단계적
③ ㉠ : 문화, ㉡ : 안정적
④ ㉠ : 규칙, ㉡ : 체계적

출제의도

본 문항은 조직체계의 구성요소들의 개념을 묻는 문제이다.

해 설

조직문화란 조직구성원들 간에 공유하게 되는 생활양식이나 가치를 말한다. 이는 조직구성원들의 사고와 행동에 영향을 미치며 일체감과 정체성을 부여하고 조직이 안정적으로 유지되게 한다.

답 ③

---

(4) 조직변화의 과정

환경변화 인지→조직변화 방향 수립→조직변화 실행→변화결과 평가

(5) 조직과 개인

개인	지식, 기술, 경험	조직
	→	
	←	
	연봉, 성과급, 인정, 칭찬, 만족감	

2 조직이해능력을 구성하는 하위능력

(1) 경영이해능력

① 경영 : 조직의 목적을 달성하기 위한 전략, 관리, 운영활동이다.

　㉠ 경영의 구성요소 : 경영목적, 인적자원, 자금, 전략

　㉡ 경영의 과정

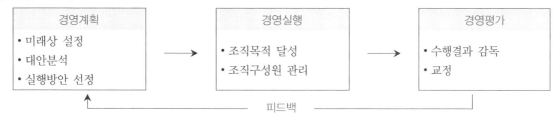

　㉢ 경영활동 유형

　　• 외부경영활동 : 조직외부에서 조직의 효과성을 높이기 위해 이루어지는 활동이다.

　　• 내부경영활동 : 조직내부에서 인적, 물적 자원 및 생산기술을 관리하는 것이다.

② 의사결정과정

　㉠ 의사결정의 과정

　　• 확인 단계 : 의사결정이 필요한 문제를 인식한다.

　　• 개발 단계 : 확인된 문제에 대하여 해결방안을 모색하는 단계이다.

　　• 선택 단계 : 해결방안을 마련하며 실행가능한 해결안을 선택한다.

　㉡ 집단의사결정의 특징

　　• 지식과 정보가 더 많아 효과적인 결정을 할 수 있다.

　　• 다양한 견해를 가지고 접근할 수 있다.

　　• 결정된 사항에 대하여 의사결정에 참여한 사람들이 해결책을 수월하게 수용하고, 의사소통의 기회도 향상된다.

- 의견이 불일치하는 경우 의사결정을 내리는 데 시간이 많이 소요된다.
- 특정 구성원에 의해 의사결정이 독점될 가능성이 있다.

③ 경영전략

㉠ 경영전략 추진과정

전략목표설정	환경분석	경영전략 도출	경영전략 실행	평가 및 피드백
• 비전 설정 • 미션 설정	• 내부환경 분석 • 외부환경 분석 (SWOT 등)	• 조직전략 • 사업전략 • 부문전략	경영목적 달성	• 경영전략 결과 평가 • 전략목표 및 경영전략 재조명

㉡ 마이클 포터의 본원적 경쟁전략

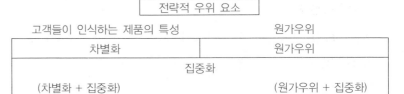

		전략적 우위 요소	
		고객들이 인식하는 제품의 특성	원가우위
전략적 목표	산업전체	차별화	원가우위
	산업의 특정부문	집중화	
		(차별화 + 집중화)	(원가우위 + 집중화)

예제 2

다음은 경영전략을 세우는 방법 중 하나인 SWOT에 따른 어느 기업의 분석결과이다. 다음 중 주어진 기업 분석 결과에 대응하는 전략은?

강점(Strength)	• 차별화된 맛과 메뉴 • 폭넓은 네트워크
약점(Weakness)	• 매출의 계절적 변동폭이 큼 • 딱딱한 기업 이미지
기회(Opportunity)	• 소비자의 수요 트랜드 변화 • 가계의 외식 횟수 증가 • 경기회복 가능성
위협(Threat)	• 새로운 경쟁자의 진입 가능성 • 과도한 가계부채

내부환경 외부환경	강점(Strength)	약점(Weakness)
기회 (Opportunity)	① 계절 메뉴 개발을 통한 분기 매출 확보	② 고객의 소비패턴을 반영한 광고를 통한 이미지 쇄신
위협 (Threat)	③ 소비 트렌드 변화를 반영한 시장 세분화 정책	④ 고급화 전략을 통한 매출 확대

출제의도

본 문항은 조직이해능력의 하위능력인 경영관리능력을 측정하는 문제이다. 기업에서 경영전략을 세우는데 많이 사용되는 SWOT분석에 대해 이해하고 주어진 분석표를 통해 가장 적절한 경영전략을 도출할 수 있는지를 확인할 수 있다.

해 설

② 딱딱한 이미지를 현재 소비자의 수요 트렌드라는 환경 변화에 대응하여 바꿀 수 있다.

답 ②

④ 경영참가제도

　㉠ 목적
　　• 경영의 민주성을 제고할 수 있다.
　　• 공동으로 문제를 해결하고 노사 간의 세력 균형을 이룰 수 있다.
　　• 경영의 효율성을 제고할 수 있다.
　　• 노사 간 상호 신뢰를 증진시킬 수 있다.

　㉡ 유형
　　• 경영참가 : 경영자의 권한인 의사결정과정에 근로자 또는 노동조합이 참여하는 것
　　• 이윤참가 : 조직의 경영성과에 대하여 근로자에게 배분하는 것
　　• 자본참가 : 근로자가 조직 재산의 소유에 참여하는 것

예제 3

다음은 중국의 H사에서 시행하는 경영참가제도에 대한 기사이다. 밑줄 친 이 제도는 무엇인가?

> H사는 '사람' 중심의 수평적 기업문화가 발달했다. H사는 이 제도의 시행을 통해 직원들이 경영에 간접적으로 참여할 수 있게 하였는데 이에 따라 자연스레 기업에 대한 직원들의 책임 의식도 강화됐다. 참여주주는 8만2471명이다. 모두 H사의 임직원이며, 이 중 창립자인 CEO R은 개인 주주로 총 주식의 1.18%의 지분과 퇴직연금으로 주식총액의 0.21%만을 보유하고 있다.

① 노사협의회제도　　　　　　　② 이윤분배제도
③ 종업원지주제도　　　　　　　④ 노동주제도

출제의도

경영참가제도는 조직원이 자신이 속한 조직에서 주인의식을 갖고 조직의 의사결정과정에 참여할 수 있도록 하는 제도이다. 본 문항은 경영참가제도의 유형을 구분해낼 수 있는가를 묻는 질문이다.

해 설

종업원지주제도 … 기업이 자사 종업원에게 특별한 조건과 방법으로 자사 주식을 분양·소유하게 하는 제도이다. 이 제도의 목적은 종업원에 대한 근검저축의 장려, 공로에 대한 보수, 자사에의 귀속의식 고취, 자사에의 일체감 조성 등이 있다.

답 ③

(2) 체제이해능력

① 조직목표 : 조직이 달성하려는 장래의 상태

    ㉠ 조직목표의 기능
- 조직이 존재하는 정당성과 합법성 제공
- 조직이 나아갈 방향 제시
- 조직구성원 의사결정의 기준
- 조직구성원 행동수행의 동기유발
- 수행평가 기준
- 조직설계의 기준

    ㉡ 조직목표의 특징
- 공식적 목표와 실제적 목표가 다를 수 있음
- 다수의 조직목표 추구 가능
- 조직목표 간 위계적 상호관계가 있음
- 가변적 속성
- 조직의 구성요소와 상호관계를 가짐

② 조직구조

    ㉠ 조직구조의 결정요인 : 전략, 규모, 기술, 환경

    ㉡ 조직구조의 유형과 특징

유형	특징
기계적 조직	• 구성원들의 업무가 분명하게 규정 • 엄격한 상하 간 위계질서 • 다수의 규칙과 규정 존재
유기적 조직	• 비공식적인 상호의사소통 • 급변하는 환경에 적합한 조직

③ 조직문화

    ㉠ 조직문화 기능
- 조직구성원들에게 일체감, 정체성 부여
- 조직몰입 향상
- 조직구성원들의 행동지침 : 사회화 및 일탈행동 통제
- 조직의 안정성 유지

    ㉡ 조직문화 구성요소(7S) : 공유가치(Shared Value), 리더십 스타일(Style), 구성원(Staff), 제도 · 절차(System), 구조(Structure), 전략(Strategy), 스킬(Skill)

④ 조직 내 집단
  ㉠ 공식적 집단 : 조직에서 의식적으로 만든 집단으로 집단의 목표, 임무가 명확하게 규정되어 있다.
    예 임시위원회, 작업팀 등
  ㉡ 비공식적 집단 : 조직구성원들의 요구에 따라 자발적으로 형성된 집단이다.
    예 스터디모임, 봉사활동 동아리, 각종 친목회 등

(3) 업무이해능력

① 업무 : 상품이나 서비스를 창출하기 위한 생산적인 활동이다.
  ㉠ 업무의 종류

부서	업무(예)
총무부	주주총회 및 이사회개최 관련 업무, 의전 및 비서업무, 집기비품 및 소모품의 구입과 관리, 사무실 임차 및 관리, 차량 및 통신시설의 운영, 국내외 출장 업무 협조, 복리후생 업무, 법률자문과 소송관리, 사내외 홍보 광고업무 등
인사부	조직기구의 개편 및 조정, 업무분장 및 조정, 인력수급계획 및 관리, 직무 및 정원의 조정 종합, 노사관리, 평가관리, 상벌관리, 인사발령, 교육체계 수립 및 관리, 임금제도, 복리후생제도 및 지원업무, 복무관리, 퇴직관리 등
기획부	경영계획 및 전략 수립, 전사기획업무 종합 및 조정, 중장기 사업계획의 종합 및 조정, 경영정보 조사 및 기획보고, 경영진단업무, 종합예산수립 및 실적관리, 단기사업계획 종합 및 조정, 사업계획, 손익추정, 실적관리 및 분석 등
회계부	회계제도의 유지 및 관리, 재무상태 및 경영실적 보고, 결산 관련 업무, 재무제표분석 및 보고, 법인세, 부가가치세, 국세 지방세 업무자문 및 지원, 보험가입 및 보상업무, 고정자산 관련 업무 등
영업부	판매 계획, 판매예산의 편성, 시장조사, 광고 선전, 견적 및 계약, 제조지시서의 발행, 외상매출금의 청구 및 회수, 제품의 재고 조절, 거래처로부터의 불만처리, 제품의 애프터서비스, 판매원가 및 판매가격의 조사 검토 등

예제 4

다음은 I기업의 조직도와 팀장님의 지시사항이다. H씨가 팀장님의 심부름을 수행하기 위해 연락해야 할 부서로 옳은 것은?

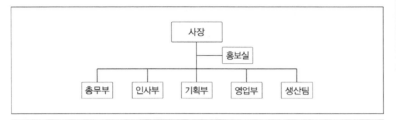

H씨! 내가 지금 너무 바빠서 그러는데 부탁 좀 들어줄래요? 다음 주 중에 사장님 모시고 클라이언트와 만나야 할 일이 있으니까 사장님 일정을 확인해주시구요. 이번 달에 신입사원 교육·훈련계획이 있었던 것 같은데 정확한 시간이랑 날짜를 확인해주세요.

① 총무부, 인사부
② 총무부, 홍보실
③ 기획부, 총무부
④ 영업부, 기획부

ⓒ 업무의 특성
- 공통된 조직의 목적 지향
- 요구되는 지식, 기술, 도구의 다양성
- 다른 업무와의 관계, 독립성
- 업무수행의 자율성, 재량권

② 업무수행 계획
- ㉠ 업무지침 확인 : 조직의 업무지침과 나의 업무지침을 확인한다.
- ㉡ 활용 자원 확인 : 시간, 예산, 기술, 인간관계
- ㉢ 업무수행 시트 작성
  - 간트 차트 : 단계별로 업무의 시작과 끝 시간을 바 형식으로 표현
  - 워크 플로 시트 : 일의 흐름을 동적으로 보여줌
  - 체크리스트 : 수행수준 달성을 자가점검

POINT 간트 차트와 플로 차트

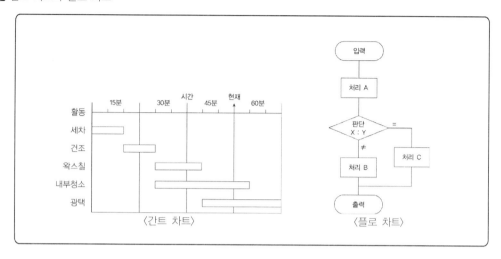

〈간트 차트〉 〈플로 차트〉

예제 5

다음 중 업무수행 시 단계별로 업무를 시작해서 끝나는 데까지 걸리는 시간을 바 형식으로 표시하여 전체 일정 및 단계별로 소요되는 시간과 각 업무활동 사이의 관계를 볼 수 있는 업무수행 시트는?

① 간트 차트
② 워크 플로 차트
③ 체크리스트
④ 퍼트 차트

출제의도

업무수행 계획을 수립할 때 간트 차트, 워크 플로 시트, 체크리스트 등의 수단을 이용하면 효과적으로 계획하고 마지막에 급하게 일을 처리하지 않고 주어진 시간 내에 끝마칠 수 있다. 본 문항은 그러한 수단이 되는 차트들의 이해도를 묻는 문항이다.

해 설

② 일의 절차 처리의 흐름을 표현하기 위해 기호를 써서 도식화한 것
③ 업무를 세부적으로 나누고 각 활동별로 수행수준을 달성했는지를 확인하는 데 효과적
④ 하나의 사업을 수행하는 데 필요한 다수의 세부사업을 단계와 활동으로 세분하여 관련된 계획 공정으로 묶고, 각 활동의 소요시간을 낙관시간, 최가능시간, 비관시간 등 세 가지로 추정하고 이를 평균하여 기대시간을 추정

답 ①

③ 업무 방해요소

　㉠ 다른 사람의 방문, 인터넷, 전화, 메신저 등

　㉡ 갈등관리

　㉢ 스트레스

(4) 국제감각

① 세계화와 국제경영

    ㉠ 세계화 : 3Bs(국경 ; Border, 경계 ; Boundary, 장벽 ; Barrier)가 완화되면서 활동범위가 세계로 확대되는 현상이다.

    ㉡ 국제경영 : 다국적 내지 초국적 기업이 등장하여 범지구적 시스템과 네트워크 안에서 기업 활동이 이루어지는 것이다.

② 이문화 커뮤니케이션 : 서로 상이한 문화 간 커뮤니케이션으로 직업인이 자신의 일을 수행하는 가운데 문화배경을 달리하는 사람과 커뮤니케이션을 하는 것이 이에 해당한다. 이문화 커뮤니케이션은 언어적 커뮤니케이션과 비언어적 커뮤니케이션으로 구분된다.

③ 국제 동향 파악 방법

    ㉠ 관련 분야 해외사이트를 방문해 최신 이슈를 확인한다.

    ㉡ 매일 신문의 국제면을 읽는다.

    ㉢ 업무와 관련된 국제잡지를 정기구독 한다.

    ㉣ 고용노동부, 한국산업인력공단, 산업통상자원부, 중소벤처기업부, 대한상공회의소, 산업별인적자원개발협의체 등의 사이트를 방문해 국제동향을 확인한다.

    ㉤ 국제학술대회에 참석한다.

    ㉥ 업무와 관련된 주요 용어의 외국어를 알아둔다.

    ㉦ 해외서점 사이트를 방문해 최신 서적 목록과 주요 내용을 파악한다.

    ㉧ 외국인 친구를 사귀고 대화를 자주 나눈다.

④ 대표적인 국제매너

    ㉠ 미국인과 인사할 때에는 눈이나 얼굴을 보는 것이 좋으며 오른손으로 상대방의 오른손을 힘주어 잡았다가 놓아야 한다.

    ㉡ 러시아와 라틴아메리카 사람들은 인사할 때에 포옹을 하는 경우가 있는데 이는 친밀함의 표현이므로 자연스럽게 받아주는 것이 좋다.

    ㉢ 명함은 받으면 꾸기거나 계속 만지지 않고 한 번 보고나서 탁자 위에 보이는 채로 대화하거나 명함집에 넣는다.

    ㉣ 미국인들은 시간 엄수를 중요하게 생각하므로 약속시간에 늦지 않도록 주의한다.

    ㉤ 스프를 먹을 때에는 몸쪽에서 바깥쪽으로 숟가락을 사용한다.

    ㉥ 생선요리는 뒤집어 먹지 않는다.

    ㉦ 빵은 스프를 먹고 난 후부터 디저트를 먹을 때까지 먹는다.

02 NCS 대표유형

의사소통능력 대표유형

의사소통은 직장생활에서 조직과 팀의 효율성과 효과성을 성취할 목적으로 이루어지는 구성원 간의 정보와 지식 전달 과정으로, 의사소통능력은 업무능력의 기본이 된다. 크게 어휘, 어법, 독해 유형으로 구분되며 공문, 보도자료, 상품설명서, 약관 등의 실용문과 함께 정치·경제·사회·과학·문화·예술 등 다양한 분야의 지문이 출제된다.

1   다음의 밑줄 친 단어의 의미와 동일하게 쓰인 것은?

> 기획재정부는 2차관 주재 미래세대 간담회, 공공기관 운영위원회, 청년인턴과의 대화를 <u>거쳐</u> 정책의 수요자인 청년의 입장을 반영한 「20XX년 공공기관 청년인턴 운영계획」을 확정하였다. 금년의 경우 공공기관의 경영여건 악화, 공공기관 혁신 등 어려운 여건 속에서도 청년인턴은 총 2.1만 명 채용이 예상되며 6개월 이상 인턴은 전년 대비 8.5배 증가한 8,400여 명으로 전망된다. 이를 통상의 인턴 계약 단위인 3개월 인턴기준으로 환산할 경우, 금년 채용은 3.2만 명 수준이며, 특히 금년 공공기관 정규직 채용자 중 공공기관 인턴 경험자가 약 20%를 차지하여, 청년인턴 정책이 청년 취업역량 제고에 기여한 것으로 분석된다.

① 학생들은 초등학교부터 중학교, 고등학교를 <u>거쳐</u> 대학에 입학하게 된다.
② 가장 어려운 문제를 해결했으니 이제 특별히 <u>거칠</u> 문제는 없다.
③ 이번 출장 때는 독일 베를린을 <u>거쳐</u> 오스트리아 빈을 다녀올 예정이다.
④ 오랜만에 뒷산에 올라 보니, 무성하게 자란 칡덩굴이 발에 <u>거친다</u>.

Answer   1.①

제시문의 '거쳐'의 앞뒤 문맥을 파악해보면, 기획재정부가 간담회와 운영위원회 및 청년인턴과 대화 후 운영계획을 확정하였음을 알 수 있다. 즉, 여기에 쓰인 '거쳐'는 '어떤 과정이나 단계를 겪거나 밟다'의 의미로 사용되었다. 따라서 보기 중 동일한 의미로 쓰인 것은 ①이다.
② 마음에 거리끼거나 꺼리다.
③ 오가는 도중에 어디를 지나거나 들르다.
④ 무엇에 걸리거나 막히다.

2 다음 단락을 논리적 흐름에 맞게 바르게 배열한 것은?

> (가) 자본주의 사회에서 상대적으로 부유한 집단, 지역, 국가는 환경적 피해를 약자에게 전가하거나 기술적으로 회피할 수 있는 가능성을 가진다.
> (나) 오늘날 환경문제는 특정한 개별 지역이나 국가의 문제에서 나아가 전 지구적 문제로 확대되었지만, 이로 인한 피해는 사회 · 공간적으로 취약한 특정 계층이나 지역에 집중적으로 나타나는 환경적 불평등을 야기하고 있다.
> (다) 인간사회와 자연환경 간의 긴장관계 속에서 발생하고 있는 오늘날 환경위기의 해결 가능성은 논리적으로 뿐만 아니라 역사적으로 과학기술과 생산조직의 발전을 규정하는 사회적 생산관계의 전환을 통해서만 실현될 수 있다.
> (라) 부유한 국가나 지역은 마치 환경문제를 스스로 해결한 것처럼 보이기도 하며, 나아가 자본주의 경제체제 자체가 환경문제를 해결(또는 최소한 지연)할 수 있는 능력을 갖춘 것처럼 홍보되기도 한다.

① (가) - (나) - (라) - (다) ② (나) - (가) - (다) - (라)
③ (나) - (가) - (라) - (다) ④ (나) - (라) - (가) - (다)

 네 개의 문장에서 공통적으로 언급하고 있는 것은 환경문제임을 알 수 있다. 따라서 (나) 문장이 '문제 제기'를 한 것으로 볼 수 있다. (가)는 (나)에서 언급한 바를 더욱 발전시키며 논점을 전개해 나가고 있으며, (라)에서는 논점을 '잘못된 환경문제의 해결 주체'라는 쪽으로 전환하여 결론을 위한 토대를 구성하며, (다)에서 필자의 주장을 간결하게 매듭짓고 있다.

3   다음 글에서 언급한 스마트 팩토리의 특징으로 옳지 않은 것은?

> 최근 스포츠 브랜드 A사에서 소비자가 원하는 디자인, 깔창, 굽 모양 등의 옵션을 적용하여 다품종 소량생산 할 수 있는 스피드 팩토리를 선보였고, 그밖에도 제조업을 비롯해 다양한 산업에서 스마트 팩토리를 도입하면서 미래형 제조 시스템인 스마트 팩토리에 대한 관심이 커지고 있다. 과연 스마트 팩토리 무엇이며 어떤 기술로 구현되고 이점은 무엇일까?
>
> 스마트 팩토리란 ICT기술을 기반으로 제품의 기획, 설계, 생산, 유통, 판매의 전 과정을 자동화, 지능화하여 최소 비용과 최소 시간으로 다품종 대량생산이 가능한 미래형 공장을 의미한다. 스마트 팩토리가 구현되기 위해서는 다양한 기술이 적용되는데, 먼저 클라우드 기술은 인터넷에 연결되어 축적된 데이터를 저장하고 IoT 기술은 각종 사물에 컴퓨터 칩과 통신 기능을 내장해 인터넷에 연결한다. 또한 데이터를 분석하는 빅데이터 기술, AI를 기반으로 스스로 학습하고 의사결정을 할 수 있는 차세대 로봇기술과 기계가 자가 학습하는 인공지능 기술을 비롯해 수많은 첨단 기술을 필요로 한다.
>
> 스마트 팩토리의 핵심 구현 요소는 디지털화, 연결화, 스마트화이다. 디지털화는 공장 내 사물들 간에 소통이 가능하도록 물리적 아날로그 신호를 디지털 신호로 변환하는 것으로 디지털화를 하면 무한대로 데이터를 복사할 수 있어 데이터 편집이 쉬워지고 데이터 통신이 자유롭게 이루어진다. 연결화는 사람을 포함한 모든 사물, 즉 공장 안에 존재하는 부품, 완제품, 설비, 공장, 건물, 기기를 연결하는 것으로, 이더넷이나 유무선 통신으로 설비를 연결해 생산 현황과 이상 유무를 관리한다. 작업자가 제조 라인에 서면 공정은 작업자의 역량, 경험 같은 것을 참고하여 합당한 공정을 수행하도록 지도해 주는 것이 연결화의 예라고 할 수 있다. 스마트화는 사물이 사람과 같이 스스로 판단하고 행동하는 것을 말하는 것으로 지능화, 자율화와 같은 의미이다. 수집된 데이터를 분석하여 스스로 판단하는 스마트화는 스마트 팩토리의 필수 전제조건이다.

① 스마트 팩토리는 최소 비용과 최소 시간으로 다품종 대량생산을 추구한다.

② 스마트 팩토리가 구현되기 위해서는 클라우드 기술, IoT기술, 인공지능 기술 등이 요구된다.

③ 디지털화는 공장 내 사물들 간에 소통이 가능하도록 디지털 신호를 물리적 아날로그 신호로 변환하는 것이다.

④ 스마트화는 사물이 사람과 같이 스스로 판단하고 행동하는 것으로 스마트 팩토리의 필수 전제조건이다.

✔해설 ③ 디지털화는 공장 내 사물들 간에 소통이 가능하도록 물리적 아날로그 신호를 디지털 신호로 변환하는 것이다.
①② 두 번째 문단에서 언급하고 있다.
④ 세 번째 문단에서 언급하고 있다.

Answer 2.③ 3.③

4   다음은 N사의 단독주택용지 수의계약 공고문 중 일부이다. 공고문의 내용을 바르게 이해한 것은?

[○○ 블록형 단독주택용지(1필지) 수의계약 공고]

1. 공급대상토지

면적 (㎡)	세대수 (호)	평균규모 (㎡)	용적률 (%)	공급가격 (천원)	계약보증금 (원)	사용가능 시기
25,479	63	400	100% 이하	36,944,550	3,694,455,000	즉시

2. 공급일정 및 장소

일정	20xx년 1월 11일 오전 10시부터 선착순 수의계약(토·일요일 및 공휴일, 업무시간 외는 제외)
장소	N사 ○○지역본부 1층

3. 신청자격

아래 두 조건을 모두 충족한 자
– 실수요자 : 공고일 현재 주택법에 의한 주택건설사업자로 등록한 자
– 3년 분할납부(무이자) 조건의 토지매입 신청자

　※ 납부 조건 : 계약체결 시 계약금 10%, 중도금 및 잔금 90%(6개월 단위 6회 납부)

4. 계약체결 시 구비서류

– 법인등기부등본 및 사업자등록증 사본 각 1부
– 법인인감증명서 1부 및 법인인감도장(사용인감계 및 사용인감)
– 대표자 신분증 사본 1부(위임 시 위임장 1부 및 대리인 신분증 제출)
– 주택건설사업자등록증 1부
– 계약금 납입영수증

---

① 계약이 체결되면 즉시 해당 토지에 단독주택을 건설할 수 있다.
② 계약체결 후 첫 번째 내야 할 중도금은 5,250,095,000원이다.
③ 규모 400㎡의 단독주택용지를 일반 수요자에게 분양하는 공고이다.
④ 계약에 대한 보증금이 공급가격보다 더 높아 실수요자에게 부담을 줄 우려가 있다.

✔ 해설 ① 부지 용도가 단독주택용지이고 토지사용 가능시기가 '즉시'라는 공고를 통해 계약만 이루어지면 즉시 이용이 가능한 토지임을 알 수 있다.
② 계약체결 후 남은 금액은 공급가격에서 계약금을 제외한 33,250,095,000원이다. 이를 무이자로 3년간 6회에 걸쳐 납부해야 하므로 첫 번째 내야 할 중도금은 5,541,682,500원이다.
③ 규모 400㎡의 단독주택용지를 주택건설업자에게 분양하는 공고이다.
④ 계약금은 공급가격의 10%로 보증금이 더 적다.

5 다음 회의록의 내용을 보고 올바른 판단을 내리지 못한 것을 고르면?

인사팀 4월 회의록			
회의일시	20xx년 4월 30일 14:00~15:30	회의장소	대회의실(예약)
참석자	팀장, 남 과장, 허 대리, 김 대리, 이 사원, 명 사원		
회의안건	• 직원 교육훈련 시스템 점검 및 성과 평가 • 차기 교육 프로그램 운영 방향 논의		
진행결과 및 협조 요청	〈총평〉 • 1사분기에는 지난해보다 학습목표시간을 상향조정(직급별 10~20시간)하였음에도 평균 학습시간을 초과하여 달성하는 등 상시학습문화가 정착됨 　– 1인당 평균 학습시간: 지난해 4사분기 22시간 → 올해 1사분기 35시간 • 다만, 고직급자와 계약직은 학습 실적이 목표에 미달하였는바, 앞으로 학습 진도에 대하여 사전 통보하는 등 학습목표 달성을 적극 지원할 필요가 있음 　– 고직급자 : 목표 30시간, 실적 25시간, 계약직 : 목표 40시간, 실적 34시간 〈운영방향〉 • 전 직원 일체감 형성을 위한 비전공유와 '매출 증대, 비용 절감' 구현을 위한 핵심과제 등 주요사업 시책교육 추진 • 직원이 가치창출의 원천이라는 인식하에 생애주기에 맞는 직급별 직무역량교육 의무화를 통해 인적자본 육성 강화 • 자기주도적 상시학습문화 정착에 기여한 학습관리시스템을 현실에 맞게 개선하고, 조직 간 인사교류를 확대		

① 올 1사분기에는 지난해보다 1인당 평균 학습시간이 50% 이상 증가하였다.

② 전체적으로 1사분기의 교육시간 이수 등의 성과는 우수하였다.

③ 2사분기에는 일부 직원들에 대한 교육시간이 1사분기보다 더 증가할 전망이다.

④ 2사분기에는 각 직급에 보다 적합한 교육이 시행될 것이다.

✔해설 고위직급자와 계약직 직원들에 대한 학습목표 달성을 지원해야 한다는 논의가 되고 있으므로 그에 따른 실천 방안이 있을 것으로 판단할 수 있으나, 교육 시간 자체가 더 증가할 것으로 전망하는 것은 근거가 제시되어 있지 않은 의견이다.
① 22시간 → 35시간으로 약 59% 증가하였다.
② 평균 학습시간을 초과하여 달성하는 등 상시학습문화가 정착되었다고 평가하고 있다.
④ 생애주기에 맞는 직급별 직무역량교육 의무화라는 것은 각 직급과 나이에 보다 적합한 교육이 실시될 것임을 의미한다.

Answer 4.① 5.③

문제해결능력 대표유형

문제란 업무를 수행함에 있어 답을 요구하는 질문이나 의논하여 해결해야 하는 사항으로, 문제해결을 위해서는 전략적이고 분석적인 사고는 물론 발상의 전환과 효율적인 자원활용 등 다양한 능력이 요구된다. 따라서 명제나 추론 같은 일반적인 논리추론 유형과 함께 수리, 자원관리 등이 융합된 문제해결 유형이나 실무이해를 바탕으로 하는 유형의 문제도 다수 출제된다.

1 다음 조건을 바탕으로 할 때 정 대리가 이번 달 중국 출장 출발일로 정하기에 가장 적절한 날은 언제인가? (전체 일정은 모두 이번 달 안에 속해 있다.)

- 이번 달은 1일이 월요일인 달이다.
- 3박 4일 일정이며 출발일과 도착일이 모두 휴일이 아니어야 한다.
- 현지에서 복귀하는 비행편은 매주 화, 목요일에만 있다.
- 이번 달 셋째 주 화요일에 있을 부서의 중요한 회의에 반드시 참석해야 하며, 회의 후에 출장을 가려 한다.

---

① 12일　　　　　　　　　　　② 15일

③ 17일　　　　　　　　　　　④ 22일

해설 날짜를 따져 보아야 하는 유형의 문제는 아래와 같이 달력을 그려서 살펴보면 어렵지 않게 정답을 구할 수 있다.

일	월	화	수	목	금	토
	1	2	3	4	5	6
7	8	9	10	11	12	13
14	15	16	17	18	19	20
21	22	23	24	25	26	27
28	29	30	31			

1일이 월요일이므로 정 대리는 위와 같은 달력에 해당하는 기간 중에 출장을 가려고 한다. 3박 4일 일정 중 출발과 도착일 모두 휴일이 아니어야 한다면 월 ~ 목요일, 화 ~ 금요일, 금 ~ 월요일 세 가지의 경우의 수가 생기는데, 현지에서 복귀하는 비행편이 화요일과 목요일이므로 월 ~ 목요일의 일정을 선택해야 한다. 회의가 셋째 주 화요일이라면 16일이므로 그 이후 가능한 월 ~ 목요일은 두 번이 있으나, 마지막 주의 경우 도착일이 다음 달로 넘어가게 되므로 조건에 부합되지 않는다. 따라서 출장 출발일로 적절한 날은 22일이며 일정은 22 ~ 25일이 된다.

2   다음은 유진이가 학교에 가는 요일에 대한 설명이다. 이들 명제가 모두 참이라고 가정할 때, 유진이가 학교에 가는 요일은?

> ㉠ 목요일에 학교에 가지 않으면 월요일에 학교에 간다.
> ㉡ 금요일에 학교에 가지 않으면 수요일에 학교에 가지 않는다.
> ㉢ 수요일에 학교에 가지 않으면 화요일에 학교에 간다.
> ㉣ 월요일에 학교에 가면 금요일에 학교에 가지 않는다.
> ㉤ 유진이는 화요일에 학교에 가지 않는다.

① 월, 수   ② 월, 수, 금
③ 수, 목, 금   ④ 수, 금

✔해설 ㉤에서 유진이는 화요일에 학교에 가지 않으므로 ㉢의 대우에 의하여 수요일에는 학교에 간다.
수요일에 학교에 가므로 ㉡의 대우에 의해 금요일에는 학교에 간다.
금요일에 학교에 가므로 ㉣의 대우에 의해 월요일에는 학교를 가지 않는다.
월요일에 학교를 가지 않으므로 ㉠의 대우에 의해 목요일에는 학교에 간다.
따라서 유진이가 학교에 가는 요일은 수, 목, 금이다.

3   다음은 L공사의 국민임대주택 예비입주자 통합 정례모집 관련 신청자격에 대한 사전 안내이다. 甲
    ~戊 중 국민임대주택 예비입주자로 신청할 수 있는 사람은? (단, 함께 살고 있는 사람은 모두 세대
    별 주민등록표상에 함께 등재되어 있고, 제시되지 않은 사항은 모두 조건을 충족한다고 가정한다)

□ 20xx년 5월 정례모집 개요

구분	모집공고일	대상지역
20xx년 5월	20xx. 5. 7(화)	수도권
	20xx. 5. 15(수)	수도권 제외한 나머지 지역

□ 신청자격
입주자모집공고일 현재 무주택세대구성원으로서 아래의 소득 및 자산보유 기준을 충족하는 자
※ 무주택세대구성원이란?
   다음의 세대구성원에 해당하는 사람 전원이 주택(분양권 등 포함)을 소유하고 있지 않은 세
   대의 구성원

세대구성원(자격검증대상)	비고
• 신청자	
• 신청자의 배우자	신청자와 세대 분리되어 있는 배우자도 세대구성원에 포함
• 신청자의 직계존속	
• 신청자의 배우자의 직계존속	신청자 또는 신청자의 배우자와 세대별 주민등록표상에 함께
• 신청자의 직계비속	등재되어 있는 사람에 한함
• 신청자의 직계비속의 배우자	
• 신청자의 배우자의 직계비속	신청자와 세대별 주민등록표상에 함께 등재되어 있는 사람에 한함

※ 소득 및 자산보유 기준

구분	소득 및 자산보유 기준		
	가구원수	월평균소득기준	참고사항
소득	3인 이하 가구	3,781,270원 이하	• 가구원수는 세대구성원 전원을 말함(외국인 배우자와 임신 중인 경우 태아 포함)
	4인 가구	4,315,641원 이하	
	5인 가구	4,689,906원 이하	• 월평균소득액은 세전금액으로서 세대구성원 전원의 월평균소득액을 모두 합산한 금액임
	6인 가구	5,144,224원 이하	
	7인 가구	5,598,542원 이하	
	8인 가구	6,052,860원 이하	
자산	총자산가액 : 세대구성원 전원이 보유하고 있는 총자산가액 합산기준 28,000만 원 이하		
	자동차 : 세대구성원 전원이 보유하고 있는 전체 자동차가액 2,499만 원 이하		

① 甲의 아내는 주택을 소유하고 있지만, 甲과 세대 분리가 되어 있다.

② 아내의 부모님을 모시고 살고 있는 乙 가족의 월평균소득은 500만 원이 넘는다.

③ 丙은 재혼으로 만난 아내의 아들과 함께 살고 있는데, 아들은 전 남편으로부터 물려받은 아파트 분양권을 소유하고 있다.

④ 어머니를 모시고 사는 丁은 아내가 셋째 아이를 출산하면서 丁 가족의 월평균소득으로는 1인당 80만 원도 돌아가지 않게 되었다.

✔해설 ④ 어머니와 본인, 배우자, 아이 셋을 합하면 丁의 가족은 모두 6명이다. 6인 가구의 월평균소득기준은 5,144,224원 이하로, 월평균소득이 480만 원이 되지 않는 丁는 국민임대주택 예비입주자로 신청할 수 있다.

① 세대 분리되어 있는 배우자도 세대구성원에 포함되므로 주택을 소유한 아내가 있는 甲은 국민임대주택 예비입주자로 신청할 수 없다.

② 본인과 배우자, 배우자의 부모님을 합하면 乙의 가족은 모두 4명이다. 4인 가구 월평균소득기준은 4,315,641원 이하로, 월평균소득이 500만 원을 넘는 乙은 국민임대주택 예비입주자로 신청할 수 없다.

③ 신청자인 丙의 배우자의 직계비속인 아들이 전 남편으로부터 아파트 분양권을 물려받아 소유하고 있으므로 丙은 국민임대주택 예비입주자로 신청할 수 없다.

4 다음은 ○○항공사의 항공이용에 관한 조사 설계의 일부분이다. 본 설문조사의 목적으로 가장 적합하지 않은 것은?

---

1. 조사 목적

2. 과업 범위
- 조사 대상 : 서울과 수도권에 거주하고 있으며 최근 3년 이내 여행 및 출장 목적의 해외방문 경험이 있고 향후 1년 이내 해외로 여행 및 출장 의향이 있는 만 20 ~ 60세 이상의 성인 남녀
- 조사 방법 : 구조화된 질문지를 이용한 온라인 설문조사
- 표본 규모 : 총 1,000명

3. 조사 내용
- 시장 환경 파악 : 여행 출장 시장 동향(출국 목적, 체류기간 등)
- 과거 해외 근거리 당일 왕복항공 이용 실적 파악 : 이용 빈도, 출국 목적, 목적지 등
- 향후 해외 근거리 당일 왕복항공 잠재 수요 파악 : 이용의향 빈도, 출국 목적 등
- 해외 근거리 당일 왕복항공 이용을 위한 개선 사항 파악 : 해외 근거리 당일 왕복항공을 위한 개선사항 적용 시 해외 당일 여행 계획 또는 의향
- 배경정보 파악 : 인구사회학적 특성(성별, 연령, 거주 지역 등)

4. 결론 및 기대효과

---

① 단기 해외여행의 수요 증가 현황과 관련 항공 시장 파악
② 해외 당일치기 여객의 수요에 부응할 수 있는 노선 구축 근거 마련
③ 해외 근거리 당일 왕복항공을 이용한 실적 및 행태 파악
④ 근거리 국가로 여행 또는 출장을 위해 당일 왕복항공을 이용할 의향과 수용도 파악

✔해설 조사 대상과 조사 내용을 볼 때, ①은 본 설문조사의 목적으로 가장 적합하지 않다.
② 조사 내용 중 '향후 해외 근거리 당일 왕복항공 잠재 수요 파악'을 통해 해외 당일치기 여객의 수요에 부응할 수 있는 노선 구축 근거를 마련할 수 있다.
③ 조사 내용 중 '과거 해외 근거리 당일 왕복항공 이용 실적 파악'을 통해 해외 근거리 당일 왕복항공을 이용한 실적 및 행태를 파악할 수 있다.
④ 조사 내용 중 '해외 근거리 당일 왕복항공 이용을 위한 개선 사항 파악'을 통해 근거리 국가로 여행 또는 출장을 위해 당일 왕복항공을 이용할 의향과 수용도를 파악할 수 있다.

5 　서원 그룹의 K부서에서는 자기 부서의 정책을 홍보하기 위해 책자를 제작해 배포하는 프로젝트
　　를 진행하였다. 프로젝트 진행 과정이 다음과 같을 때, 프로젝트 결과에 대한 평가로 항상 옳은
　　것을 모두 고르면?

　　　이번에 K부서에서는 자기 부서의 정책을 홍보하기 위해 책자를 제작해 배포하였다. 이 홍보
　　사업에 참여한 K부서의 팀은 A와 B 두 팀이다. 두 팀은 각각 500권의 정책홍보 책자를 제작하였
　　다. 그러나 책자를 어떤 방식으로 배포할 것인지에 대해 두 팀 간에 차이가 있었다. A팀은 자신들
　　이 제작한 K부서의 모든 정책홍보책자를 서울이나 부산에 배포한다는 지침에 따라 배포하였다. 한
　　편, B팀은 자신들이 제작한 K부서 정책홍보책자를 서울에 모두 배포하거나 부산에 모두 배포한다
　　는 지침에 따라 배포하였다. 사업이 진행된 이후 배포된 결과를 살펴보기 위해서 서울과 부산을 조
　　사하였다. 조사를 담당한 한 직원은 A팀이 제작·배포한 K부서 정책홍보책자 중 일부를 서울에서
　　발견하였다.
　　　한편, 또 다른 직원은 B팀이 제작·배포한 K부서 정책홍보책자 중 일부를 부산에서 발견하였
　　다. 그리고 배포 과정을 검토해 본 결과, 이번에 A팀과 B팀이 제작한 K부서 정책 홍보책자는 모
　　두 배포되었다는 것과, 책자가 배포된 곳과 발견된 곳이 일치한다는 것이 확인되었다.

　　㉠ 부산에는 500권이 넘는 K부서 정책홍보책자가 배포되었다.
　　㉡ 서울에 배포된 K부서 정책홍보책자의 수는 부산에 배포된 K부서 정책홍보책자의 수보다 적다.
　　㉢ A팀이 제작한 K부서 정책홍보책자가 부산에서 발견되었다면, 부산에 배포된 K부서 정책홍
　　　보책자의 수가 서울에 배포된 수보다 많다.

① ㉠　　　　　　　　　　　　　　　　　　② ㉢
③ ㉠㉡　　　　　　　　　　　　　　　　　④ ㉡㉢

✔해설 　B팀은 자신들이 제작한 K부서 정책홍보책자를 서울에 모두 배포하거나 부산에 모두 배포한다는 지침에 따라
　　　　배포하였는데, B팀이 제작·배포한 K부서 정책홍보책자 중 일부를 부산에서 발견하였으므로, B팀의 책자는
　　　　모두 부산에 배포되었다.
　　　　A팀이 제작·배포한 책자 중 일부를 서울에서 발견하였지만, A팀은 자신들이 제작한 K부서의 모든 정책홍보
　　　　책자를 서울이나 부산에 배포한다는 지침에 따라 배포하였으므로, 모두 서울에 배포되었는지는 알 수 없다.
　　　　따라서 항상 옳은 평가는 ㉢뿐이다.

대인관계능력 대표유형

대인관계란 집단생활 속 구성원 상호 간의 관계로, 직장생활에서 대인관계는 조직구성원 간의 관계뿐만 아니라 조직 외부의 관계자, 고객 등과의 관계를 전제로 한다. 리더십능력, 갈등관리능력, 협상능력, 고객서비스능력 등이 대인관계능력을 측정하기 위한 문제로 출제된다.

1   다음 사례에서 나오는 마 부장의 리더십은 어떤 유형인가?

> ○○그룹의 마 부장은 이번에 새로 보직 이동을 하면서 판매부서로 자리를 옮겼다. 그런데 판매부서는 ○○그룹에서도 알아주는 문제가 많은 부서 중에 한 곳으로 모두들 이곳으로 옮기기를 꺼려한다. 그런데 막상 이곳으로 온 마 부장은 이곳 판매부서가 비록 직원이 세 명밖에 없는 소규모의 부서이지만 세 명 모두가 각자 나름대로의 재능과 경험을 가지고 있고 단지 서로 화합과 협력이 부족하여 성과가 저조하게 나타났음을 깨달았다. 또한 이전 판매부장은 이를 간과한 채 오직 성과내기에 급급하여 직원들을 다그치기만 하자 팀 내 사기마저 떨어지게 된 것이다. 이에 마 부장은 부원들의 단합을 위해 매주 등산모임을 만들고 수시로 함께 식사를 하면서 많은 대화를 나눴다. 또한 각자의 능력을 살릴 수 있도록 업무를 분담해 주고 작은 성과라도 그에 맞는 보상을 해 주었다. 이렇게 한 달, 두 달이 지나자 판매부서의 성과는 눈에 띄게 높아졌으며 직원들의 사기 역시 높게 나타났다.

① 카리스마 리더십   ② 독재자형 리더십

③ 변혁적 리더십   ④ 거래적 리더십

✔ **해설**   변형적 리더십은 조직구성원들이 신뢰를 가질 수 있는 카리스마와 함께 조직변화의 필요성을 인지하고 그러한 변화를 나타내기 위해 새로운 비전을 제시하는 능력을 갖춘 리더십을 말한다.

2 다음 사례에서 민수의 행동 중 잘못된 행동은 무엇인가?

> 민수는 Y기업 판매부서의 부장이다. 그의 부서는 크게 세 개의 팀으로 구성되어 있는데 이번에 그의 부서에서 본사의 중요한 프로젝트를 맡게 되었고 그는 세 팀의 팀장들에게 이번 프로젝트를 성공시키면 전원 진급을 시켜주겠다고 약속하였다. 각 팀의 팀장들은 민수의 말을 듣고 한 달 동안 야근을 하면서 마침내 거액의 계약을 따내게 되었다. 이로 인해 각 팀의 팀장들은 회사로부터 약간의 성과급을 받게 되었지만 정작 진급은 애초에 세 팀 중에 한 팀만 가능하다는 사실을 뒤늦게 통보받았다. 각 팀장들은 민수에게 불만을 표시했고 민수는 미안하게 됐다며 성과급 받은 것으로 만족하라는 말만 되풀이하였다.

① 상대방에 대한 이해
② 기대의 명확화
③ 사소한 일에 대한 관심
④ 약속의 불이행

✔해설 민수는 각 팀장들에게 프로젝트 성공 시 전원 진급을 약속하였지만 결국 그 약속을 이행하지 못했으므로 정답은 ④이다.

3 다음 사례에서 이 고객의 불만유형으로 적절한 것은?

> 훈재가 근무하고 있는 △△핸드폰 대리점에 한 고객이 방문하여 깨진 핸드폰 케이스를 보여주며 무상으로 바꿔달라고 요구하고 있다. 이 핸드폰 케이스는 이번에 새로 출시된 핸드폰에 맞춰서 이벤트 차원에서 한 달간 무상으로 지급한 것이며 현재는 이벤트 기간이 끝나 돈을 주고 구입을 해야 한다. 훈재는 깨진 핸드폰 케이스는 고객의 실수에 의한 것으로 무상으로 바꿔줄 수 없으며 새로 다시 구입을 해야 한다고 설명하였다. 하지만 이 고객은 본인은 핸드폰을 구입할 때 이미 따로 보험에 가입을 했으며 핸드폰 케이스는 핸드폰의 부속품이므로 마땅히 무상 교체를 해줘야 한다고 트집을 잡고 있다.

① 의심형
② 빨리빨리형
③ 거만형
④ 트집형

✔해설 위의 사례에서 고객은 자신의 잘못으로 핸드폰 케이스가 깨졌는데도 불구하고 무상 교체를 해줘야 한다고 트집을 잡고 있으므로 트집형 고객임을 알 수 있다.

Answer 1.③ 2.④ 3.④

4 다음 사례에서 박 부장이 취할 수 있는 행동으로 적절하지 않은 것은?

> ◈◈기업에 다니는 박 부장은 최근 경기침체에 따른 회사의 매출부진과 관련하여 근무환경을
> 크게 변화시키기로 결정하였다. 하지만 그의 부하들은 물론 상사와 동료들조차도 박 부장의 결정
> 에 회의적이었고 부정적인 시각을 내보였다. 그들은 변화에 소극적이었으며 갑작스런 변화는 오
> 히려 회사의 존립자체를 무너뜨릴 수 있다고 판단하였다. 하지만 박 부장은 갑작스런 변화가 처
> 음에는 회사를 좀 더 어렵게 할 수는 있으나 장기적으로 본다면 틀림없이 회사에 큰 장점으로 작
> 용할 것이라고 확신하고 있었고 여기에는 전 직원의 협력과 노력이 필요하였다.

① 직원들의 감정을 세심하게 살핀다.
② 변화의 긍정적인 면을 강조한다.
③ 주관적인 자세를 유지한다.
④ 변화에 적응할 시간을 준다.

✔ 해설 변화에 소극적인 직원들을 성공적으로 이끌기 위한 방법
　　ㄱ 개방적인 분위기를 조성한다.
　　ㄴ 객관적인 자세를 유지한다.
　　ㄷ 직원들의 감정을 세심하게 살핀다.
　　ㄹ 변화의 긍정적인 면을 강조한다.
　　ㅁ 변화에 적응할 시간을 준다.

5 다음 사례에서 유 팀장이 부하직원들의 동기부여를 위해 행한 방법으로 옳지 않은 것은?

> 전자제품을 생산하고 있는 △△기업은 매년 신제품을 출시하는 것으로 유명하다. 그것도 시리즈 별로 하나씩 출시하기 때문에 실제로 출시되는 신제품은 1년에 2~3개가 된다. 이렇다 보니 자연히 직원들은 새로운 제품을 출시하고도 곧바로 또 다른 제품에 대한 아이디어를 내야하고 결국 이것이 스트레스로 이어져 업무에 대한 효율성이 떨어지게 되었다. 유 팀장의 부하직원들 또한 이러한 이유로 고민을 하고 있다. 따라서 유 팀장은 자신의 팀원들에게 아이디어를 하나씩 낼 때마다 게시판에 적힌 팀원들 이름 아래 스티커를 하나씩 붙이고 스티커가 다 차게 되면 휴가를 보내주기로 하였다. 또한 최근 들어 출시되는 제품들이 모두 비슷하기만 할 뿐 새로운 면을 찾아볼 수 없어 뭔가 혁신적인 기술을 제품에 넣기로 하였다. 특히 △△기업은 전자제품을 주로 취급하다 보니 자연히 보안에 신경을 쓸 수밖에 없었고 유 팀장은 이 기회에 새로운 보안시스템을 선보이기로 하였다. 그리하여 부하직원들에게 지금까지 아무도 시도하지 못한 새로운 보안시스템을 개발해 보자고 제안하였고 팀원들도 그 의견에 찬성하였다. 나아가 유 팀장은 직원들의 스트레스를 좀 더 줄이고 업무효율성을 극대화시키기 위해 기존에 유지되고 있던 딱딱한 업무환경을 개선할 필요가 있음을 깨닫고 직원들에게 자율적으로 출퇴근을 할 수 있도록 하는 한편 사내에 휴식공간을 만들어 수시로 직원들이 이용할 수 있도록 변화를 주었다. 그 결과 이번에 새로 출시된 제품은 △△기업 사상 최고의 매출을 올리며 큰 성과를 거두었고 팀원들의 사기 또한 하늘을 찌르게 되었다.

① 긍정적 강화법을 활용한다.
② 새로운 도전의 기회를 부여한다.
③ 지속적으로 교육한다.
④ 변화를 두려워하지 않는다.

> **해설** ① 유 팀장은 스티커를 이용한 긍정적 강화법을 활용하였다.
> ② 유 팀장은 지금까지 아무도 시도하지 못한 새로운 보안시스템을 개발해 보자고 제안하며 부하직원들에게 새로운 도전의 기회를 부여하였다.
> ④ 유 팀장은 부하직원들에게 자율적으로 출퇴근할 수 있도록 하였고 사내에도 휴식공간을 만들어 자유롭게 이용토록 하는 등 업무환경의 변화를 두려워하지 않았다.

Answer 4.③ 5.③

기술능력 대표유형

기술은 과학과 같이 추상적인 이론보다는 실용성, 효용, 디자인을 강조한다. 기술능력은 기술시스템 및 기술혁신 등에 대해 이해하고 업무에 적절한 기술을 선택·적용하는 능력을 말한다. 따라서 기술이해와 관련된 모듈형 문제와 더불어 매뉴얼 이해, 기술적용의 실제 등 다양한 유형의 문제가 출제된다.

┃1~2┃ 다음 표를 참고하여 물음에 답하시오.

스위치	기능
☆	1번과 3번 기계를 180° 회전
★	1번과 4번 기계를 180° 회전
○	2번과 3번 기계를 180° 회전
●	2번과 4번 기계를 180° 회전
◇	1번과 4번 기계를 시계방향으로 90° 회전
◆	2번과 3번 기계를 시계방향으로 90° 회전
□	1번과 4번 기계를 반시계방향으로 90° 회전
■	2번과 3번 기계를 반시계방향으로 90° 회전

1   왼쪽의 상태에서 스위치를 두 번 눌렀더니 오른쪽과 같은 상태로 바뀌었다. 어떤 스위치를 눌렀는가?

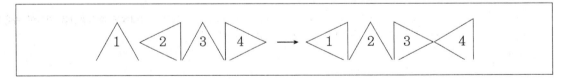

① ◆, ★

② ◇, ★

③ ★, □

④ ◆, ○

해설 1번 기계와 4번 기계가 180° 회전하였고 2번 기계와 3번 기계가 시계방향으로 90° 회전하였다. 따라서 ★, ◆ 스위치를 눌러야 한다. 단, 순서는 바뀌어도 가능하다.

2   왼쪽의 상태에서 스위치를 세 번 눌렀더니 오른쪽과 같은 상태로 바뀌었다. 어떤 스위치를 눌렀는가?

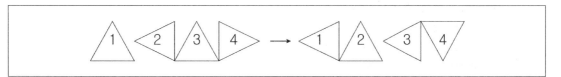

① ☆, ◇, ●   ② ★, ○, ●

③ ◇, □, ■   ④ ☆, ◆, ◇

해설 1번, 3번 기계는 반시계 방향으로 90° 회전하였고, 2번, 4번 기계는 시계 방향으로 90° 회전하였다. 보기 중 스위치를 세 번 눌러서 이와 같이 변화하는 조합은 ☆, ◆, ◇뿐이다.

• ☆(1번, 3번 180°)

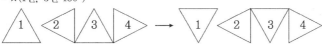

• ◆(2번, 3번 시계방향 90°)

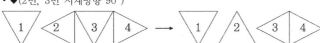

• ◇(1번, 4번 시계방향 90°)

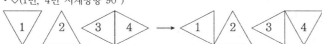

3   다음 중 인쇄 기본 설정 창을 여는 순서로 적절한 것은?

1. 제품의 특·장점
(1) 친환경적인 제품
   ① 토너 소모량과 용지 사용량을 줄여 인쇄하는 에코 기능
   ② 한 장의 용지에 여러 페이지를 인쇄하여 용지를 절약
   ③ 용지 양면에 인쇄하여 (수동 양면 인쇄) 용지를 절약
   ④ 일정 시간 제품을 사용하지 않으면 자동으로 절전 모드로 들어가 전력 소모를 절약
(2) 뛰어난 인쇄 품질 및 속도
   ① 청록색, 심홍색, 노란색, 검은색의 모든 계열의 색상을 사용해 인쇄
   ② 최대 2,400×600dpi 고화질의 선명한 해상도로 인쇄
   ③ 빠르고 신속한 인쇄
(3) 편리성
   ① 프린터의 NFC 태그에 휴대폰을 갖다 대면 인쇄 작업을 수행
   ② 애플리케이션을 사용하면 이동 시에도 스마트폰이나 컴퓨터에서 인쇄
   ③ Easy Capture Manager를 이용하여 캡처한 화면을 쉽게 편집
   ④ 스마트 업데이트를 사용하여 최신 프린터 드라이버 설치
(4) 다양한 기능과 인쇄환경 지원
   ① 다양한 용지 사이즈 지원
   ② 워터마크 지원
   ③ 포스터 인쇄 지원
   ④ 다양한 운영체제에서 인쇄 가능
   ⑤ USB 인터페이스 또는 네트워크 인터페이스
(5) 다양한 무선 설정 방법 지원
   ① WPS 버튼 이용하기
   ② USB 케이블 또는 네트워크 케이블 이용하기
   ③ Wi-Fi Direct 이용하기
2. 기본 사용법
(1) 인쇄하기
   ① 인쇄하려는 문서를 여세요.
   ② 파일 메뉴에서 인쇄를 선택하세요.
   ③ 프린터 선택 목록에서 사용 중인 제품을 선택하세요.
   ④ 인쇄 매수 및 인쇄 범위 등 기본 인쇄 설정은 인쇄 창에서 선택할 수 있습니다.
   ⑤ 인쇄를 시작하려면 인쇄 창에서 확인 또는 인쇄를 클릭하세요.

(2) 인쇄 작업 취소

　① Windows 작업줄에 표시된 제품 아이콘을 더블클릭하여 인쇄 대기열을 열 수도 있습니다.

　② 조작부의 취소버튼을 눌러서 인쇄를 취소할 수 있습니다.

(3) 인쇄 기본 설정 창 열기

　① 인쇄하려는 문서를 여세요.

　② 파일 메뉴에서 인쇄를 선택하세요.

　③ 프린터 선택에서 사용 중인 제품을 선택하세요.

　④ 프린터 속성 또는 기본 설정을 클릭하세요.

ⓖ 파일 메뉴에서 인쇄를 선택한다.

ⓛ 인쇄하려는 문서를 연다.

ⓒ 프린터 선택에서 사용 중인 제품을 선택한다.

ⓔ 프린터 속성 또는 기본 설정을 클릭한다.

---

① ㄱㄹㄷㄴ

② ㄴㄱㄷㄹ

③ ㄷㄱㄹㄴ

④ ㄹㄷㄱㄴ

해설 제시문 (3)의 인쇄 기본 설정 창 열기 순서는 다음과 같다.

　ⓛ 인쇄하려는 문서를 여세요. → ⓖ 파일 메뉴에서 인쇄를 선택하세요. → ⓒ 프린터 선택에서 사용 중인 제품을 선택하세요. → ⓔ 프린터 속성 또는 기본 설정을 클릭하세요.

Answer 3.②

∥4~5∥ 아래 〈보기〉는 그래프 구성 명령어 실행 예시이다. 〈보기〉를 참고하여 다음 물음에 답하시오.

〈보기〉

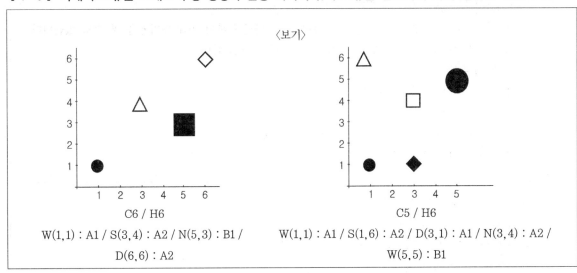

C6 / H6
W(1,1) : A1 / S(3,4) : A2 / N(5,3) : B1 /
D(6,6) : A2

C5 / H6
W(1,1) : A1 / S(1,6) : A2 / D(3,1) : A1 / N(3,4) : A2 /
W(5,5) : B1

4 다음 그래프에 알맞은 명령어는 무엇인가?

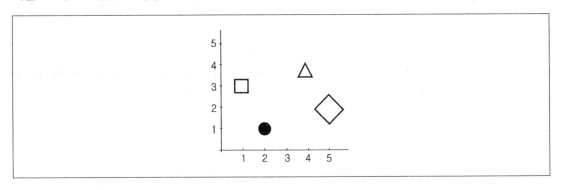

① C4 / H5   N(1,2) : A2 / W(2,1) : A1 / S(4,4) : A2 / D(5,2) : B1
② C5 / H4   N(1,3) : A2 / W(2,2) : A1 / S(4,4) : A2 / D(5,2) : B2
③ C5 / H5   N(1,2) : A2 / W(2,1) : A1 / S(4,4) : A1 / D(5,2) : B2
④ C5 / H5   N(1,3) : A2 / W(2,1) : A1 / S(4,4) : A2 / D(5,2) : B2

✔**해설** 〈보기〉에 주어진 그래프와 명령어를 분석하면 다음과 같다.
• C숫자 / H숫자→X축 최곳값 / Y축 최곳값
• 알파벳(숫자,숫자) → 도형의 모양(X축값,Y축값)

W 원	S 삼각형	N 사각형	D 다이아몬드

• 알파벳숫자→A 작은 도형, B 큰 도형, 1 채우기有, 2 채우기無
따라서 제시된 그래프에 대한 명령어는
C5 / H5   N(1,3) : A2 / W(2,1) : A1 / S(4,4) : A2 / D(5,2) : B2이다.

5   다음 명령어에 알맞은 그래프는 무엇인가?

C6 / H5   D(1,5) : B1 / S(2,4) : A2 / N(3,1) : A1

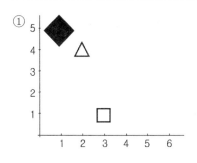

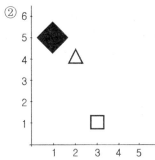

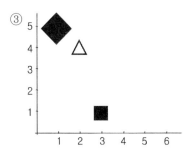

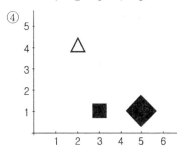

✔ 해설   • C6 / H5 → X축 최곳값 6 / Y축 최곳값 5
• D(1,5) : B1 → 다이아몬드(1,5) : 큰 도형, 채우기有
• S(2,4) : A2 → 삼각형(2,4) : 작은 도형, 채우기無
• N(3,1) : A1 → 사각형(3,1) : 작은 도형, 채우기有
따라서 제시된 명령어를 실행할 경우 ③과 같은 그래프가 구현된다.

수리능력 대표유형

수리능력은 직장생활에서 요구되는 기본적인 사칙연산과 기초적인 통계를 이해하고 도표의 의미를 파악하거나 도표를 이용해서 결과를 효과적으로 제시하는 능력을 말한다. 따라서 기본적인 계산능력을 파악하는 유형과 함께 자료해석, 도표분석 능력 등을 요구하는 유형의 문제가 주로 출제된다.

1   A와 B가 다음과 같은 규칙으로 게임을 하였다. 규칙을 참고할 때, 두 사람 중 점수가 낮은 사람은 몇 점인가?

> • 이긴 사람은 4점, 진 사람은 2점의 점수를 얻는다.
> • 두 사람의 게임은 모두 20회 진행되었다.
> • 20회의 게임 후 두 사람의 점수 차이는 12점이었다.

① 50점   ② 52점
③ 54점   ④ 56점

✔해설   첫 번째와 두 번째 규칙에 따라 두 사람의 점수 총합은 $4 \times 20 + 2 \times 20 = 120$점이 된다. 이 때 두 사람 중 점수가 더 낮은 사람의 점수를 x점이라고 하면, 높은 사람의 점수는 $120 - x$점이 되므로 $120 - x = x + 12$가 성립한다.
따라서 $x = 54$이다.

2 다음은 국민연금 보험료를 산정하기 위한 소득월액 산정 방법에 대한 설명이다. 다음 설명을 참고할 때, 김갑동 씨의 신고 소득월액은 얼마인가?

> 소득월액은 입사(복직) 시점에 따른 근로자간 신고 소득월액 차등이 발생하지 않도록 입사(복직) 당시 약정되어 있는 급여 항목에 대한 1년치 소득총액에 대하여 30일로 환산하여 결정하며, 다음과 같은 계산 방식을 적용한다.
>
> > 소득월액 = 입사(복직) 당시 지급이 약정된 각 급여 항목에 대한 1년간 소득총액 ÷ 365 × 30

〈김갑동 씨의 급여 내역〉
• 기본급 : 1,000,000원
• 교통비 : 월 100,000원
• 고정 시간외 수당 : 월 200,000원
• 분기별 상여금(1, 4, 7, 10월 지급) : 기본급의 100%
• 하계휴가비(매년 7월 지급) : 500,000원

① 1,645,660원   ② 1,652,055원
③ 1,668,900원   ④ 1,727,050원

 해설 주어진 조건에 의해 다음과 같이 계산할 수 있다.
{(1,000,000 + 100,000 + 200,000) × 12 + (1,000,000 × 4) + 500,000} ÷ 365 × 30 = 1,652,055원
따라서 소득월액은 1,652,055원이 된다.

Answer 1.③ 2.②

3   제시된 자료를 참조하여, 2018년부터 2020년의 건강수명 비교에 대한 설명으로 옳은 것은?

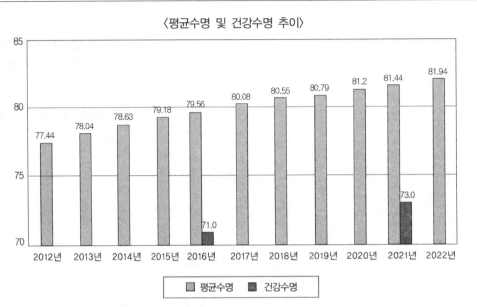

〈평균수명 및 건강수명 추이〉

※ 평균수명 : 0세의 출생자가 향후 생존할 것으로 기대되는 평균생존연수 '0세의 기대여명' 을 나타냄

※ 긴강수명 : 평균수명에서 질병이나 부상으로 인하여 활동하지 못한 기간을 뺀 기간을 나타냄

※ 2022년은 예상 수치임

〈건강수명 예상치 추정 정보〉

• 건강수명 예상치의 범위는 평균수명의 90%에서 ±1% 수준이다.
• 건강수명 예상치는 환경 개선 정도에 영향을 받는다고 가정한다.

연도	2017년	2018년	2019년	2020년
환경 개선	보통	양호	불량	불량

– 해당 연도 환경 개선 정도가 '양호'이면 최대치(+1%)로 계산된다.
– 해당 연도 환경 개선 정도가 '보통'이면 중간치(±0%)로 계산된다.
– 해당 연도 환경 개선 정도가 '불량'이면 최소치(−1%)로 계산된다.

① 2018년 건강수명이 2019년 건강수명보다 짧다.
② 2019년 건강수명이 2020년 건강수명보다 짧다.
③ 2018년 건강수명이 2020년 건강수명 보다 짧다.
④ 2019년 환경 개선 정도가 보통일 경우 2018년 건강수명이 2019년 건강수명보다 짧다.

✔️ 해설 ② 〈자료 1〉에 따르면 건강수명은 평균수명에서 질병이나 부상으로 인하여 활동하지 못한 기간을 뺀 기간이다. 〈자료 2〉에서 건강수명 예상치의 범위는 평균수명의 90%에서 ±1% 수준이고, 해당 연도 환경 개선 정도에 따라 계산한다고 기준을 제시하고 있으므로 이를 통해 2019년과 2020년의 건강수명을 구할 수 있다.

- 2019년 건강수명 = 80.79세(평균수명) × 89%(환경 개선 불량) = 71.9031세
- 2020년 건강수명 = 81.2세(평균수명) × 89%(환경 개선 불량) = 72.268세
  따라서 2019년 건강수명이 2020년 건강수명보다 짧다.

①③ 2018년의 건강수명 = 80.55세(평균수명) × 91%(환경 개선 양호) = 73.3005세로 2019년의 건강수명인 71.9031세 또는 2020년의 건강수명인 72.268세보다 길다.

④ 2019년 환경 개선 정도가 보통일 경우 건강수명 = 80.79세 × 90% = 72.711세이다. 2018년의 건강수명은 73.3005세이므로 2018년 건강수명이 2019년 건강수명보다 길다.

Answer 3.②

4 다음은 20xx년 한국인 사망 원인 '5대 암'과 관련된 자료이다. 20xx년 총 인구를 5,100만 명이라고 할 때, 치명률을 구하는 공식으로 옳은 것을 고르면?

종류	환자수	완치자수	후유장애자수	사망자수	치명률
폐암	101,600명	3,270명	4,408명	2,190명	2.16%
간암	120,860명	1,196명	3,802명	1,845명	1.53%
대장암	157,200명	3,180명	2,417명	1,624명	1.03%
위암	184,520명	2,492명	3,557명	1,950명	1.06%
췌장암	162,050명	3,178명	2,549명	2,765명	1.71%

※ 1) 환자수란 현재 해당 암을 앓고 있는 사람 수를 말한다.
2) 완치자수란 과거에 해당 암을 앓았던 사람으로 일상생활에 문제가 되는 장애가 남지 않고 5년 이내 재발이 없는 경우를 말한다.
3) 후유장애자수란 과거에 해당 암을 앓았던 사람으로 암으로 인하여 일상생활에 문제가 되는 영구적인 장애가 남은 경우를 말한다.
4) 사망자수란 해당 암으로 사망한 사람 수를 말한다.

① 치명률 $= \dfrac{완치자수}{환자수} \times 100$

② 치명률 $= \dfrac{후유장애자수}{환자수} \times 100$

③ 치명률 $= \dfrac{사망자수}{환자수} \times 100$

④ 치명률 $= \dfrac{사망자수 + 후유장애자수}{인구수} \times 100$

✔ 해설 자료에 제시된 각 암별 치명률이 나올 수 있는 공식은 보기 중 ③이다. 참고적으로 치명률은 어떤 질환에 의한 사망자수를 그 질환의 환자수로 나눈 것으로 보통 백분율로 나타내며, 치사율이라고도 한다.

5 다음은 건설업과 관련된 주요 지표이다. 이에 대한 설명으로 옳은 것은?

〈건설업 주요 지표〉

(단위 : 개, 천 명, 조 원, %)

구분	2021년	2022년	전년대비	
			증감	증감률
기업체수	69,508	72,376	2,868	4.1
종사자수	1,573	1,670	97	6.1
건설공사 매출액	356.6	392.0	35.4	9.9
국내 매출액	313.1	354.0	40.9	13.1
해외 매출액	43.5	38.0	−5.5	−12.6
건설비용	343.2	374.3	31.1	9.1
건설 부가가치	13.4	17.7	4.3	32.1

〈연도별 건설업체수 및 매출 증감률〉

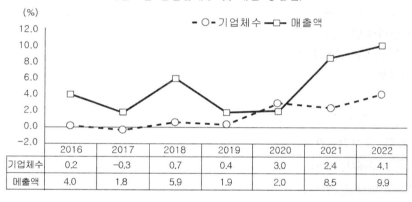

	2016	2017	2018	2019	2020	2021	2022
기업체수	0.2	−0.3	0.7	0.4	3.0	2.4	4.1
매출액	4.0	1.8	5.9	1.9	2.0	8.5	9.9

① 2017년의 기업체 수는 65,000개 이하이다.
② 건설공사 매출액 중 국내 매출액의 비중은 2022년보다 2021년이 더 크다.
③ 해외 매출액의 증감은 건설 부가가치의 증감에 영향을 미친다.
④ 건설업 주요 지표별 증감 추이는 모든 항목이 동일하다.

✔해설 ③ 표를 통해 건설 부가가치는 '건설공사 매출액 − 건설비용'의 산식이 적용됨을 알 수 있다. 건설공사 매출액
은 국내와 해외 매출액의 합산이므로 해외 매출액의 증감은 건설 부가가치에 직접적인 영향을 미친다.
① 제시된 기업체 수 증가율을 통하여 연도별 기업체 수를 확인할 수 있으며, 2017년도에는 기업체 수가 약
65,183개로 65,000개 이상이 된다.
② 2021년은 313.3 ÷ 356.6 × 100 = 약 87.9%이며, 2022년은 354.0 ÷ 392.0 × 100 = 약 90.3%이다.
④ 다른 항목은 2022년에 모두 증가하였지만, 건설공사 매출액 중 해외 매출액 지표는 감소하였다.

Answer 4.③ 5.③

조직이해능력 대표유형

조직은 공동의 목표를 달성하기 위해 구성된 집합체이다. 조직이해능력은 조직경영, 조직구조, 조직업무 등 조직과 관련된 전 분야에 걸쳐 작용한다. 대표유형으로는 조직구조(조직도)의 이해, 경영전략, 조직문화 등 거시적 관점의 문제와 결재규정, 사내복지제도, 업무처리 등 미시적 관점의 문제가 고루 출제된다.

1   다음과 같은 팀장의 지시 사항을 수행하기 위하여 업무협조를 구해야 할 조직의 명칭이 순서대로 바르게 나열된 것은?

> 다들 사장님 보고 자료 때문에 정신이 없는 모양인데 이건 자네가 좀 처리해줘야겠군. 다음 주에 있을 기자단 간담회 자료가 필요한데 옆 부서 박 부장한테 말해 두었으니 오전 중에 좀 가져다주게나. 그리고 내일 사장님께 보고 직전에 외부에서 오신다던데 어디서 오시는 건지 일정 좀 확인해서 알려주고, 이틀 전 퇴사한 엄 차장 퇴직금 처리가 언제 마무리 될 지도 알아봐 주게나. 아, 그리고 말이야, 자네는 아직 사원증이 발급되지 않았나? 확인해 보고 얼른 요청해서 걸고 다니게.

① 기획실, 경영관리실, 총무부, 비서실
② 영업2팀, 홍보실, 회계팀, 물류팀
③ 총무부, 구매부, 비서실, 인사부
④ 홍보실, 비서실, 인사부, 총무부

✅ **해설** 일반적으로 기자들을 상대하는 업무는 홍보실, 사장의 동선 및 일정 관리는 비서실, 퇴직 및 퇴직금 관련 업무는 인사부, 사원증 제작은 총무부에서 관장하는 업무로 분류된다.

2 다음 〈보기〉에 제시되고 있는 활동들은 기업 경영에 필요한 전략을 설명하고 있다. 설명된 전략들에 해당하는 것은?

〈보기〉
• 모든 고객을 만족시킬 수는 없다는 것과 회사가 모든 역량을 가질 수는 없다는 것을 전제로 선택할 수 있는 전략이다.
• 기업이 고유의 독특한 내부 역량을 보유하고 있는 경우에 더욱 효과적인 전략이다.
• 사업 목표와 타당한 틈새시장을 찾아야 한다.
• 다양한 분류의 방법을 동원하여 고객을 세분화한다.

---

① 차별화 전략
② 집중화 전략
③ 비교우위 전략
④ 원가우위 전략

✔해설 차별화 전략과 원가우위 전략이 전체 시장을 상대로 하는 전략인 반면, 집중화 전략은 특정 시장을 대상으로 한다. 따라서 고객층을 세분화하여 타깃 고객층에 맞는 맞춤형 전략을 세울 필요가 있다. 타깃 고객층에 자사가 가진 특정 역량이 발휘되어 판매를 늘릴 수 있는 전략이라고 할 수 있다.

Answer 1.④ 2.②

3 'SWOT 분석'에 대한 〈보기〉 설명을 읽고 휴대폰 제조업체가 실시한 아래 환경분석 결과에 대응하는 전략을 적절하게 분석한 것은?

〈보기〉

SWOT이란, 강점(Strength), 약점(Weakness), 기회(Opportunity), 위험(Threat)의 머리말을 모아 만든 단어로 경영전략을 수립하기 위한 분석도구이다. SWOT분석을 통해 도출된 조직의 외부/내부 환경을 분석 결과를 통해 각각에 대응하는 도출하게 된다.

SO 전략이란 기회를 활용하면서 강점을 더욱 강화하는 공격적인 전략이고, WO 전략이란 외부 환경의 기회를 활용하면서 자신의 약점을 보완하는 전략으로 이를 통해 기업이 처한 국면의 전환을 가능하게 할 수 있다. ST전략은 외부환경의 위험요소를 회피하면서 강점을 활용하는 전략이며, WT 전략이란 외부환경의 위협요인을 회피하고 자사의 약점을 보완하는 전략으로 방어적 성격을 갖는다.

내/외부환경 구분	강점(Strength)	약점(Weakness)
기회(Opportunity)	① SO 전략(강점/기회전략)	② WO 전략(약점/기회전략)
위협(Threat)	③ ST 전략(강점/위협전략)	④ WT 전략(약점/위협전략)

〈휴대폰 제조업체의 환경분석 결과〉

강점(Strength)	• 다양한 부가기능 탑재를 통한 성능 우위 • 기타 디지털기기 기능의 흡수를 통한 영역확대
약점(Weakness)	• 제품의 수익성 악화 • 제품 간 성능, 디자인의 평준화 • 국산 제품의 가격경쟁력 약화
기회(Opportunity)	• 신흥시장의 잠재적 수요 • 개인 휴대용기기의 대중화
위협(Threat)	• 전자제품의 사용기간 단축 • MP3폰 등 기타 디지털기기와의 경쟁 심화

내/외부환경 구분	강점(Strength)	약점(Weakness)
기회(Opportunity)	① 기능의 다양화로 잠재 시장의 수요 창출	② 휴대기기의 대중화에 힘입어 MP3폰의 성능 강화
위협(Threat)	③ 다양한 기능을 추가한 판매 신장으로 이익 확대	④ 휴대용 기기 보급 확대에 따라 디지털기기와 차별화된 제품 개발

✔ 해설 ① 기능의 다양화는 자사의 강점에 해당되며, 신흥시장의 잠재 수요를 기대할 수 있어 이를 연결한 전략으로 적절한 SO 전략이라고 할 수 있다.
② 휴대기기의 대중화(O)에 힘입어 MP3폰의 성능 강화(T)
③ 다양한 기능을 추가(S)한 판매 신장으로 이익 확대(W)
④ 개도국 수요를 창출(O)하여 저가 제품 판매 확대(W)

4   다음의 위임전결규정을 보고 잘못 이해한 것은?

[위임전결규정]

- 결재를 받으려는 업무에 대해서는 최고결재권자(대표이사)를 포함한 이하 직책자의 결재를 받아야 한다.
- '전결'이라 함은 회사의 경영활동이나 관리활동을 수행함에 있어 의사 결정이나 판단을 요하는 일에 대하여 최고결재권자의 결재를 생략하고, 자신의 책임 하에 최종적으로 의사 결정이나 판단을 하는 행위를 말한다.
- 전결사항에 대해서도 위임 받은 자를 포함한 이하 직책자의 결재를 받아야 한다.
- 표시내용 : 결재를 올리는 자는 최고결재권자로부터 전결 사항을 위임 받은 자가 있는 경우 결재란에 전결이라고 표시하고 최종 결재권자란에 위임 받은 자를 표시한다. 다만, 결재가 불필요한 직책자의 결재란은 상향대각선으로 표시한다.
- 최고결재권자의 결재사항 및 최고결재권자로부터 위임된 전결사항은 아래의 표에 따른다.
- 본 규정에서 정한 전결권자가 유고 또는 공석 시 그 직급의 직무 권한은 직상급직책자가 수행함을 원칙으로 하며, 각 직급은 긴급을 요하는 업무처리에 있어서 상위 전결권자의 결재를 득할 수 없을 경우 차상위자의 전결로 처리하며, 사후 결재권자의 결재를 득해야 한다.

업무내용		결재권자			
		사장	부사장	본부장	팀장
주간업무보고					○
팀장급 인수인계			○		
일반 예산 집행	잔업수당	○			
	회식비			○	
	업무활동비			○	
	교육비		○		
	해외연수비	○			
	시내교통비			○	
	출장비	○			
	도서인쇄비				○
	법인카드사용		○		
	소모품비				○
	접대비(식대)			○	
	접대비(기타)				○
이사회 위원 위촉		○			
임직원 해외 출장		○(임원)		○(직원)	
임직원 휴가		○(임원)		○(직원)	
노조관련 협의사항			○		

※ 100만 원 이상의 일반예산 집행과 관련한 내역은 사전 사장 품의를 득해야 하며, 품의서에 경비 집행 내역을 포함하여 준비한다. 출장계획서는 품의서를 대체한다.

※ 위의 업무내용에 필요한 결재서류는 다음과 같다.
 ‒ 품의서, 주간업무보고서, 인수인계서, 예산집행내역서, 위촉장, 출장보고서(계획서), 휴가신청서, 노조협의사항 보고서

① 전결권자 공석 시의 최종결재자는 차상위자가 된다.
② 전결권자 업무 복귀 시, 부재 중 결재 사항에 대하여 반드시 사후 결재를 받아두어야 한다.
③ 팀장이 새로 부임하면 부사장 전결의 인수인계서를 작성하게 된다.
④ 전결권자가 해외 출장으로 자리를 비웠을 경우에는 차상위자가 직무 권한을 위임받는다.

✔ 해설 ④ 전결권자가 자리를 비웠을 경우, '직무 권한'은 차상위자가 아닌 직상급직책자가 수행하게 되며, 차상위자가 전결권자가 되는 경우에도 '직무 권한' 자체의 위임이 되는 것은 아니다.
① 차상위자가 필요한 경우, 최종결재자(전결권자)가 될 수 있다.
② 부재 중 결재사항은 전결권자 업무 복귀 시 사후 결재를 받는 것으로 규정하고 있다.
③ 팀장의 업무 인수인계는 부사장의 전결 사항이다.

Answer 4.④

5 다음 조직도 (A), (B)와 같은 형태를 지닌 조직의 특징을 바르게 비교하지 못한 것은?

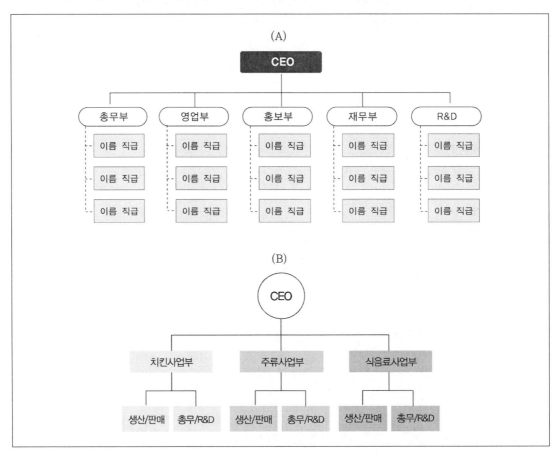

① (A)는 업무 구분이 명확하고, 엄격한 위계질서가 있다.
② (B)와 같은 조직은 대체적으로 의사결정 권한이 집중화되는 경향을 보인다.
③ (A)는 신속한 의사결정을 위해 더 적절한 조직구조이다.
④ (B)는 중간관리자에게 많은 역할이 주어지게 된다.

✔ 해설 (A) 기능적 조직구조이며, (B)는 사업별 조직구조이다. 환경이 안정적이거나 일상적인 기술, 조직의 내부 효율성을 중요시하며 기업의 규모가 작을 때에는 업무의 내용이 유사하고 관련성이 있는 것들을 결합해서 (A)와 같은 기능적 조직구조 형태를 이룬다. 또한, 급변하는 환경변화에 효과적으로 대응하고 제품, 지역, 고객별 차이에 신속하게 적응하기 위해서는 분권화된 의사결정이 가능한 (B)와 같은 사업별 조직구조 형태를 이룰 필요가 있다. (A)와 같은 조직구조에서는 결재라인이 적어 신속한 의사결정이 이루어질 수 있으며, (B)와 같은 조직구조에서는 본부장, 부문장 등의 이사진이 배치될 수 있어, 중간관리자의 역할이 중요한 경우에 볼 수 있는 조직구조이다.

Answer 5.②

PART

III

NCS 예상문제

—

출제예상문제

1 다음 글에서 형식이가 의사소통능력을 향상시키기 위해 노력한 것으로 옳지 않은 것은?

○○기업에 다니는 형식이는 평소 자기주장이 강하고 남의 말을 잘 듣지 않는다. 오늘도 그는 같은 팀 동료들과 새로운 프로젝트를 위한 회의에서 자신의 의견만을 고집하다가 결국 일부 팀 동료들이 자리를 박차고 나가 마무리를 짓지 못했다. 이로 인해 형식은 팀 내에서 은근히 따돌림을 당했고 자신의 행동에 잘못이 있음을 깨달았다. 그후 그는 서점에서 다양한 의사소통과 관련된 책을 읽으면서 조금씩 자신의 단점을 고쳐나가기로 했다. 먼저 그는 자신이 너무 자기주장만을 내세운다고 생각하고 이를 절제하기 위해 꼭 하고 싶은 말만 간단명료하게 하기로 마음먹었다. 그리고 말을 할 때에도 상대방의 입장에서 먼저 생각하고 상대방을 배려하는 마음을 가지려고 노력하였다. 또한 남의 말을 잘 듣기 위해 중요한 내용은 메모하는 습관을 들이고 상대방이 말할 때 적절하게 반응을 보였다. 이렇게 6개월을 꾸준히 노력하자 등을 돌렸던 팀 동료들도 그의 노력에 감탄하며 다시 마음을 열기 시작했고 이후 그의 팀은 중요한 프로젝트를 성공적으로 해내 팀원 전원이 한 직급씩 승진을 하게 되었다.

① 메모하기   ② 배려하기

③ 시선공유   ④ 반응하기

✔ **해설** 시선공유도 바람직한 의사소통을 위한 중요한 요소이지만 위 글에 나오는 형식이의 노력에서는 찾아볼 수 없다.

2 다음은 토론과 토의를 비교한 표이다. 옳지 않은 것은?

	구분	토론	토의
①	정의	특정 주제에 대한 찬성과 반대의 주장을 논하는 과정	특정 문제를 해결하기 위한 다양한 해결 방안을 모색하는 과정
②	목적	각자가 가지고 있는 다양한 의견을 개진하고 교환하며 검토함	각각 찬성과 반대 입장에서 자신의 주장을 받아들이도록 제3자인 청중을 설득함
③	특성	상호 대립적 · 공격적 · 경쟁적 · 논쟁적	상호 협동적 · 협조적 · 협력적
④	형식	일정한 형식과 규칙에 따라 발언함	비교적 자유롭게 발언함

✔ 해설

구분	토론	토의
정의	특정 주제에 대한 찬성과 반대의 주장을 논하는 과정	특정 문제를 해결하기 위한 다양한 해결방안을 모색하는 과정
목적	각각 찬성과 반대 입장에서 자신의 주장을 받아들이도록 제3자인 청중을 설득함	각자가 가지고 있는 다양한 의견을 개진하고 교환하며 검토함
특성	상호 대립적 · 공격적 · 경쟁적 · 논쟁적	상호 협동적 · 협조적 · 협력적
형식	일정한 형식과 규칙에 따라 발언함	비교적 자유롭게 발언함
효과	문제의 본질에 대한 이해를 높여줌	문제 해결책을 도출함
결과	승패	타협

Answer 1.③ 2.②

봉수는 횃불과 연기로써 급한 소식을 전하던 전통시대의 통신제도로 높은 산에 올라가 불을 피워 낮에는 연기로, 밤에는 불빛으로 신호하는 방식이었다. 봉수제도는 우역제와 더불어 신식우편과 전기통신이 창시되기 이전의 전근대국가에서는 가장 중요하고 보편적인 통신방법이었는데 역마나 인편보다 시간적으로 단축되었고, 신속한 효용성을 발휘하여 지방의 급변하는 민정상황이나 국경지방의 적의 동태를 상급기관인 중앙의 병조에 쉽게 연락할 수 있었기 때문이다. 보통 봉수제는 국가의 정치·군사적인 전보기능을 목적으로 설치되었는데 우리나라에서 군사적인 목적으로 설치된 봉수제가 처음 문헌기록에 나타난 시기는 고려 중기 무렵이다. 이후 조선이 건국되면서 조선의 지배층들은 고려시대 봉수제를 이어받았는데 특히 세종 때에는 종래에 계승되어 온 고려의 봉수제를 바탕으로 하고 중국의 제도를 크게 참고하여 그 면모를 새롭게 하였다. 하지만 이러한 봉수제는 시간이 지날수록 점점 유명무실하게 되었고 결국 임진왜란이 일어나자 이에 대한 대비책으로 파발제가 등장하게 되었다. 봉수는 경비가 덜 들고 신속하게 전달할 수 있는 장점이 있으나 적정을 오직 5거의 방법으로만 전하여, 그 내용을 자세히 전달할 수 없어 군령의 시달이 어렵고 또한 비와 구름·안개로 인한 판단곤란과 중도단절 등의 결점이 있었다. 반면에 파발은 경비가 많이 소모되고 봉수보다는 전달속도가 늦은 결점이 있으나 문서로써 전달되기 때문에 보안유지는 물론 적의 병력 수·장비·이동상황 그리고 아군의 피해상황 등을 상세하게 전달할 수 있는 장점이 있었다.

3 다음 중 옳지 않은 것은?

① 봉수는 전통시대의 통신제도로 높은 산에 올라가 낮에는 연기로, 밤에는 불빛으로 신호를 보냈다.

② 보통 봉수제는 국가의 정치·군사적인 전보기능을 목적으로 설치되었는데 우리나라에서는 고려 중기 무렵에 처음으로 문헌기록으로 나타난다.

③ 봉수는 역마나 인편보다 시간적으로 단축되었고, 신속한 효용성을 발휘하여 지방의 급박한 상황을 중앙에 쉽게 연락할 수 있었다.

④ 봉수제도는 조선시대 들어서 그 기틀이 확고히 자리 잡아 임진왜란 당시에는 큰 역할을 하였다.

> ✔해설 봉수제도는 조선 초기에 여러 제도를 참고하여 그 면모를 새롭게 하였지만 시간이 지날수록 점점 유명무실하게 되었고 결국 임진왜란이 일어나자 이에 대한 대비책으로 파발제가 등장하게 되었다.

4 위 글에서 봉수는 적정을 5거의 방법으로 전한다고 한다. 다음은 조선시대 봉수제도의 5거의 각 단계와 오늘날 정규전에 대비해 발령하는 전투준비태세인 데프콘의 각 단계를 설명한 것이다. 오늘날의 데프콘 4는 봉수의 5거제 중 어디에 가장 가까운가?

- 봉수제 : 봉수대에서는 거수를 달리하여 정세의 완급을 나타냈는데 평상시에는 1거, 왜적이 해상에 나타나거나 적이 국경에 나타나면 2거, 왜적이 해안에 가까이 오거나 적이 변경에 가까이 오면 3거, 우리 병선과 접전하거나 국경을 침범하면 4거, 왜적이 상륙하거나 국경에 침범한 적과 접전하면 5거씩 올리도록 하였다.
- 데프콘 : 데프콘은 정보감시태세인 워치콘 상태의 분석 결과에 따라 전군에 내려지는데 데프콘 5는 적의 위협이 없는 안전한 상태일 때, 데프콘 4는 적과 대립하고 있으나 군사개입 가능성이 없는 상태일 때, 데프콘 3은 중대하고 불리한 영향을 초래할 수 있는 긴장상태가 전개되거나 군사개입 가능성이 있을 때, 데프콘 2는 적이 공격 준비태세를 강화하려는 움직임이 있을 때, 데프콘 1은 중요 전략이나 전술적 적대행위 징후가 있고 전쟁이 임박해 전쟁계획 시행을 위한 준비가 요구되는 최고준비태세일 때 발령된다.

---

① 1거
② 2거
③ 3거
④ 4거

> ✔ **해설** 오늘날 데프콘 4는 조선시대 봉수의 5거제 중 2거에 가장 가깝다고 볼 수 있다. 참고로 우리나라는 1953년 정전 이래 데프콘 4가 상시 발령되어 있다.

5 다음 중 밑줄 친 '봉수'에 해당하는 한자로 옳은 것은?

① 烽燧
② 逢受
③ 鳳首
④ 封手

> ✔ **해설** ② 남의 돈이나 재물을 맡음
> ③ 봉황의 머리
> ④ 바둑이나 장기에서 대국이 하루 만에 끝나지 아니할 경우 그 날의 마지막 수를 종이에 써서 봉하여 놓음. 또는 그 마지막 수

Answer 3.④ 4.② 5.①

6 다음 설문 조사 결과의 결론으로 가장 적절한 것은?

> A구에서는 자립 준비 청년의 건강한 삶을 위한 지원 프로그램을 진행하고 있다. 해당 프로그램은 생필품뿐만 아니라 청년가구의 자립적인 생활을 지원하고 사회관계망 형성을 통한 삶의 질 향상을 도모하기 위한 것으로 요리수업, 정리수납 방법, 심리상담 등이 진행된다. 이와 관련한 설문 조사에서 자립 준비 청년의 참여도가 꽤 높은 것으로 밝혀졌다. 향후 다양한 프로젝트 확대 추진 및 실질적인 지원책을 마련하기 위해 참여 자립 준비 청년 150명을 대상으로 해당 프로그램들이 자립 능력 향상에 기여하였는지 설문 조사한 결과, '매우 그렇다'는 35%, '그렇다'는 25%, '그렇지 않다'는 15%, '매우 그렇지 않다'는 5%, 무응답은 10%였다.

① A구의 프로그램은 다른 지역보다 다양하다고 할 수 있다.

② A구의 설문 조사 참여도는 다른 지역보다 참여도가 낮은 편이다.

③ A구의 프로그램은 자립 능력 향상에 기여했다고 평가할 수 있다.

④ A구의 설문 조사는 자립 준비 청년들의 구직활동 참여도를 평가하는 기준으로 활용될 수 있다.

✔해설 자립 능력 향상에 기여하였는지에 대한 물음에서 '매우 그렇다'와 '그렇다'의 응답이 '그렇지 않다', '매우 그렇지 않다'의 비율 절반을 넘었으므로 A구 프로그램은 자립 능력 향상에 기여했다고 평가할 수 있다.

7 다음은 신입사원이 작성한 기획서이다. 귀하가 해당 기획서를 살펴보니 수정해야 할 부분이 있어서 신입사원에게 조언을 해 주고자 한다. 다음 기획서에서 수정해야 할 부분이 아닌 것은 무엇인가?

[행사 기획서]

제목 : 홍보 행사에 대한 기획

2007년부터 지구 온난화에 대한 경각심을 일깨우기 위해 호주에서 시작된 지구촌 불끄기 행사는 세계 최대 규모의 민간자연보호단체인 세계자연보호기금(WWF)에서 약 한 시간가량 가정과 기업이 소등을 해 기후에 어떠한 변화로 나타나는지 보여주기 위한 행사입니다. 본 부서는 현재 135개국 이상 5000여 개의 도시가 참여를 하고 있는 이 운동을 알리고, 기후변화에 대한 인식을 확산하며 탄소 배출량을 감축시키기 위해 다음과 같은 홍보 행사를 진행하려고 합니다.

– 다음 –

1) 일정 : 20xx년 4월 22일
2) 장소 : 광화문 앞 광장
3) 예상 참여인원 : ○○명

20xx년 3월 2일
홍보팀 사원 김○○

---

① 행사 담당 인원과 담당자가 누구인지 밝힌다.
② 행사를 진행했을 때 거둘 수 있는 긍정적 기대효과에 대한 내용을 추가한다.
③ 구체적으로 어떤 종류의 홍보 행사를 구성하고자 하는지 목차에 그 내용을 추가한다.
④ 제목에 가두 홍보 행사라는 점을 드러내어 제목만으로도 기획서의 내용을 예상할 수 있도록 한다.

✅해설 다른 내용들은 주어진 행사 보고서를 통해 확인할 수 없다. 하지만 행사를 진행했을 때 얻을 수 있는 기대효과는 '이 운동을 알리고, 기후변화에 대한 인식을 확산하며 탄소 배출량을 감축시키기 위해' 라고 본문에 제시되어 있다.

Answer 6.③ 7.②

8 다음은 근로장려금 신청자격 요건에 대한 정부제출안과 국회통과안의 내용이다. 이에 근거하여 옳은 내용은?

요건	정부제출안	국회통과안
총소득	부부의 연간 총소득이 1,700만 원 미만일 것(총소득은 근로소득과 사업소득 등 다른 소득을 합산한 소득)	좌동
부양자녀	다음 항목을 모두 갖춘 자녀를 2인 이상 부양할 것 (1) 거주자의 자녀이거나 동거하는 입양자일 것 (2) 18세 미만일 것(단, 중증장애인은 연령제한을 받지 않음) (3) 연간 소득금액의 합계액이 100만 원 이하일 것	다음 항목을 모두 갖춘 자녀를 1인 이상 부양할 것 (1) ~ (3) 좌동
주택	세대원 전원이 무주택자일 것	세대원 전원이 무주택자이거나 기준시가 5천만 원 이하의 주택을 한 채 소유할 것
재산	세대원 전원이 소유하고 있는 재산 합계액이 1억 원 미만일 것	좌동
신청 제외자	(1) 3개월 이상 국민기초생활보장급여 수급자 (2) 외국인(단, 내국인과 혼인한 외국인은 신청 가능)	좌동

① 정부제출안보다 국회통과안에 의할 때 근로장려금 신청자격을 갖춘 대상자의 수가 더 줄어들 것이다.

② 두 안의 총소득요건과 부양자녀요건을 충족하고, 소유 재산이 주택(5천만 원), 토지(3천만 원), 자동차(2천만 원)인 A는 정부제출안에 따르면 근로장려금을 신청할 수 없지만 국회통과안에 따르면 신청할 수 있다.

③ 소득이 없는 20세 중증장애인 자녀 한 명만을 부양하는 B가 국회통과안에서의 다른 요건들을 모두 충족하고 있다면 B는 국회통과안에 의해 근로장려금을 신청할 수 있다.

④ 총소득, 부양자녀, 주택, 재산 요건을 모두 갖춘 한국인과 혼인한 외국인은 정부제출안에 따르면 근로장려금을 신청할 수 없지만 국회통과안에 따르면 신청할 수 있다.

✔해설 ③ 중증장애인은 연령제한을 받지 않고, 국회통과안의 경우 부양자녀가 1인 이상이면 근로장려금을 신청할 수 있으므로, 다른 요건들을 모두 충족하고 있다면 B는 근로장려금을 신청할 수 있다.
① 정부제출안보다 국회통과안에 의할 때 근로장려금 신청자격을 갖춘 대상자의 수가 더 늘어날 것이다.
② 정부제출안과 국회통과안 모두 세대원 전원이 소유하고 있는 재산 합계액이 1억 원 미만이어야 한다. A는 소유 재산이 1억 원으로 두 안에 따라 근로장려금을 신청할 수 없다.
④ 정부제출안과 국회통과안 모두 내국인과 혼인한 외국인은 근로장려금 신청이 가능하다.

9 다음은 광고회사에 다니는 甲이 '광고의 표현 요소에 따른 전달 효과'라는 주제로 발표한 발표문이다. 甲이 활용한 매체 자료에 대한 설명으로 적절하지 않은 것은?

> 저는 오늘 광고의 표현 요소에 따른 전달 효과에 대해 말씀드리겠습니다. 발표에 앞서 제가 텔레비전 광고 한 편을 보여 드리겠습니다. (광고를 보여 준 후) 의미가 강렬하게 다가오지 않나요? 어떻게 이렇게 짧은 광고에서 의미가 잘 전달되는 것일까요? 광고는 여러 가지 표현 요소를 활용하여 효과적으로 의미를 전달합니다. 이러한 요소에는 음향, 문구, 사진 등이 있습니다. 이 중 우리 반 학생들은 어떤 요소가 가장 전달 효과가 높다고 생각하는지 설문 조사를 해 보았는데요, 그 결과를 그래프로 보여 드리겠습니다. 3위는 음향이나 음악 같은 청각적 요소, 2위는 광고 문구, 1위는 사진이나 그림 같은 시각적 요소였습니다. 그래프로 보니 1위의 응답자 수가 3위보다 두 배가량 많다는 것을 한눈에 볼 수 있네요. 그러면 각 요소의 전달 효과에 대해 살펴볼까요? 먼저 청각적 요소의 효과를 알아보기 위해 음향을 들려 드리겠습니다. (자동차 엔진 소리와 급정거 소음, 자동차 부딪치는 소리) 어떠세요? 무엇을 전달하려는지 의미는 정확하게 알 수 없지만 상황은 생생하게 느껴지시지요?
>
> 이번에는 광고 문구의 효과에 대해 설명드리겠습니다. 화면에 '안전띠를 매는 습관, 생명을 지키는 길입니다.'라고 쓰여 있네요. 이렇게 광고 문구는 우리에게 광고의 내용과 의도를 직접적으로 전달해 줍니다. 끝으로 시각적 요소의 효과에 대해 설명드리겠습니다. 이 광고의 마지막 장면은 포스터로도 제작되었는데요. 이 포스터를 함께 보시지요. 포스터를 꽉 채운 큰 한자는 '몸 신' 자네요. 마지막 획을 안전띠 모양으로 만들어서 오른쪽 위에서 왼쪽 아래까지 '몸 신' 자 전체를 묶어 주고 있는 것이 보이시죠? 이 포스터는 안전띠가 몸을 보호해 준다는 의미를 참신하고 기발하게 표현한 것입니다. 이렇게 광고를 통해 전달하려는 의도가 시각적 이미지로 표현될 때 더 인상적으로 전달됨을 알 수 있습니다. 여러분도 인터넷에서 다른 광고들을 찾아 전달 효과를 분석해 보시기 바랍니다. 이상 발표를 마치겠습니다.

① 동영상을 활용하여 청중의 흥미를 유발하고 있다.
② 그래프를 활용하여 설문 조사 결과를 효과적으로 제시하고 있다.
③ 음향을 활용하여 광고 속 상황을 실감이 나도록 전달하고 있다.
④ 인터넷을 활용하여 다양한 자료 검색 방법을 알려 주고 있다.

✔해설 인터넷을 활용하여 다양한 자료 검색 방법을 알려 주는 것은 발표문에 나타나지 않았다.

10 다음 A, B 두 사람의 논쟁에 대한 분석으로 가장 적절한 것은?

A : 최근 인터넷으로 대표되는 정보통신기술 혁명은 과거 유례를 찾을 수 없을 정도로 세상이 돌아가는 방식을 근본적으로 바꿔놓았다. 정보통신기술 혁명은 물리적 거리의 파괴로 이어 졌고, 그에 따라 국경 없는 세계가 출현하면서 국경을 넘나드는 자본, 노동, 상품에 대한 규제가 철폐될 수밖에 없는 사회가 되었다. 이제 개인이나 기업 혹은 국가는 과거보다 훨씬 더 유연한 자세를 견지해야 하고, 이를 위해서는 강력한 시장 자유화가 필요하다.

B : 변화를 인식할 때 우리는 가장 최근의 것을 가장 혁신적인 것으로 생각하는 경향이 있다. 인터넷 혁명의 경제적, 사회적 영향은 최소한 지금까지는 세탁기를 비롯한 가전제품만큼 크지 않았다. 가전제품은 집안일에 들이는 노동시간을 대폭 줄여줌으로써 여성들의 경제활동을 촉진했고, 가족 내의 전통적인 역학관계를 바꾸었다. 옛 것을 과소평가해서도 안 되고 새것을 과대평가해서도 안 된다. 그렇게 할 경우 국가의 경제정책이나 기업의 정책은 물론이고 우리 자신의 직업과 관련해서도 여러 가지 잘못된 결정을 내리게 된다.

A : 인터넷이 가져온 변화는 가전제품이 초래한 변화에 비하면 전 지구적인 규모이고 동시적이라는 점에 주목해야 한다. 정보통신기술이 초래한 국경 없는 세계의 모습을 보라. 국경을 넘어 자본, 노동, 상품이 넘나들게 됨으로써 각 국가의 행정 시스템은 물론 세계 경제 시스템에도 변화가 불가피하게 되었다. 그런 점에서 정보통신기술의 영향력은 가전제품의 영향력과 비교될 수 없다.

B : 최근의 기술 변화는 100년 전에 있었던 변화만큼 혁명적이라고 할 수 없다. 100년 전의 세계는 1960 ~ 1980년에 비해 통신과 운송 부문에서의 기술은 훨씬 뒤떨어졌으나 세계화는 오히려 월등히 진전된 상태였다. 사실 1960 ~ 1980년 사이에 강대국 정부가 자본, 노동, 상품이 국경을 넘어 들어오는 것을 엄격하게 규제했기에 세계화의 정보는 그리 높지 않았다. 이처럼 세계화의 정도를 결정하는 것은 정치이지 기술력이 아니다.

① 이 논쟁의 핵심 쟁점은 정보통신기술 혁명과 가전제품을 비롯한 제조분야 혁명의 영향력 비교이다.

② A는 최근의 정보통신 혁명으로 말미암아 자본, 노동, 상품이 국경을 넘나드는 것이 현실이 되었다는 점을 근거로 삼고 있다.

③ B는 A가 제시한 근거가 다 옳다고 하더라도 A의 주장을 받아들일 수 없다고 주장하고 있다.

④ B와 A는 인터넷의 영향력에 대한 평가에는 의견을 달리 하지만 가전제품의 영향력에 대한 평가에는 의견이 일치한다.

11 ㉠~㉣ 중 통일성을 해치는 문장은?

> 우리의 생각과 판단은 언어에 의해 결정되는가 아니면 경험에 의해 결정되는가? ㉠언어결정론자들은 우리의 생각과 판단이 언어를 반영하고 있고 실제로 언어에 의해 결정된다고 주장한다. 에스키모인들의 눈에 관한 언어를 생각해보자. ㉡언어결정론자들의 주장에 따르면 에스키모인들은 눈에 관한 다양한 언어 표현들을 갖고 있어서 눈이 올 때 우리가 미처 파악하지 못한 미묘한 차이점들을 찾아낼 수 있다. 또 ㉢언어결정론자들은 '노랗다', '샛노랗다', '누르스름하다' 등 노랑에 대한 다양한 우리말 표현들이 있어서 노란색들의 미묘한 차이가 구분되고 그 덕분에 색에 관한 우리의 인지 능력이 다른 언어 사용자들보다 뛰어나다고 본다. ㉣다시 말해 언어적 표현은 다양한 경험에서 비롯된 것이라고 보는 것이다. 이렇듯 언어결정론자들은 사용하는 언어에 의해서 우리의 사고 능력이 결정된다고 말한다.

① ㉠

② ㉡

③ ㉢

④ ㉣

> **✔해설** 제시된 내용은 사용하는 언어에 의해 사고 능력이 결정된다는 언어결정론자의 입장을 보여준 글이다. 따라서 ㉣은 언어적 표현이 경험에서 비롯된다는 경험결정론의 입장이므로 통일성을 해치는 문장이 된다.

|12~13| 다음은 어느 회사의 송·배전용 전기설비 이용규정의 일부이다. 다음을 보고 물음에 답하시오.

제00조 이용신청 시기

고객의 송·배전용 전기설비 이용신청은 이용 희망일부터 행정소요일수와 표본 공정(접속설비의 설계·공사계약체결·공사시공기간 등) 소요일수를 합산한 기간 이전에 하는 것을 원칙으로 한다. 다만, 필요시 고객과 협의하여 이용신청시기를 조정할 수 있다.

제00조 이용신청시 기술검토용 제출자료

고객은 이용신청시 회사가 접속방안을 검토할 수 있도록 송·배전 기본계획자료를 제출하여야 한다. 고객은 자료가 확정되지 않은 경우에는 잠정 자료를 제출할 수 있으며, 자료가 확정되는 즉시 확정된 자료를 제출하여야 한다.

제00조 접속제의의 수락

고객은 접속제의서 접수 후 송전용전기설비는 2개월, 배전용전기설비는 1개월 이내에 접속제의에 대한 수락의사를 서면으로 통지하여야 하며, 이 기간까지 수락의사의 통지가 없을 경우 이용신청은 효력을 상실한다. 다만, 고객과의 협의를 통해 수락의사 통지기간을 1회에 한하여 송전용전기설비는 2개월, 배전용전기설비는 1개월 이내에서 연장할 수 있다. 접속제의에 이의가 있거나 새로운 접속방안의 검토를 희망하는 경우, 고객은 2회에 한하여 접속제의의 재검토를 요청할 수 있으며, 재검토 기간은 송전용전기설비는 3개월, 배전용전기설비는 1개월을 초과할 수 없다.

제00조 끝자리 수의 처리

이 규정에서 송·배전 이용요금 등의 계산에 사용하는 단위는 다음 표와 같으며 계산단위 미만의 끝자리 수는 계산단위 이하 첫째자리에서 반올림한다.

구분	계산단위
부하설비 용량	1kw
변압기설비 용량	1kVA
발전기 정격출력	1kw
계약전력	1kw
최대이용전력	1kw
요금적용전력	1kw
사용전력량	1k조
무효전력량	1kvarh
역률	1%

송·배전 이용요금 등의 청구금액(부가세 포함)에 10원 미만의 끝자리 수가 있을 경우에는 국고금 관리법에 정한 바에 따라 그 끝자리 수를 버린다.

12 乙은 이용규정을 바탕으로 회사 홈페이지에 올라온 고객의 질의에 답변하려고 한다. 답변 내용 중 옳지 않은 것은?

① Q : 송 · 배전용 전기설비 이용신청은 언제 하여야 하나요?

A : 이용신청은 이용 희망일부터 행정소요일수와 표본 공정소요일수를 합산한 기간 이전에 하여야 합니다.

② Q : 송 · 배전 기본계획자료가 아직 확정되지 않은 상태인데 어떻게 해야 하나요?

A : 잠정 자료를 제출할 수 있으며, 자료가 확정되는 즉시 확정된 자료를 제출하면 됩니다.

③ Q : 수락의사 통지기간을 연장하고 싶은데 그 기간은 어느정도인가요?

A : 회사와 고객 간의 협의를 통해 송전용전기설비는 1개월, 배전용전기설비는 2개월 이내에서 연장할 수 있습니다.

④ Q : 송 · 배전 이용요금 등의 청구금액에 10원 미만의 끝자리 수가 있을 경우는 어떻게 되나요?

A : 끝자리 수가 있을 경우에는 국고금관리법에 정한 바에 따라 그 끝자리 수를 버리게 됩니다.

✔해설 고객과의 협의를 통해 수락의사 통지기간을 1회에 한하여 송전용전기설비는 2개월, 배전용전기설비는 1개월 이내에서 연장할 수 있다.

13 접속제의에 이의가 있거나 새로운 접속방안의 검토를 희망하는 경우, 고객은 몇 회에 한하여 재검토를 요청할 수 있는가?

① 1회   ② 2회

③ 3회   ④ 4회

✔해설 접속제의에 이의가 있거나 새로운 접속방안의 검토를 희망하는 경우, 고객은 2회에 한하여 접속제의 재검토를 요청할 수 있다.

Answer 12.③ 13.②

14 다음 대화를 읽고 진수가 첫 번째로 해야 할 일은?

민정 : I think I'll have to be in Chicago in November.

진수 : Are you going to attend the US marketing conference to be held on November 15?

민정 : Yes. And I would like to visit some of our customers there, too.

진수 : Shall I make a reservation for your flight now?

민정 : Yes, please reserve a seat for me on Korean Air on November 5.

진수 : Certainly. I'll call the travel agency and check the flight schedule ASAP.

민정 : Thank you. Also, please reserve a room at the Plaza Hotel from November 5 to 16. And would you please bring me the quarterly sales report after lunch? I have to make some presentation material for the conference.

진수 : Alright. I'll make a list of customers whom you are supposed to meet in Chicago.

---

① Calling the travel agency to book a flight to Chicago.

② Bringing the sales report for reference.

③ Making an itinerary for her boss.

④ Checking that the US marketing conference will be held on November 15.

✔해설 ① 여행사에 연락하여 시카고 행 항공을 예약한다.
② 참고할 영업 보고서를 가져 온다.
③ 상사의 일정 보고서를 만든다.
④ 11월 15일에 개최되는 US 마케팅 회의를 확인한다.

민정 : 11월에 시카고에 방문해야만 합니다.

진수 : 11월 15일에 개최되는 US 마케팅 회의에 참석하시는 건가요?

민정 : 네. 그리고 그곳에 있는 고객 몇 분을 방문하려 합니다.

진수 : 지금 바로 비행기표 예약을 할까요?

민정 : 네, 11월 5일 대한 항공으로 예약해주세요.

진수 : 알겠습니다. 여행사에 연락해서 가급적 빨리 비행 일정을 확인하도록 하겠습니다.

민정 : 고마워요. 그리고 11월 5일부터 16일까지 Plaza 호텔 객실 예약도 해주세요. 그리고 점심 시간 후에 분기 별 영업 보고서를 가져다주실 수 있나요? 회의 때 쓸 몇 가지 발표 자료를 만들어야 합니다.

진수 : 알겠습니다. 그리고 시카고에서 만나실 고객의 목록을 만들어 놓겠습니다.

15 다음 중 필자의 생각과 거리가 먼 것은?

> 감염성 질병이란 단지 감염을 초래하는 미생물이 환경에 존재한다고 발생하는 것이 아니다. 질병은 미생물의 활동과 인간 활동 간의 상호작용으로 초래된다. 병원균에 의한 대부분의 감염현상은 감염되는 개체의 밀도와 수에 의존한다. 문명의 발달로 인구밀도가 높아짐에 따라 이전에는 인간에게 거의 영향을 줄 수 없었던 병원균들이 인간사회의 주변에 생존하면서 질병을 일으키게 되었다. 인간 활동이 질병을 초래하는 매체들의 서식지 등에 영향을 주면서 이러한 현상이 발생하였다. 말라리아와 같은 질병은 인간이 정주생활과 농경을 위해 대규모로 토지를 개간함으로써 흐르지 않는 물이 늘어나 모기 등의 서식지를 확대시켰기 때문에 발생하였다.
> 인간의 정주생활은 특정 병원매체와 인간의 계속적인 접촉을 가능하게 하였다. 회충, 촌충과 같은 기생충은 일정기간을 인간의 신체 밖에서 성장하는데 인간이 정주생활을 함에 따라 병원체의 순환이 가능해졌다. 현대의 많은 질병은 인간이 식용 목적으로 동물을 사육함에 따라 동물의 질병이 인간에게 전파된 것들이다. 예를 들어 홍역은 개와 소에서, 독감은 돼지, 닭, 오리에서, 감기는 말에서 인간에게 전염되었다. 식생활의 변화, 위생관리상태 등도 영향을 주었는데 특히 무역과 교류의 확대는 질병을 확산시켰다. 예를 들어, 홍역, 천연두, 결핵, 페스트, 유행성 이하선염, 발진 티푸스 등은 콜럼버스나 이후의 탐험가들에 의해 유럽에서 신대륙으로 옮겨졌다.

① 인간의 정주생활은 특정 병원매체와 인간의 간헐적인 접촉을 가능하게 하였다.
② 이전에는 거의 영향을 줄 수 없었던 병원균들이 문명의 발달로 인간에게 질병을 일으키게 되었다.
③ 말라리아의 발생은 인간의 정주생활과 밀접한 관계가 있다.
④ 현대의 많은 질병은 인간이 동물을 사육함에 따라 동물의 질병이 인간에게 전파된 것들이다.

✔해설 인간의 정주생활은 특정 병원매체와 인간의 계속적인 접촉을 가능하게 하였다.

16 다음 글을 통해 추론할 수 있는 것으로 가장 적절한 것은?

> 많은 이들이 우리 사회 민주주의의 문제점들을 관계와 소통의 회복을 통해 극복하고자 노력하고 있다. 이들은 네트워크 시대가 만들어낸 시민들의 개인화·개별화 경향에 우려를 표하고 있다. 네트워크 시대의 개인은 복합적 네트워킹을 통해 다양하고 폭넓은 관계를 맺고 살고 있지만, 개인들 간의 유대감은 낮기 때문에 그 관계는 지속적이기보다는 매우 유동적이고, 관계를 맺고 있는 개인들 간에 합의되어 나오는 행동들도 매우 일시적인 경향을 띤다. 즉, 온라인 공론장은 개별 주체들의 모임으로서 그 개별화된 개인들의 선택에 의해 매우 유동적으로 움직이게 된다.
>
> 예를 들어, 같은 사이트들이라도 이슈에 따라 공론장이 형성될 수도 형성되지 않을 수도 있으며, 이 공론장 형성 여부는 멤버들의 개인적·사적 이해관계에 따라 결정되는 경우가 많다. 나와 내 자녀들이 먹을 먹거리이기 때문에 쇠고기 수입에는 지대한 관심을 가지던 사람들은 나와는 아무런 관련이 없어 보이는 계약직 근로자의 부당한 대우에는 관심을 가질 필요가 없기 때문에 대화의 장을 마련할 이유를 찾지 못한다. 즉, 온라인 공론장은 때로는 시민사회를 포획하려는 지배 권력과 정치적 세력 또는 사적 영역에 대한 대안적 채널로서 역할을 하지만 또 다른 경우에는 공공영역으로서의 역할을 전혀 하지 못하는 모습을 보일 수 있다는 것이다. 이러한 점에서 분절적이고 분산된 네트워크를 보다 유기적으로 조직화하여 공공영역으로서의 지속성을 가질 수 있도록 하는 시도들이 필요하다.

① 네트워크를 구성하는 개인들은 결속력이 매우 강한 모습을 보인다.
② 온라인상에서는 정보의 진위 여부를 떠나 집단 감성이 발현되기 어렵다.
③ 유대감 없이는 인터넷 공간의 자율성이나 공개성이 신뢰 받기 어렵다.
④ 지속성이 없으면 온라인 공간의 개인은 자신의 의견을 제대로 표출하지 못한다.

✔해설 온라인상에서는 정보의 진위 여부를 떠나 개인들의 선택에 의해 공론장이 매우 유동적으로 움직이는 경향이 있으므로 집단 감성이 생성되기 어렵다고 설명하고 있다. 특정하게 형성된 집단 감성에 동조하는 구성원들 간에는 강한 유대감이 형성되지만, 자신과 관계없는 분야에 있어서는 전혀 집단 감성이 형성되지 않는 것이다.
① 모든 면에 있어 그러한 것은 아니며, 사적인 이해관계에 따라 전혀 결속력이 없게 되는 경우도 있다.
③ 유대감이 인터넷 공간의 자율성이나 공개성에 영향을 주는 것은 아니다.
④ 의견 표출은 자유로운 것이며, 지속성은 이러한 의견이 사회적 문제 해결과 소통의 회복에 기여하고자 할 때 필요한 것이다.

17 다음 글을 읽고, '사회적 입증' 전략에 대한 설명으로 가장 적절한 것은?

> 김 과장이 회사에서 새로운 원격근무 시스템을 도입하려하자, 일부 직원들은 기존 방식에 익숙해져 있어 변화에 대한 거부감을 보였다. 이에 김 과장은 직원들이 자연스럽게 새로운 시스템을 받아들이도록 사회적 입증(Social Proof) 전략을 활용했다. 먼저, 성공한 타 기업의 사례를 제시했다. 그는 글로벌 IT 기업들이 원격근무를 도입한 후 업무 효율성이 30% 증가하고, 직원 만족도가 40% 상승했다는 연구 자료를 공유했다. 이를 통해 원격근무가 효과적인 방식임을 강조했다. 둘째, 회사 내부에서의 적용 사례를 소개했다. 그는 파일럿 테스트를 진행했던 한 팀의 인터뷰 영상을 직원들에게 보여주었다. 영상에서 팀원들은 원격근무 덕분에 출퇴근 시간 절약, 업무 집중력 향상, 유연한 근무 환경 조성이 가능했다고 전했다. 셋째, 직원들의 의견을 자연스럽게 노출했다. 그는 사내 게시판과 메신저 채널을 활용해 원격근무 경험자들의 긍정적인 피드백을 공유하도록 유도했다. "원격근무를 해보니 생각보다 훨씬 효율적이네요!" 같은 메시지가 올라오자, 아직 경험하지 않은 직원들도 점점 관심을 갖기 시작했다. 넷째, 권위 있는 인물의 발언을 활용했다. 그는 회사의 CEO가 원격근무를 긍정적으로 평가한 인터뷰 내용을 인트라넷에 공유하며, 조직의 리더들이 이를 지지하고 있음을 강조했다. 마지막으로, 대다수가 이미 받아들이고 있다는 인식을 형성했다. 그는 "현재 우리 회사 직원 중 80%가 원격근무 도입을 긍정적으로 생각하고 있습니다.''라는 설문조사 결과를 발표했다. 사람들은 다수가 동의하는 의견에 더 쉽게 설득되는 경향이 있기 때문에, 이 데이터를 통해 원격근무에 대한 거부감을 낮출 수 있었다. 이러한 전략 덕분에 많은 직원들이 점차 원격근무의 장점을 받아들이기 시작했고, 도입 과정도 원활하게 진행되었다.

① 감정을 자극하여 상대방이 공감하도록 유도하는 설득 전략이다.
② 데이터를 기반으로 논리적으로 상대방을 설득하는 방법이다.
③ 타인의 행동이나 의견을 참고하여 올바른 결정을 내리게 하는 전략이다.
④ 권위 있는 사람의 명령을 기반으로 설득하는 방법이다.

> ✔해설 사회적 입증이란, 다른 사람들이 하는 행동을 보고 그것이 올바르다고 판단하여 따라 하는 심리적 현상을 이용한 설득 전략이다.
> ① 감성적 설득 전략
> ② 논리적 설득 전략
> ④ 권위에 의한 설득 전략

18 다음 글을 읽고 이해한 내용으로 옳지 않은 것은?

매년 9월 21일은 '치매 극복의 날'로 1995년 세계보건기구(WHO)가 지정한 날이다. 우리나라는 보건복지부가 주관하여 치매 관리의 중요성을 알리고 공감 형성을 위해 2008년부터 치매 인식개선과 극복 프로그램 캠페인을 열고 있다.

급속한 고령화에 따른 치매환자 규모가 증가하는 추세로, 총인구 중 노인인구의 비율은 2020년 15.7%에서 2030년 25.0%로 증가할 전망이며 이에 노인성 질환인 치매환자도 빠르게 증가하고 있다. 2020년 65세 이상 중 치매 유병률은 약 83.2만 명(10.3%)로 추산되었으며 2050년에는 약 302만 명(전체 노인의 15.9%)까지 증가를 예측하고 있다.

〈표 1〉 노인 인구 규모 및 치매 유병율 변화

구분	2015년	2020년	2025년	2030년	2050년
총인구	5,062만 명	5,178만 명	5,191만 명	5,193만 명	4,775만 명
노인인구 (65세 이상)	662만 명	813만 명	1,051만 명	1,298만 명	1,901만 명
치매노인 (65세 이상)	64.8만 명	83.2만 명	107.7만 명	136만 명	302.3만 명
치매유병률	9.8%	10.3%	10.3%	10.5%	15.9%

정부는 2008년 9월 제1차 치매관리종합계획을 발표한 후 치매 문제 해결을 위한 국가 차원의 노력에 박차를 가했다. 2012년 7월에 치매 관리법에 근거하여 제2차 치매 관리종합계획을 발표하였고, 4대 사업 목표로 치매 조기발견 및 예방강화, 맞춤형 치료 및 보호 강화, 효과적 치매관리를 위한 인프라 확충, 가족지원 강화 및 사회적 인식 개선을 확정했다. 2016년에는 OECD가 발표한 10대 치매 관리 핵심 정책 목표를 기준으로 제3차 치매관리 종합센터를 발표했으며, 이어 2017년에는 '치매국가책임제 추진계획'을 발표하여 치매 지원 센터 확대, 치매 안심병원 설립, 치매 의료비 90% 건강보험 적용, 요양보호사 처우 개선, 전문 요양보호사 파견제도 도입 등을 내세웠다. 2021년에 발표한 제4차 치매관리 종합계획(201 ~ 2025)은 전문화된 치매관리와 돌봄을 위해 *사회적 농업을 활용하는 야외치유 프로그램을 확산·실시하는 등 치매관리 공급 인프라를 확대하고 초고령사회에 대응한 치매 연구 및 기술개발 지원 확대 등 치매 관련 인프라의 연계체계를 마련하고 제도 개선을 통한 기반을 구축했다.

*사회적 농업 : 농업 활동을 통해 노인, 장애인 등 사회적 약자에게 돌봄·교육·일자리 등을 제공하는 활동

① 매년 치매 극복의 날에 보건복지부 주관의 캠페인이 주최된다.

② 2016년에는 OECD가 발표한 10대 치매 관리 핵심 정책 목표를 기준으로 치매관리종합계획이 발표됐다.

③ 제4차 치매관리종합계획에서 초고령사회에 대응하기 위한 제도 개선을 마련했다.

④ 2030년 우리나라 치매노인의 비율은 전체 노인의 15.9%를 차지할 것으로 예측한다.

✔ 해설 〈표 1〉을 통해 2030년에는 우리나라 치매노인의 비율이 전체 노인의 10.5%를 차지할 것으로 예상한 다는 것을 알 수 있다.

① 첫 번째 문단을 통해 우리나라에서는 보건복지부가 치매 관리의 중요성을 알리고 공감을 형성하기 위해 2008년부터 치매 인식개선과 극복 프로그램 캠페인을 열고 있다는 사실을 알 수 있다.

② 세 번째 문단을 통해 2016년에는 OECD가 발표한 10대 치매 관리 핵심 정책 목표를 기준으로 제3차 치매관리종합계획을 발표했다는 사실을 알 수 있다.

③ 세 번째 문단을 통해 2021년에 발표한 제4차 치매관리 종합계획(201 ~ 2025)은 전문화된 치매관리와 돌봄을 위해 초고령사회에 대응한 다양한 제도 개선을 구축했다는 것을 알 수 있다.

Answer 18.④

19 다음 글의 빈칸에 들어갈 가장 알맞은 말은 어느 것인가?

> 은행은 불특정 다수로부터 예금을 받아 자금 수요자를 대상으로 정보생산과 모니터링을 하며 이를 바탕으로 대출을 해주는 고유의 자금중개기능을 수행한다. 이 고유 기능을 통하여 은행은 어느 나라에서나 경제적 활동과 성장을 위한 금융지원에 있어서 중심적인 역할을 담당하고 있다. 특히 글로벌 금융위기를 겪으면서 주요 선진국을 중심으로 직접금융이나 그림자 금융의 취약성이 드러남에 따라 은행이 정보생산 활동에 의하여 비대칭정보 문제를 완화하고 리스크를 흡수하거나 분산시키며 금융부문에 대한 충격을 완화한다는 점에 대한 관심이 크게 높아졌다. 또한 국내외 금융시장에서 비은행 금융회사의 업무 비중이 늘어나는 추세를 보이고 있음에도 불구하고 은행은 여전히 금융시스템에서 가장 중요한 기능을 담당하고 있는 것으로 인식되고 있으며, 은행의 자금 중개기능을 통한 유동성 공급의 중요성이 부각되고 있다.
>
> 한편 은행이 외부 충격을 견뎌 내고 금융시스템의 안정 유지에 기여하면서 금융중개라는 핵심 기능을 원활히 수행하기 위해서는 (   ) 뒷받침되어야 한다. 그렇지 않으면 은행의 건전성에 대한 고객의 신뢰가 떨어져 수신기반이 취약해지고, 은행이 '고위 험-고수익'을 추구하려는 유인을 갖게 되어 개별 은행 및 금융산업 전체의 리스크가 높아지며, 은행의 자금중개기능이 약화되는 등 여러 가지 부작용이 초래되기 때문이다. 결론적으로 은행이 수익성 악화로 부실해지면 금융시스템의 안정성이 저해되고 금융중개 활동이 위축되어 실물경제 가 타격을 받을 수 있으므로 은행이 적정한 수익성을 유지하는 것은 개별 은행과 금융시스템은 물론 한 나라의 전체 경제 차원에서도 중요한 과제라고 할 수 있다. 이러한 관점에서 은행의 수 익성은 학계는 물론 은행 경영층, 금융시장 참가자, 금융정책 및 감독 당국, 중앙은행 등의 주요 관심대상이 되는 것이다.

① 외부 충격으로부터 보호받을 수 있는 제도적 장치가
② 비은행 금융회사에 대한 엄격한 규제와 은행의 건전성이
③ 유동성 문제의 해결과 함께 건전성이
④ 건전성과 아울러 적정 수준의 수익성이

> **해설** 글의 전반부에서는 비은행 금융회사의 득세에도 불구하고 여전히 은행이 가진 유동성 공급의 중요성을 언급한다. 또한 글로벌 금융위기를 겪으며 제기된 비대칭정보 문제를 언급하며, 금융시스템 안정을 위해서 필요한 은행의 건전성을 간접적으로 강조하고 있다. 후반부에서는 수익성이 함께 뒷받침되지 않을 경우의 부작용을 직접적으로 언급하며, 은행의 수익성은 한 나라의 경제 전반을 뒤흔들 수 있는 중요한 과제임을 강조한다. 따라서, 후반부가 시작되는 첫 문장은 건전성과 아울러 수익성도 중요하다는 화제를 제시하는 ④가 가장 적절하며 자칫 수익성만 강조하게 되면 국가 경제 전반에 영향을 줄 수 있는 불건전한 은행의 문제점이 드러날 수 있으므로 '적정 수준'이라는 문구를 포함시켜야 한다.

20~21 다음은 토론의 일부 내용이다. 물음에 답하시오.

> 사회자(남) : 네, 알겠습니다. 지금까지 수돗물 정책을 담당하시는 박 과장님의 말씀을 들었는데요. 그럼 이번에는 김 박사님의 시민 단체 의견을 들어 보겠습니다.
>
> 김 박사(여) : 네, 사실 굉장히 답답합니다. 공단 폐수 방류 사건 이후에 17년간 네 번에 걸친 종합 대책이 마련됐고, 상당히 많은 예산이 투입된 것으로 알고 있습니다. 그런데도 이번에 상수도 사업을 민영화하겠다는 것은 결국 수돗물 정책이 실패했다는 걸 스스로 인정하는 게 아닌가 싶습니다. 그리고 민영화만 되면 모든 문제가 해결되는 것처럼 말씀하시는데요, 현실을 너무 안이하게 보고 있다는 생각이 듭니다.
>
> 사회자(남) : 말씀 중에 죄송합니다만, 수돗물 사업이 민영화되면 좀 더 효율적이고 전문적으로 운영된다는 생각에 동의할 분도 많을 것 같은데요.
>
> 김 박사(여) : 전 동의할 수 없습니다. 우선 정부도 수돗물 사업과 관련하여 충분히 전문성을 갖추고 있다고 봅니다. 현장에서 근무하는 분들의 기술 수준도 세계적이고요. 그리고 효율성 문제는요, 저희가 알아본 바에 의하면 시설 가동률이 50% 정도에 그치고 있고, 누수율도 15%나 된다는데, 이런 것들은 시설 보수나 철저한 관리를 통해 정부가 충분히 해결할 수 있다고 봅니다. 게다가 현재 상태로 민영화가 된다면 또 다른 문제가 생길 수 있습니다. 수돗물 가격의 인상을 피할 수 없다고 보는데요. 물 산업 강국이라는 프랑스도 민영화 이후에 물 값이 150%나 인상되었다고 하는데, 우리에게도 같은 일이 일어나지 않을까 걱정됩니다.
>
> 사회자(남) : 박 과장님, 김 박사님의 의견에 대해 어떻게 생각하십니까?
>
> 박 과장(남) : 민영화할 경우 아무래도 어느 정도 가격 인상 요인이 있겠습니다만 정부와 잘 협조하면 인상 폭을 최소화할 수 있으리라고 봅니다. 무엇보다도 수돗물 사업을 민간 기업이 운영하게 된다면, 수질도 개선될 것이고, 여러 가지 면에서 더욱 질 좋은 서비스를 받을 수 있을 겁니다. 또 시설 가동률과 누수율의 문제도 조속히 해결될 수 있을 겁니다.

20 여성 토론자의 발언으로 볼 때, 정책 담당자가 이전에 말했을 내용으로 가장 적절한 것은?

① 민영화를 통해 수돗물의 가격을 안정시킬 수 있다.

② 수돗물 사업의 전문성을 위해 기술 교육을 강화해야 한다.

③ 종합적인 대책 마련으로 수돗물을 효율적으로 공급하고 있다.

④ 효율성을 높이기 위해 수돗물 사업을 민간 기업에 맡겨야 한다.

> ✔해설 ① 정책 담당자는 민영화할 경우 어느 정도 가격 상승 요인이 있을 것이라고 말하고 있다.
> ② 정책 담당자가 주장한 내용은 '기술 교육 강화'가 아니라 '수돗물 사업의 민영화'이므로 적절하지 않다.
> ③ 종합적인 대책 마련으로 수돗물을 효율적으로 공급하고 있다면 군이 민영화할 필요가 없는 셈이 므로 정책 담당자의 의견과 상반된다.

21 여성 토론자의 말하기에 대한 평가로 가장 적절한 것은?

① 전문가의 말을 인용하여 자신의 견해를 뒷받침하고 있다.

② 구체적인 정보를 활용하여 상대방의 주장을 비판하고 있다.

③ 예상되는 반론에 대해 사회적 통념을 근거로 논박하고 있다.

④ 이해가 되지 않는 부분에 대해서 타당한 근거 자료를 요구하고 있다.

> ✔해설 여성 토론자는 시설 가동률 50%, 누수율 15%, 민영화 이후 물 값이 150% 인상된 프랑스의 사례 등 구체적 인 정보의 활용을 통해 상대방인 수돗물 정책 담당자의 주장을 논리적으로 비판하고 있다.

22 다음에 제시된 글의 흐름이 자연스럽도록 순서대로 배열한 것을 고르시오.

(가) 현대 사회에서의 사회계층은 일반적으로 학력, 직업, 재산과 수입 등의 요소를 기준으로 구분한다. 이에 따른 사회계층의 분화가 분명히 상정될 수 있을 때 그에 상응하여 언어 분화의 존재도 인정될 터이지만 현대 한국 사회는 그처럼 계층 사이의 경계가 확연한 그런 사회가 아니다. 언어와 연관해서는 그저 특정 직업 또는 해당 지역의 주요 산업에 의거한 구분 정도가 제기될 수 있을 뿐이다.

(나) 사회계층은 한 사회 안에서 경제적·신분적으로 구별되는 인간 집단을 말한다. 그러기에 동일한 계층에 속하는 구성원들끼리 사회적으로 더 많이 접촉하며, 상이한 계층에 속하는 구성원들 사이에 그러한 접촉이 훨씬 더 작은 것은 매우 자연스러운 일이다.

(다) 그런데 한 사회를 구성하는 성원들 사이에 접촉이 적어지고 그러한 상태가 오래 지속되면 언어적으로 분화가 이루어진다. 이러한 사실을 고려할 때 사회 계층의 구별이 엄격한 사회일수록 그에 따른 언어 분화가 쉬 일어나리라는 점은 충분히 예상하고도 남는다. 반상(班常)의 구별이 있었던 한국의 전통 사회에서 양반과 평민(상민, 서얼 등)의 언어가 달랐다는 여럿의 보고가 이러한 사실을 뒷받침해준다.

(라) 그렇더라도 사회계층에 따른 언어의 변이를 확인하려는 시도가 전혀 없었던 것은 아니다. '잽히다(잡히다)' 등에 나타나는 움라우트의 실현율이 학력과 밀접히 관련된다는 보고는 바로 그러한 시도 중의 하나라 할 수 있다.

---

① (가) - (다) - (나) - (라)

② (가) - (다) - (라) - (나)

③ (나) - (다) - (가) - (라)

④ (나) - (다) - (라) - (가)

> ✔해설 (나) 사회계층을 정의하여 상이한 계층에 속하는 구성원들 간의 접촉보다 동일한 계층에 속하는 구성원들 간의 접촉이 더 잦음을 설명
> (다) 사회계층과 언어 분화에 대해 언급
> (가) 현대 한국 사회는 언어 분화가 인정될 만큼 계층 사이의 경계가 확연한 사회가 아님
> (라) 그렇더라도 사회계층에 따른 언어의 변이를 확인하려는 시도가 있었음

Answer 20.④ 21.② 22.③

23 다음은 산유국과 세계 주요 원유 소비국들을 둘러싼 국제석유시장의 전망을 제시하고 있는 글이다. 다음에서 전망하는 국제석유시장의 동향을 가장 적절하게 요약한 것은 어느 것인가?

2030년에도 세계석유 수요의 증가세 둔화가 계속될 전망이다. 완만한 세계경제 성장세가 지속됨에도 불구하고 높아진 유가와 각국의 석유 수요 대체 노력이 석유 수요 확대를 제약할 것으로 보이기 때문이다.

세계경제는 미국의 경기 회복세 지속과 자원가격 상승에 따른 신흥국의 회복 등에 힘입어 2030년에도 3% 중후반의 성장률을 유지할 것으로 예상되고 있다. 미국은 완만한 긴축에도 불구하고 고용시장 호조와 이로 인한 민간소비 확대가 경기 회복세를 계속 견인할 것으로 예상된다. 중국은 공급측면의 구조조정이 계속되고 안정적 성장을 위한 내수주도 성장으로의 전환이 이어지면서 완만한 성장 둔화가 계속될 것이다. 2016년 말 화폐개혁과 2017년 7월 단일부가가치세 도입으로 실물경제가 위축되었던 인도는 2030년까지 점차 안정적 회복흐름이 재개될 것으로 기대되고 있다. 브라질과 러시아 등 원자재 가격에 크게 영향을 받는 신흥국들은 원유와 비철금속 가격 상승에 힘입어 경기회복이 나타날 것이다.

다만, 세계경제 회복에도 불구하고 세계석유 수요 증가세가 높아지기는 힘들 것으로 보인다. 세계 각국에서 전개되고 있는 탈석유와 유가 상승이 세계석유 수요 확대를 제약할 것이기 때문이다. 저유가 국면이 이어지고 있지만, 미국 등 선진국과 중국 등 개도국에서는 연비규제가 지속적으로 강화되고 있고 전기차 등 내연기관을 대체하는 자동차 보급도 계속 확대되고 있다. 전기차는 이미 1회 충전 당 300km가 넘는 2세대가 시판되고 있으며 일부 유럽 선진국들은 2025년 전후로 내연기관 자동차 판매를 중단할 계획인 가운데 중국도 최근 내연기관 자동차 판매 중단을 검토하고 있다. 이러한 수송부문을 중심으로 한 석유대체 노력의 결과, 세계경제 성장에 필요한 석유소비량은 지속적으로 줄어들고 있다. 2000년 0.83배럴을 기록한 석유 원 단위(세계 GDP 1천 달러 창출을 위한 석유 투입량)가 앞으로는 0.43배럴로 줄어들 전망이다. 또한 2017년에 높아진 유가도 석유수입국의 상대적 구매력을 저하시키면서 석유수요 확대를 제약할 것이다. 두바이유 가격은 최근(11월 23일) 배럴당 61.1달러로 전년 대비 32.6%(15$/bbl)로 높게 상승했다.

① 유가 상승에 따른 구매력 약화로 석유 수요가 하락세를 이어갈 것이다.
② 미국의 경기 회복과 고용시장 호조로 인해 국제석유시장의 높은 성장세가 지속될 것이다.
③ 전기차 등장, 연비규제 등으로 인해 인도, 브라질 등 신흥국의 경기회복이 더딜 것이다.
④ 세계경제 회복에도 불구, 탈석유 움직임에 따라 석유 수요의 증가세가 둔화될 것이다.

✅**해설** 국제석유시장에 대한 전망은 제시문의 도입부에 요약되어 있다고 볼 수 있다. 글의 전반부에서는 석유를 둘러싼 주요 이해국들의 경기회복세가 이어질 것으로 전망하고 있으나, 이러한 기조에도 불구하고 탈석유 움직임에 따라 석유 수요의 증가는 둔화될 것으로 전망한다. 또한, 전기차의 등장과 연비규제 등의 조치들로 내연기관의 대체가 확대될 것이라는 점도 이러한 전망을 뒷받침한다. 따라서 세계경제 회복에도 불구, 탈석유 움직임에 따라 석유 수요의 증가세가 둔화될 것이라는 전망이 전체 글의 내용을 가장 적절하게 요약한 것이라고 할 수 있다.

24 다음 글을 읽고 물음에 답하시오.

칼슘을 매일 일정량 섭취하면 대장암 위험을 낮추는 데 효과적이라는 연구 결과가 발표됐다. 미국 국립암연구소(NCI, National Cancer Institute) 연구팀은 "하루 1700mg 이상 칼슘을 섭취한 사람들은 400mg 이하를 섭취한 사람들보다 대장암 발생 위험이 29% 낮다"고 밝혔다. 칼슘 1700mg을 우유로만 섭취하려면 약 1.4L를 마셔야 한다. 부담스러울 경우, 치즈, 요거트, 두부, 멸치 등 다양한 식품을 통해 보충할 수 있으며, 필요하면 칼슘 보충제를 활용하는 것도 방법이다. 연구팀은 50 ~ 71세 성인 47만 1,396명(남성 59.5%)을 대상으로 20년 이상 추적 관찰해 칼슘 섭취와 대장암 발생 간의 연관성을 조사했다. 또한, 참가자들의 칼슘 섭취량과 건강 데이터를 수집한 뒤, 연령, 성별, 신체활동 수준, 식이 습관, 흡연, 음주 등의 요인을 고려해 칼슘 섭취량에 따른 대장암 발생 위험을 비교 분석했다. 그 결과, 하루 1,700mg 이상의 칼슘을 섭취한 사람들은 400mg 이하를 섭취한 이들보다 대장암 발생 위험이 29% 낮은 것으로 나타났다. 칼슘 섭취량이 300mg 증가할 때마다 대장암 위험이 8% 감소하기도 했다. 식이 칼슘과 보충제 칼슘 섭취 모두 비슷한 효과를 보였으며, 식이 칼슘이 300mg 증가할 때 대장암 위험이 10% 낮아졌고, 보충제 칼슘의 경우 5% 줄어든 것으로 분석됐다. 칼슘 섭취는 대장암의 모든 부위에서 예방 효과를 보였다. 특히 직장암에서 가장 뚜렷한 효과를 나타냈다. 직장암 위험은 39% 감소했으며, 근위 결장암(대장의 근위 부위에 발생한 악성 종양)에서는 25%, 원위 결장암(결장의 아랫부분에 발생한 악성종양)에서는 27% 낮아졌다. 다만, 보충제를 통한 칼슘 섭취는 근위와 원위 결장암 예방과 유의미한 연관성이 없었으나, 직장암에서는 위험이 35% 감소했다. 연구팀은 "대장암 위험과 칼슘 섭취 간의 용량-반응 관계를 확인했으며, 종양 부위와 관계없이 높은 칼슘 섭취가 대장암 위험 감소와 연관이 있음을 입증했다."며 "이는 칼슘 섭취가 대장암 예방에 미치는 영향이 특정 부위에 국한되지 않을 가능성이 크고, 전반적인 대장 건강에 긍정적인 영향을 줄 수 있음을 시사한다."고 설명했다.

① 식이 칼슘과 보충제 칼슘 섭취 모두 대장암 예방에 효과적이다.

② 직장암에서 가장 뚜렷한 효과를 나타냈다.

③ 보충제를 통한 칼슘 섭취는 근위 및 원위 결장암 예방에 유의미한 연관성이 있었다.

④ 칼슘 섭취량이 300mg 증가할 때마다 대장암 위험이 8% 감소하였다.

✔ **해설** 보충제를 통한 칼슘 섭취가 근위 및 원위 결장암 예방과 유의미한 연관성이 없었다고 보고되었다.

Answer 23.④ 24.③

25 다음 표준 임대차계약서의 일부를 보고 추론할 수 없는 내용은 어느 것인가?

[임대차계약서 계약 조항]

제1조[보증금]

을(乙)은 상기 표시 부동산의 임대차보증금 및 차임(월세)을 다음과 같이 지불하기로 한다.

- 보증금 : 금○○원으로 한다.
- 계약금 : 금○○원은 계약 시에 지불한다.
- 중도금 : 금○○원은 20xx년 ○월 ○일에 지불한다.
- 잔 금 : 금○○원은 건물명도와 동시에 지불한다.
- 차임(월세) : 금○○원은 매월 말일에 지불한다.

제4조[구조변경, 전대 등의 제한]

을(乙)은 갑(甲)의 동의 없이 상기 표시 부동산의 용도나 구조 등의 변경, 전대, 양도, 담보제공 등 임대차 목적 외에 사용할 수 없다.

제5조[계약의 해제]

을(乙)이 갑(甲)에게 중도금(중도금 약정이 없는 경우에는 잔금)을 지불하기 전까지는 본 계약을 해제할 수 있는 바, 갑(甲)이 해약할 경우에는 계약금의 2배액을 상환하며 을(乙)이 해약할 경우에는 계약금을 포기하는 것으로 한다.

제6조[원상회복의무]

을(乙)은 존속기간의 만료, 합의 해지 및 기타 해지 사유가 발생하면 즉시 원상회복하여야 한다.

---

① 중도금 약정 없이 계약이 진행될 수도 있다.

② 부동산의 용도를 변경하려면 갑(甲)의 동의가 필요하다.

③ 을(乙)은 계약금, 중도금, 보증금의 순서대로 임대보증금을 지불해야 한다.

④ 중도금 혹은 잔금을 지불하기 전까지만 계약을 해제할 수 있다.

> ✔해설 제1조에 을(乙)은 갑(甲)에게 계약금 → 중도금 → 잔금 순으로 지불하도록 규정되어 있다.
> ① 제1조에 중도금은 지불일이 정해져 있으나, 제5조에 '중도금 약정이 없는 경우'가 있을 수 있음이 명시되어 있다.
> ② 제4조에 명시되어 있다.
> ④ 제5조의 규정으로, 을(乙)이 갑(甲)에게 중도금을 지불하기 전까지는 을(乙), 갑(甲) 중 어느 일방이 본 계약을 해제할 수 있다. 단, 중도금 약정이 없는 경우에는 잔금을 지불하기 전까지 계약을 해제할 수 있다.

26 다음 제시된 문장 (가)~(라)를 문맥에 맞는 순서로 올바르게 배열한 것은?

> (가) 과학과 기술의 발전으로 우리는 적어도 기아와 질병 등의 문제로부터 어느 정도 탈출했다.
>
> (나) 새롭게 다가올 것으로 예상되는 재앙으로부터 우리를 보호해 줄 과학 기술은 아직 존재하지 않는 것이다.
>
> (다) 많은 기후학자들은 이상 기상현상이 유례없이 빈번하게 발생하는 원인을 지구온난화 현상에서 찾고 있다.
>
> (라) 그러나 과학과 기술의 발전으로 이룬 산업발전은 지구온난화라는 부작용을 만들어냈다.

① (라) - (가) - (다) - (나)

② (나) - (라) - (다) - (가)

③ (가) - (다) - (라) - (나)

④ (가) - (라) - (다) - (나)

✔해설 주어진 네 개의 문장은 과학과 기술의 발전이 우리에게 닥친 재앙을 해결하고 인류를 보호해 줄 수 있느냐의 문제를 다루고 있다. 따라서 가장 먼저 화두를 던질 문장으로 적절한 것은 (가)이다. 이를 이어, 과학과 기술 발전의 문제점을 제시하며 반전을 이루는 (라)의 문장이 연결되어야 다음 문장들이 자연스럽게 등장할 수 있다. 또한 (라)에서 언급된 지구온난화에 의해 (다)와 같은 기상이변이 발생된 것이며, 이러한 기상이변이 '새로운 재앙'을 의미하게 되어 (나)에서 준비되지 않은 인류의 문제점을 제시할 논리적 근거가 마련된 것으로 볼 수 있다. 따라서 (가) - (라) - (다) - (나)의 순서가 적절하다.

27 다음 글의 주제로 옳은 것은?

지난 2022년 1인 연간 쌀 소비량은 56.7kg으로 1992년 112.9kg와 비교했을 때 절반가량 감소했음을 알 수 있다. 현재 정부에서 추진하는 쌀 적정생산 유도 등의 공급 정책의 효과가 없는 것은 아니지만 쌀 공급 과잉 문제 해결과 지속가능한 쌀 산업구조를 위해서는 보다 현실적이고 효율적인 방안이 필요하다. 가장 먼저 소비패턴변화에 부응한 쌀 가공 수요 창출이 중요하다. 그동안 쌀은 곧 주식이라는 인식이 강하게 자리를 잡았지만 더 이상 주식보다는 식품산업 원료로 인식을 전환할 시기가 되었다. 과거 생산 중심이었던 식량정책을 점차 소비 중심의 정책으로 전환하는 것이 필요하며, 민간 또는 식품 기업 등과 협력해야 한다. 이를 위해서는 탄수화물이 성인병의 원인이라는 부정적인 인식 개선과 1인 가구의 증가로 인한 간편식에 부응하는 등 소비트렌드를 반영하는 노력이 필요하다.

---

① 쌀 수급 문제로 인한 농촌의 어려움
② 쌀 수요 확대를 위한 정책 개선 필요
③ 식습관 제고를 위한 관계부처 협력 강화
④ 소비자 시각으로, 쌀에 대한 정보제공 노력 필요

✔ 해설 제시된 글은 소비패턴변화에 부응한 쌀 가공 수요 창출이 중요하며, 과거 생산 중심이었던 정책에서 소비 중심의 정책으로 전환하는 것이 필요하다고 언급하고 있다.

28 다음 글을 읽고 (A)~(D)를 옳게 짝지은 것을 고르시오.

하드웨어란 컴퓨터 시스템의 구성물 중에서 손으로 만질 수 있는 모든 것, 이를테면 PC에서 본체 및 모니터, 키보드 등을 의미한다. 그리고 소프트웨어란 물리적으로는 존재하지 않고 논리적으로만 존재하는 것, 즉 PC에서는 '윈도우' 등의 운영체제나 '워드'와 같은 응용 프로그램 등을 의미하는 것이다. 따라서 하드웨어와 달리 수정이 용이하다는 특징이 있다. 소프트웨어를 통해 전달된 정보를 받아들인 하드웨어는 내부의 논리회로를 거쳐 사용자가 원하는 형태의 결과물로 표현한다. 여기서 말하는 결과물이란 계산 결과의 출력이나 특정 기기의 동작 등을 의미한다.

그런데 컴퓨터 시스템의 활용 범위가 넓어지고, 소프트웨어에서 전달되는 정보 역시 방대해지다 보니 하드웨어 내 제한된 종류의 논리 회로만으로는 이러한 다양한 상황에 모두 대응하기가 어렵게 되었다. 물론, 새로운 소프트웨어가 등장할 때마다 그에 해당하는 기능을 갖춘 논리 회로를 추가한 하드웨어를 새로 만들 수도 있겠지만, 이렇게 하면 비용이나 시간 면에서 큰 낭비가 아닐 수 없다. 그래서 컴퓨터 개발자들은 하드웨어 내부의 제어 부분에 저장공간을 만들어, 그곳에 논리회로의 기능을 보강하거나 대신할 수 있는 프로그램을 넣을 수 있게 하였는데, 이것이 바로 '펌웨어(Firmware)'이다.

따라서 같은 종류의 하드웨어라고 해도 내부의 펌웨어가 달라지면 기능이나 성능, 혹은 사용하는 소프트웨어의 종류가 달라질 수 있다. 즉, (A)는 프로그램의 형태를 갖추고 있으므로 기능적으로는 (B)에 가깝고 (C) 내부에 위치하며, 사용자가 쉽게 그 내용을 바꿀 수 없으므로 (D)적인 특성도 함께 가지고 있다고 할 수 있다.

	(A)	(B)	(C)	(D)
①	펌웨어	소프트웨어	소프트웨어	하드웨어
②	펌웨어	소프트웨어	하드웨어	하드웨어
③	소프트웨어	하드웨어	하드웨어	펌웨어
④	하드웨어	하드웨어	펌웨어	소프트웨어

✔해설 펌웨어는 '논리회로의 기능을 보강하거나 대신할 수 있는 프로그램'이다. 즉, (펌웨어)는 프로그램의 형태를 갖추고 있으므로 기능적으로는 (소프트웨어)에 가깝고 (하드웨어) 내부에 위치하며, 사용자가 쉽게 그 내용을 바꿀 수 없으므로 (하드웨어)적인 특성도 함께 가지고 있다고 할 수 있다.

Answer 27.② 28.②

민화는 서민들 사이에서 유행한 그림이다. 민화는 전문 화가가 아니어도 누구나 그릴 수 있었고, 특정한 형식에 얽매이지 않았다. 민화에는 다양한 동식물이 소재로 사용되었는데, 서민들은 이러한 동식물을 청색, 백색, 적색, 흑색, 황색의 화려한 색으로 표현하였다.

민화에는 서민들의 소망이 담겨 있다. 서민들은 민화를 통하여 부귀, 화목, 장수를 빌었다. 예를 들어 부귀를 바랄 때에는 활짝 핀 맨드라미나 잉어를 그렸다. 화목을 바랄 때에는 어미 새와 여러 마리의 새끼 새가 함께 있는 모습을 그렸다. 또 장수를 바랄 때에는 바위나 거북 등을 그렸다.

민화에는 나쁜 기운을 물리치고자 하는 서민들의 바람도 담겨 있다. 나쁜 귀신을 쫓아내고 사악한 것을 물리치기 위해 해태, 닭, 개 등을 그렸다. 불이 나지 않기를 바라는 마음에서 전설의 동물 해태를 그려 부엌에 걸었다. 또 _____ 닭을 그려 문에 걸었다. 도둑이 들지 않기를 바라는 마음에서 개를 그려 곳간에 걸었다.

우리는 민화를 통해 서민들의 소망과 멋을 엿볼 수 있다. 민화에는 현실에서 이루고 싶은 서민들의 소망이 솔직하고 소박하게 표현되어 있다. 또 신비스러운 용을 할아버지처럼 그리거나 호랑이를 바보스럽게 표현하여 재미와 웃음을 찾고자 했던 서민들의 멋스러움도 잘 드러난다.

29 빈칸에 들어갈 말로 가장 적절한 것은?

① 어둠을 밝히고 잡귀를 쫓아내기 위해
② 농사가 잘되기를 빌기 위해
③ 자녀를 많이 낳기를 바라는 마음으로
④ 식구들이 모두 건강하기를 바라는 마음으로

✔해설 문단의 시작에 해태, 닭, 개 등은 나쁜 귀신을 쫓아내고 사악한 것을 물리치기 위해 그렸다고 했으므로 ①이 가장 적절하다.

30 다음 중 글을 읽고 추리한 내용으로 일치하지 않는 것은?

① 활짝 핀 맨드라미는 부귀를 상징하는 그림이다.
② 민화는 형식에 얽매이지 않는 자유로운 그림이었다.
③ 노모가 있는 집에서는 거북이나 바위를 그린 그림을 볼 수 있을 것이다.
④ 민화는 현실적으로 이루어지지 않을 소망을 그려 서민들의 애환을 볼 수 있다.

✔해설 현실적으로 이루어지지 않을 소망이 아니라 이루고 싶은 소망을 볼 수 있다.

31 다음 대화의 빈칸에 말로 가장 적절한 것은?

> A : Hello. This is the long distance operator.
> B : Hello, operator. I'd like to make a person to person call to Mr. James at the Royal hotel in Seoul.
> A : Do you know the number of the hotel?
> B : No, I don't. _____
> A : Just a moment, please. The number is 123-4567.

① Would you find out for me?
② Would you hold the line, please?
③ May I take a message?
④ Please change the phone.

✔해설 ② 잠시만 기다려주시겠어요?
③ 용건을 전해드릴까요?
④ 전화 바꿔주세요.
「A : 안녕하세요, 장거리 전화 교환원입니다.
B : 안녕하세요. 저는 서울 로얄 호텔에 있는 James씨와 통화를 하고 싶은데요.
A : 호텔 전화번호 알고 계신가요?
B : 아니요. 좀 알아봐 주시겠어요?
A : 잠시만요. 번호는 123-4567입니다.」

32 다음 글의 내용과 부합하는 것은?

> 뇌가 우리의 생명이 의존하고 있는 수많은 신체 기능을 조율하기 위해서는 다양한 신체 기관을 매 순간 표상하는 지도가 필요하다. 뇌가 신체의 각 부분에서 어떤 일이 일어나는지 아는 것은 신체의 특정 기능을 작동시키고 조절하기 위해서 필수적인 것이다. 그렇게 함으로써 뇌는 생명 조절 기능을 적절하게 수행할 수 있다. 외상이나 감염에 의한 국소적 손상, 심장이나 신장 같은 기관의 기능 부전, 호르몬 불균형 등에서 이런 조절이 일어나는 것을 발견할 수 있다. 그런데 생명의 조절 기능에서 결정적인 역할을 하는 이 신경 지도는, 우리가 흔히 '느낌'이라고 부르는 심적 상태와 직접적으로 관련을 맺는다.
>
> 느낌은 어쩌면 생명을 관장하는 뇌의 핵심적 기능을 고려 할 때 지극히 부수적인 것으로 생각될 수 있다. 더구나 신체 상태에 대한 신경 지도가 없다면 느낌 역시 애초에 존재하지 않았을 것이다. 생명 조절의 기본적인 절차는 자동적이고 무의식적이기 때문에 의식적으로 간주되는 느낌은 아예 불필요하다는 입장이 있다. 이 입장에서는 뇌가 의식적인 느낌의 도움 없이 신경 지도를 통해 생명의 현상을 조율하고 생리적 과정을 실행할 수 있다고 말한다. 그 지도의 내용이 의식적으로 드러날 필요가 없다는 것이다. 그러나 이러한 주장은 부분적으로만 옳다.
>
> 신체 상태를 표상하는 지도가, 생명체 자신이 그런 지도의 존재를 의식하지 못하는 상태에서도 뇌의 생명 관장 활동을 돕는다는 말은 어느 범위까지는 진실이다. 그러나 이러한 주장은 중요한 사실을 간과하고 있다. 이런 신경 지도는 의식적 느낌 없이는 단지 제한된 수준의 도움만을 뇌에 제공할 수 있다는 것이다. 이러한 지도들은 문제의 복잡성이 어느 정도 수준을 넘어서면 혼자서 문제를 해결하지 못한다. 문제가 너무나 복잡해져서 자동적 반응 뿐만 아니라 추론과 축적된 지식의 힘을 함께 빌어야 할 경우가 되면 무의식 속의 지도는 뒤로 물러서고 느낌이 구원투수로 나선다.

① 신경 지도는, 우리가 흔히 '느낌'이라고 부르는 심적 상태와 간접적으로 관련을 맺는다.

② 신체 상태에 대한 신경 지도가 없더라도 느낌은 존재했을 것이다.

③ 신경 지도는 문제가 복잡해질수록 혼자서 문제를 잘 해결한다.

④ 신경 지도는 의식적 느낌 없이는 단지 일부분의 도움만을 뇌에 제공한다.

> **✔해설** ① 신경 지도는, 우리가 흔히 '느낌'이라고 부르는 심적 상태와 직접적으로 관련을 맺는다.
> ② 신체 상태에 대한 신경 지도가 없다면 느낌 역시 애초에 존재하지 않았을 것이다.
> ③ 지도들은 문제의 복잡성이 어느 정도 수준을 넘어서면 혼자서 문제를 해결하지 못한다.

33 다음은 방송 프로그램 제작을 위해 방송 작가와 교수가 나눈 대화의 일부이다. ㉠ ~ ㉣에 대한 설명으로 적절하지 않은 것은?

> 작가 : 교수님, 이번 방송에서 우리가 다룰 주제는 무엇인가요?
>
> 교수 : 이번 주제는 '철학하는 과학자'입니다. 과학계의 난제를 해결하기 위해서는 과학자에게 철학자로서의 자세가 필요하다는 것을 전하고 싶습니다. 이에 해당하는 과학자를 중심으로 얘기하려고 합니다. 닐스 보어를 염두에 두고 있습니다.
>
> 작가 : ㉠아, 닐스 보어라면 1년 전에 처음 프로그램을 시작할 때 들려주셨던 기억이 납니다. 그러고 보니 교수님과 프로그램을 함께 한 지도 벌써 1년이 지났네요. 어쨌든, 보어에 대한 기본 정보를 알려 줄 겸 그의 삶을 전반적으로 다루면 어떨까요?
>
> 교수 : ㉡(고개를 끄덕이며) 좋은 생각입니다. 보어를 모르는 학생들도 많을 테니까요.
>
> 작가 : 그렇죠? 그런데 저는 보어의 삶에 대해 교수님께서 직접 말씀하시는 것보다, 성우의 내레이션을 곁들인 영상으로 전하는 것이 좋지 않을까 싶은데……. (미소를 띠며) ㉢물론 성우가 교수님만큼 완벽하게 설명할 수는 없겠지만요.
>
> 교수 : (껄껄 웃으며) 좋습니다. 그럼 저도 촬영 부담이 줄어서 좋죠. 제가 아는 사람 중에 보어의 삶을 다룬 다큐멘터리를 제작한 분이 계신데, 필요하시면 그 자료를 구해 드릴까요?
>
> 작가 : 역시 교수님은 아는 분이 참 많으시네요.
>
> 교수 : ㉣아닙니다. 어쩌다 보니 도움이 될 때도 있네요.
>
> 작가 : 어쨌든 정말 감사합니다. 음, 이제 본격적으로 주제에 대해 얘기해 보죠. 보어가 왜 철학하는 과학자인가요?
>
> 교수 : 보어는 과감한 사고의 전환을 통해 빛의 이중성이라는 당대 과학계의 수수께끼를 풀어낸 사람입니다. 이율배반적인 두 가지 성질을 놓고 선택하기에 바빴던 당대 과학자들과 달리 보어는 새로운 인식 방법을 제시하여 수수께끼를 해결했죠.
>
> 작가 : 말씀하신 내용 중에서 빛의 이중성이 뭔가요?
>
> 교수 : 빛의 이중성이란 빛이 입자의 성질과 파동의 성질을 동시에 갖고 있다는 뜻입니다.

① ㉠에서 작가는 공유하는 경험의 진위를 따지며 경쟁의식을 드러내고 있다.

② ㉡에서 교수는 비언어적 표현을 수반하며 상대방의 의견에 동조하고 있다.

③ ㉢에서 작가는 상대방의 기분을 고려하는 말로 상호 협력적 분위기를 조성하고 있다.

④ ㉣에서 교수는 겸양적 발화를 통해 상대방의 칭찬에 대해 겸손하게 반응하고 있다.

> ✅**해설** ㉠에서 화자인 작가는 청자인 교수와 공유하는 경험, 즉 처음 프로그램을 시작할 때에 대해 언급한다. 작가가 그것이 사실인지, 아닌지를 따지고 있다는 것은 ㉠을 잘못 해석한 것이다. 그리고 경험 얘기는 교수와 경쟁하려는 의식을 드러내려는 것도 아니다.

Answer 32.④ 33.①

34 다음을 바탕으로 통신사 직원이 고객에게 이동단말기의 통화 채널 형성에 대한 설명을 할 때, 바르게 설명한 것은?

> '핸드오버'란 이동단말기가 이동함에 따라 기존 기지국에서 이탈하여 새로운 기지국으로 넘어갈 때 통화가 끊기지 않도록 통화 신호를 새로운 기지국으로 넘겨주는 것을 말한다. 이런 핸드오버는 이동단말기, 기지국, 이동전화교환국 사이의 유무선 연결을 바탕으로 실행된다. 이동단말기가 기지국에 가까워지면 그 둘 사이의 신호가 점점 강해지는데 반해, 이동단말기와 기지국이 멀어지면 그 둘 사이의 신호는 점점 약해진다. 이 신호의 세기가 특정한 값 이하로 떨어지게 되면 핸드오버가 명령되어 이동단말기와 새로운 기지국 간의 통화 채널이 형성된다. 이 과정에서 이동전화교환국과 기지국 간 연결에 문제가 발생하면 핸드오버가 실패하게 된다.
> 핸드오버는 이동단말기와 기지국 간 통화 채널 형성 순서에 따라 '형성 전 단절 방식'과 '단절 전 형성 방식'으로 구분될 수 있다. TDMA와 FDMA에서는 형성 전 단절 방식을, CDMA에서는 단절 전 형성 방식을 사용한다. 형성 전 단절 방식은 이동단말기와 새로운 기지국 간의 통화 채널이 형성되기 전에 기존 기지국과의 통화 채널을 단절하는 것을 말한다. 이와 반대로 단절 전 형성 방식은 이동단말기와 기존 기지국 간의 통화 채널이 단절되기 전에 새로운 기지국과의 통화 채널을 형성하는 방식이다. 이런 핸드오버 방식의 차이는 각 기지국이 사용하는 주파수 간 차이에서 비롯된다. 만약 각 기지국이 다른 주파수를 사용하고 있다면, 이동단말기는 기존 기지국과의 통화 채널을 미리 단절 한 뒤 새로운 기지국에 맞는 주파수를 할당 받은 후 통화 채널을 형성해야 한다. 그러나 각 기지국이 같은 주파수를 사용하고 있다면, 그런 주파수 조정이 필요 없으며 새로운 통화 채널을 형성하고 나서 기존 통화 채널을 단절할 수 있다.

① 단절 전 형성 방식의 각 기지국은 서로 다른 주파수를 사용합니다.
② 이동단말기와 기존 기지국 간의 통화 채널이 단절되면 핸드오버가 성공한 것이라고 볼 수 있습니다.
③ CDMA에서는 하나의 이동단말기가 두 기지국과 동시에 통화 채널을 형성할 수 있지만, FDMA에서는 그렇지 않습니다.
④ 형성 전 단절 방식은 단절 전 형성 방식보다 더 빨리 핸드오버를 명령할 수 있는 장점이 있습니다.

> **✔해설** ① 단절 전 형성 방식의 각 기지국은 서로 같은 주파수를 사용하여 주파수 조정이 필요 없으므로 새로운 통화 채널을 형성하고 나서 기존 통화 채널을 단절할 수 있다.
> ② '핸드오버'란 이동단말기가 이동함에 따라 기존 기지국에서 이탈하여 새로운 기지국으로 넘어갈 때 통화가 끊어지지 않도록 통화 신호를 새로운 기지국으로 넘겨주는 것으로, 이동단말기와 새로운 기지국 간의 통화 채널이 형성되면 핸드오버가 성공한 것이라고 볼 수 있다.
> ④ 핸드오버는 이동단말기와 기지국이 멀어지면서 그 둘 사이의 신호가 점점 약해지다 특정 값 이하로 떨어지게 되면 명령되는 것으로, 통화 채널 형성 순서에 따라 차이가 있지 않다.

35 다음 글을 읽고 난 후의 반응으로 적절하지 않은 것은?

甲그룹에서 시범사업으로 시행하고 있는 농식품바우처 사업은 현물 중심 식품보조정책이다. 미국의 식품 지원 프로그램 *SNAP과 유사하다. 시범사업을 통해 향후 예상되는 이슈를 파악하고 이를 해결하고 최적의 대안을 찾기 위한 노력을 거듭하고 있다. 甲그룹의 농식품바우처는 취약계층 영양 보조에 필요한 특정 품목만을 지원하며 신선식품 섭취 및 규칙적인 식품 섭취로 영양균형과 건강 효과를 기대한다. 그러나 국내산 채소, 과일, 흰 우유, 신선란, 육류, 잡곡, 두부류, 꿀, 단순가공채소류, 산양유 외 품목은 구매가 불가하다. 이는 선택적 지원으로 이어질 수 있으며 취약계층의 선호에 따라 바우처 이용률이 저하되고 취약계층 영양 보조 효과라는 정책 의도 달성이 어렵다. 해당 바우처는 사용할 수 있는 식료품점이 제한되어 있다는 점에서도 식품 접근성이 떨어진다. 거주 지자체에 위치한 甲그룹 매장이나 甲그룹의 온라인몰을 이용해야 하는데, 취약계층은 이동수단이 마땅치 않거나 온라인몰 사용에 익숙하지 않을 가능성이 높다. 미국 SNAP 연구에 따르면, 지원금이 다음 지급 전까지 이어지지 않는 현상, 이른바 Benefit Cycle 현상으로 바우처 지급 이후 영양섭취가 과다하다가 다음 바우처 지급 전까지 영양섭취가 급격히 감소하며 건강상에 문제가 발생하는 것으로 확인되었다. 해당 바우처는 SNAP와 동일하게 매달 1회 지급으로, 당장은 Benefit Cycle 효과가 나타나지 않지만 SNAP 정책과 유사하므로 지속적인 모니터링이 요구된다. 이처럼 농식품바우처 활성화를 위해서는 운영 시 발생가능한 문제점을 확인하고 개선 방안에 대한 검토가 필요하다.

*SNAP(Supplemental Nutrition Assistance Program) : 직불카드 형태로 지원금이 지급되며, 대부분의 식품과 음료를 구매할 수 있으나 주류, 담배, 비타민, 의약품, 조리 식품 등은 제한된다. SNAP 대상자에게는 온·오프라인으로 영양교육이 진행되며, 한정된 예상에서 건강한 식품을 선택할 수 있는 역량을 강화시키는 것을 목표로 한다. 또한 근로 가능한 성인에게는 고용훈련 프로그램도 제공하여 경제적으로 자립할 수 있는 역량을 기를 수 있도록 한다.

① 국내산 농산물에도 관심도가 증가하겠군.

② 바우처 사용률 제고를 위해서는 품목 확대를 통해 만족도를 증대시켜야겠군.

③ 취약계층이 건강한 식생활을 할 수 있도록 유도하는 긍정적인 효과가 있겠군.

④ 접근성에 취약한 대상자를 위해 온라인몰에 집중하는 게 좋겠군.

✔️ 해설 취약계층은 이동수단이 마땅치 않거나 온라인몰 사용에 익숙하지 않을 가능성이 높다고 언급하고 있다.
① 바우처로 국내산 농산물 구매하도록 촉진하고 있으므로 국내산 농산물에 대한 관심도가 증가할 수 있을 것을 짐작할 수 있다.
② 제한된 품목으로 인해 취약계층의 선호에 따라 바우처 이용률이 저하될 수 있다고 언급하고 있으므로 품목 확대를 통한 만족도 증대 및 사용률 제고를 짐작할 수 있다.
③ 신선식품 섭취 및 규칙적인 식품 섭취로 영양균형과 건강 효과를 기대한다고 언급하고 있으므로 취약계층이 건강한 식생활을 할 수 있도록 유도한다고 짐작할 수 있다.

Answer 34.③ 35.④

┃36~37┃ 다음은 어느 회사 홈페이지에서 안내하고 있는 사회보장의 정의에 대한 내용이다. 물음에 답하시오.

- '사회보장'이라는 용어는 유럽에서 실시하고 있던 사회보험의 '사회'와 미국의 대공황 시기에 등장한 긴급경제보장위원회의 '보장'이란 용어가 합쳐져서 탄생한 것으로 알려져 있다. 1935년에 미국이 「사회보장법」을 제정하면서 법률명으로서 처음으로 사용되었고, 이후 사회보장이라는 용어는 전 세계적으로 ㉠<u>통용</u>되기 시작하였다.

- 제2차 세계대전 후 국제노동기구(ILO)의 「사회보장의 길」과 영국의 베버리지가 작성한 보고서 「사회보험과 관련 서비스」 및 프랑스의 라로크가 ㉡<u>책정</u>한 「사회보장계획」의 영향으로 각국에서 구체적인 사회정책으로 제도화되기 시작하였다.

- 우리나라는 1962년 제5차 개정헌법 제30조 제2항에서 처음으로 '국가는 사회보장의 증진에 노력하여야 한다'고 규정하여 국가적 의무로서 '사회보장'을 천명하였고, 이에 따라 1963년 11월 5일 법률 제1437호로 전문 7개조의 「사회보장에 관한 법률」을 제정하였다.

- '사회보장'이라는 용어가 처음으로 사용된 시기에 대해서는 대체적으로 의견이 일치하고 있으며 해당 용어가 전 세계적으로 ㉢<u>파급</u>되어 사용하고 있음에도 불구하고, '사회보장'의 개념에 대해서는 개인적, 국가적, 시대적, 학문적 관점에 따라 매우 다양하게 인식되고 있다.

- 국제노동기구는 「사회보장의 길」에서 '사회보장'은 사회구성원들에게 발생하는 일정한 위험에 대해서 사회가 적절하게 부여하는 보장이라고 정의하면서, 그 구성요소로 선체 국민을 대상으로 해야 하고, 최저생활이 보장되어야 하며 모든 위험과 사고가 보호되어야 할뿐만 아니라 공공의 기관을 통해서 보호나 보장이 이루어져야 한다고 하였다.

- 우리나라는 사회보장기본법 제3조 제1호에 의하여 "사회보장"이란 출산, ㉣<u>양육</u>, 실업, 노령, 장애, 질병, 빈곤 및 사망 등의 사회적 위험으로부터 모든 국민을 보호하고 국민 삶의 질을 향상 시키는 데 필요한 소득·서비스를 보장하는 사회보험, 공공부조, 사회서비스를 말한다'라고 정의하고 있다.

36 사회보장에 대해 잘못 이해하고 있는 사람은?

① 영은 : '사회보장'이라는 용어가 법률명으로 처음 사용된 것은 1935년 미국에서였대.

② 원일 : 각국에서 사회보장을 구체적인 사회정책으로 제도화하기 시작한 것은 제2차 세계대전 이후구나.

③ 지민 : 사회보장의 개념은 어떤 관점에서 보느냐에 따라 매우 다양하게 인식될 수 있겠군.

④ 정현 : 국제노동기구의 입장에 따르면 개인에 대한 개인의 보호나 보장 또한 사회보장으로 볼 수 있어.

✔해설 국제노동기구에서는 사회보장의 구성요소로 전체 국민을 대상으로 해야 하고, 최저생활이 보장되어 야 하며 모든 위험과 사고가 보호되어야 할뿐만 아니라 <u>공공의 기관을 통해서 보호나 보장이 이루어 져야 한다</u>고 하였다.

37 밑줄 친 단어가 한자로 바르게 표기된 것은?

① ㉠ 통용 – 通容

② ㉡ 책정 – 策正

③ ㉢ 파급 – 波及

④ ㉣ 양육 – 羊肉

✔해설 ③ 파급(波及) : 어떤 일의 여파나 영향이 차차 다른 데로 미침.
① 통용(通用) : 일반적으로 두루 씀. 또는 서로 넘나들어 두루 씀.
② 책정(策定) : 계획이나 방책을 세워 결정함.
④ 양육(養育) : 아이를 보살펴서 자라게 함.

Answer 36.④ 37.③

38 다음 글을 통해 알 수 있는 필자의 의견으로 볼 수 없는 것은?

> 4차 산업혁명이 문화예술에 영향을 끼치는 사회적 변화 요인으로는 급속한 고령화 사회와 1인 가구의 증가 등 인구구조의 변화와 문화다양성 사회로의 진전, 디지털 네트워크의 발전 등을 들 수 있다. 이로 인해 문화예술 소비층이 시니어와 1인 중심으로 변화하고 있으며 문화 복지대상도 어린이, 장애인, 시니어로 확장되고 있다. 디지털기기 사용이 일상화 되면서 문화향유 범위도 이전의 음악, 미술, 공연 중심에서 모바일 창작과 게임, 놀이 등으로 점차 확대되었으며 특히 고령화가 심화됨에 따라 높은 문화적 욕구를 지닌 시니어 층이 새로운 기술에 관심을 보이고 있다. 또한 건강한 삶을 위해 테크놀로지 수용에 적극적인 모습을 보이면서 문화예술 향유계층도 다양해질 전망이다. 유쾌함과 즐거움 중심의 일상적 여가는 스마트폰을 통한 스낵컬쳐적 여가활동이 중심이 되겠지만 지식과 경험을 획득하고 삶의 의미를 찾고 성취감을 느끼고 싶어 하는 진지한 여가에 대한 열망도 점차 높아질 것으로 관측된다.
>
> 기술의 발전과 더불어 근로시간의 축소 등으로 여가시간이 늘어나면서 일과 여가의 균형을 맞추려는 워라밸(Work and Life Balance) 현상이 자리 잡아가고 있다. 문화관광연구원에서 실시한 국민인식조사에 따르면 기존에 문화여가를 즐기지 않던 사람들이 문화여가를 즐기기 시작하고 있다고 답한 비율이 약 47%로 나타난 것은 문화여가를 여가활동의 일부로 인식하는 국민수준이 높아지고 있다는 것을 보여준다. 또한, 경제적 수준이나 지식수준에 상관없이 문화예술 활동을 다양하게 즐기는 사람들이 많아지고 있다고 인식하는 비율이 38%로 나타났다. 이는 문화가 국민 모두가 향유해야 할 보편적 가치로 자리잡아가고 있다는 것을 말해 준다.
>
> 디지털·스마트 문화가 일상문화의 많은 부분을 차지하는 중요 요소로 자리 잡으면서 일상적 여가뿐 아니라 콘텐츠 유통, 창작활동 등에 많은 변화를 가져오고 있다. 이러한 디지털 기기의 사용이 문화산업분야에서는 소비자 및 향유자들의 적극적인 참여로 그 가능성에 주목하고 있으나, 순수문화예술 부분은 아직까지 홍보의 부차적 수단 정도로 활용되고 있어 기대감은 떨어지고 있다.

① 4차 산업혁명은 문화의 다양성을 가져다 줄 것으로 기대된다.

② 디지털기기는 순수문화예술보다 문화산업분야에 더 적극적인 변화를 일으키고 있다.

③ 스마트폰의 보급으로 인해 내적이고 진지한 여가 시간에 대한 욕구는 줄어들 것이다.

④ 문화는 특별한 계층만이 향유할 수 있다는 인식이 줄어들고 있다.

> ✔해설 지식과 경험을 획득하고 삶의 의미를 찾고 성취감을 느끼고 싶어 하는 진지한 여가에 대한 열망도 점차 높아질 것으로 관측된다는 설명을 통해 내적이고 진지한 여가 시간에 대한 욕구가 줄어들 것이라는 것은 필자의 의견과 다른 것임을 알 수 있다.
> ① 필자는 4차 산업혁명의 영향으로 문화예술 활동을 다양하게 즐기는 사람들이 많아지고 있다는 언급을 하고 있다.
> ② 순수문화예술 부분에서는 스마트폰 등 디지털기기가 아직 홍보 수단 정도의 기능에 머물러 있다고 설명하였다.
> ④ 문화는 국민 모두가 향유해야 할 보편적 가치로 자리잡아가고 있다는 설명을 통해 알 수 있다.

39 다음 글에서 밑줄 친 부분 중에서 나머지와 다른 하나는?

모든 역사는 '현대의 역사'라고 크로체는 언명했다. 역사란 본질적으로 현재의 관점에서 과거를 본다는 데에서 성립되며, 역사가의 주임무는 기록에 있는 것이 아니라 가치의 재평가에 있다는 것이다. 역사가가 가치의 재평가를 하지 않는다면 기록될 만한 가치 있는 것이 무엇인지를 알 수 없기 때문이다. 1916년 미국의 역사가 칼 벡커도 "㉠역사적 사실이란 역사가가 이를 창조하기까지는 존재하지 않는다."라고 주장하면서 "모든 역사적 판단의 기초를 이루는 것은 실천적 요구이기 때문에 역사에는 현대의 역사라는 성격이 부여된다. 서술되는 사건이 아무리 먼 시대의 것이라고 할지라도 역사가 실제로 반영하는 것은 현재의 요구 및 현재의 상황이며 사건은 다만 그 속에서 메아리칠 따름이다."라고 하였다.

크로체의 이런 생각은 옥스퍼드의 철학자이며 역사가인 콜링우드에게 큰 영향을 끼쳤다. 콜링우드는 역사 철학이 취급하는 것은 '㉡사실 그 자체'나 '사실 그 자체에 대한 역사가의 이상' 중 어느 하나가 아니고 '상호관계 하에 있는 양자(兩者)'라고 하였다. 역사가가 연구하는 과거는 죽어버린 과거가 아니라 어떤 의미에서는 아직도 ㉢현재 속에 살아 있는 과거이다. 현재의 상황 속에서 역사가의 이상에 따라 해석된 과거이기 때문이다. 따라서 과거는 그 배후에 놓은 사상을 역사가가 이해할 수 없는 한 그에게 있어서는 죽은 것, 즉 무의미한 것이다. 이와 같은 의미에서 '모든 역사는 사상의 역사'라는 것이며 또한 '역사는 역사가가 자신이 연구하고 있는 사람들의 이상을 자신의 마음속에 재현한 것'이라는 것이다. 역사가의 마음속에서 이루어지는 ㉣과거의 재구성은 경험적인 증거에 의거하여 행해지지만, 재구성 그 자체는 경험적 과정이 아니며 또한 사실의 단순한 암송만으로 될 수 있는 것도 아니다. 오히려 이와는 반대로 재구성의 과정은 사실의 선택 및 해석을 지배하는 것이며 바로 이것이야말로 사실을 역사적 사실로 만들어 놓는 과정이다.

① ㉠ 역사적 사실
② ㉡ 사실 그 자체
③ ㉢ 현재 속에 살아있는 과거
④ ㉣ 과거의 재구성

✔**해설** ㉠㉢㉣은 역사가의 이상에 따라 재평가된 과거를 의미하는 반면, ㉡은 역사가에 의해 해석되기 전의 객관적 사실을 의미한다.

40 다음은 산업재해와 관련하여 R공단 홍보팀 신 대리가 작성한 보고서 내용이다. 다음 보고서를 통해 답을 얻을 수 있는 질문이 아닌 것은?

　　정부가 산재노동자들을 위하여 전문 재활치료를 강화하고 직장복귀를 지원하며 직업훈련 등을 통한 조속한 사회복귀 등의 재활정책을 시작한 지 벌써 17년이 지났다. 그러나 원직복귀율이 여전히 40%대로 선진국의 70~80%에 크게 못 미치고 수년째 답보상태에 있는 것은 안타까운 현실이 아닐 수 없다. 따라서 무엇보다도 충분한 요양과 재활치료를 위한 의료서비스 전달체계의 개선이 시급하다. 현재와 같은 소규모 산재의료기관 지정병원의 단순한 치료보다는 산재노동자들에 대한 치료와 동시에 사회복귀를 위한 전문적이고 체계적인 재활치료 시스템이 이루어져야만 한다고 생각한다.

　　독일의 산재병원(BG Hospital) 역시 의료재활과 심리, 직업재활을 통합 운영 중이며, 스위스도 SION과 BELIKON 재활병원을 직접 운영하며 산재환자의 의료, 심리재활 등을 통한 환자의 조속한 사회복귀를 추진하고 있다. 대부분의 선진국 산재지정병원은 치료와 심리, 재활, 작업능력 강화 프로그램을 동시에 운영하고 있다. 또한 입원이 필요 없는 내원환자 치료의 편이성을 도모하기 위하여 도심지의 교통요지에 출퇴근 근로자 또는 통원환자를 위한 외래재활전문센터를 설치하고 재활의학 전문의, 정신과 전문의, 물리치료사, 간호사들이 상주하도록 하고 있다. 이렇듯 선진국에서는 급성기 치료부터 상병별 재활치료 표준지침과 통합재활 시스템을 구축하고 재해근로자가 효율적인 재활을 통해 경제활동에서 낙오되지 않고 신속히 사회에 복귀할 수 있도록 다양한 시스템을 운영하고 있는 것이다. 2015년 한 해에 산재로 인한 보험급여는 약 27만 명에 대해 4조 원 이상이 지급되었다. 재활을 통한 직장 복귀는 이러한 경제적 손실을 만회함은 물론 새로운 경제적 가치를 생산한다는 의미에서 그 효과는 매우 중요하다. 또한 이를 통해 미치는 우리 사회의 긍정적인 사고 역시 더 밝은 미래를 만드는 밑거름이 될 것임을 강조하고 싶다. 산업재해자가 건강한 삶을 영유하고 사회에 일원으로 다시 자립할 수 있도록 지원하기 위해서는 의료재활은 물론 사회심리재활, 직업재활 등이 서로 협력하여 하나의 시스템으로 갖추어져야 한다. 또한 이들 제도가 성공적으로 이루어지기 위해서는 각 전문분야에서 현실적인 프로그램의 마련이 시급하다. "아파서 누워 있는데 사장은 보이지도 않고 전화도 없어 서운합니다"라고 말하는 어느 산재노동자의 말이 우리 사회를 다시 한 번 생각하게 한다.

---

① 우리나라에서 산업재해 근로자를 위한 사회복귀 시스템을 실시한 지는 얼마나 되었습니까?
② 선진국의 산재지정병원에서 받을 수 있는 프로그램에는 무엇이 있습니까?
③ 선진국과 우리나라의 산업재해 보험급여 지급 비용은 얼마나 차이가 납니까?
④ 산업재해 근로자들의 직장 복귀는 왜 필요합니까?

> ✔해설　2015년 우리나라에서 지급된 산업재해 보험급여는 약 4조 원가량이라고 제시되어 있지만 선진국의 지급 비용은 얼마인지 보고서 내용에서는 찾을 수 없다.
> ① 우리나라에서 산업재해 근로자를 위한 사회복귀 시스템을 실시한 지는 17년이 되었다.
> ② 선진국 산재지정병원에서는 의료재활뿐만 아니라 심리, 직업재활 프로그램을 동시에 받을 수 있다.
> ④ 산업재해 근로자들이 직장으로 복귀하면서 보험급여 지급에 대한 사회적 비용을 줄일 수 있고 새로운 경제적 가치를 창조하며 근로자 한 사람의 자립과 만족을 유도할 수 있다.

출제예상문제

1 다음 상황에서 옳은 것은?

> 왼쪽 길은 마을로 가고, 오른쪽 길은 공동묘지로 가는 두 갈래로 나누어진 길 사이에 장승이 하나 있는데, 이 장승은 딱 두 가지 질문만 받으며 두 질문 중 하나는 진실로, 하나는 거짓으로 대답한다. 또한 장승이 언제 진실을 얘기할지 거짓을 얘기할지 알 수 없다. 마을로 가기 위해 찾아온 길을 모르는 한 나그네가 규칙을 다 들은 후에 장승에게 다음과 같이 질문했다. "너는 장승이니?" 장승이 처음 질문에 대답한 후에 나그네가 다음 질문을 했다. "오른쪽 길로 가면 마을이 나오니?" 이어진 장승의 대답 후에 나그네는 한쪽 길로 사라졌다.

① 나그네가 길을 찾을 수 있을지 없을지는 알 수 없다.

② 장승이 처음 질문에 "그렇다."라고 대답하면 나그네는 마을을 찾아갈 수 없다.

③ 장승이 처음 질문에 "아니다."라고 대답하면 나그네는 마을을 찾아갈 수 없다.

④ 장승이 처음 질문에 무엇이라 대답하든 나그네는 마을을 찾아갈 수 있다.

> ✔ 해설 장승이 처음 질문에 "그렇다."라고 대답하면 그 대답은 진실이므로 다음 질문에 대한 대답은 반드시 거짓이 되고, "아니다."라고 대답하면 그 대답은 거짓이므로 다음 질문에 대한 대답은 반드시 진실이 된다. 장승이 처음 질문에 무엇이라 대답하든 나그네는 다음 질문의 대답이 진실인지 거짓인지 알 수 있으므로 마을로 가는 길이 어느 쪽 길인지 알 수 있게 된다.

Answer 40.③ / 1.④

2 N기업은 외국인 공공형 외국인 계절근로제 MOU를 위해 베트남 현지에 파견 직원을 보낼 예정이다. 다음 선발 평가 공고를 보고 파견될 가능성이 높은 지원자를 모두 고르면? (단, 평가 결과, 종합 평점이 90점 이상이면 우선대상자로 선정함)

20xx년도 베트남 파견자 선발 평가 공고

1. 심사 항목
가. 전문성 및 업무 경력
나. 현지 적응력
다. 외국어능력
라. 활동계획서

2. 전문성 및 업무 경력 : 전년도 종합 근무평가 결과 및 전년도 기준 업무 경력 평가

종합 근무평가 결과	점수	업무 경력	점수
A+	20	8년 이상	20
A ~ A0	18	8년 미만 ~ 5년 이상	18
B+ ~ B0	16	5년 미만 ~ 3년 이상	16
C+ ~ C	14	3년 미만	14

3. 현지 적응력 : 해외 체류 경험

해외 체류 경험	점수	해외 체류 경험	점수
2년 이상	20	3개월 이상 ~ 1년 미만	8
1년 이상 ~ 2년 미만	15	3개월 미만	2

※ 해외 체류 경험을 확인할 수 있는 서류를 반드시 제출해야 함

4. 외국어 능력 : 영어 능력

외국어 능력	점수	외국어 능력	점수
1등급 : 비즈니스 회화 90점 이상	18	3등급 : 비즈니스 회화 70점 이상	7
2등급 : 비즈니스 회화 80점 이상	15	4등급 : 비즈니스 회화 60점 이상	3

※ 1) 무역영어 자격증 소지자에게 가산점 20점을 부여함
   2) 비즈니스 회화 점수가 60점 미만일 경우 부과되는 점수는 없음

5. 활동계획서 : 사업진행에 따른 적합성 및 목표, 세부활동계획서와의 연계성
※ 30점 만점으로 지원자 부서 팀장, 해외법인 팀장이 각각 부여함

지원자	전문성	업무 경력	현지 적응력	외국어능력	활동계획서
유**	A+	8년	17개월	73점	27점
한**	B0	3년	18개월	82점	28점
장**	A+	6년	10개월	85점	25점
서**	C	7년	27개월	67점	26점
박**	B+	2년	23개월	90점	26점
계**	A0	5년	15개월	92점	27점

① 유**, 장**   ② 서**, 박**
③ 유**, 계**   ④ 한**, 계**

✔해설 지원자들의 종합 평점은 다음과 같다.

지원자	전문성	업무 경력	현지 적응력	외국어능력	활동계획서	종합 평점
유**	20점	20점	15점	7점	27점	89점
한**	16점	16점	15점	15점	28점	90점
장**	20점	18점	8점	15점	25점	86점
서**	14점	18점	20점	3점	26점	81점
박**	16점	14점	15점	18점	26점	89점
계**	18점	18점	15점	18점	27점	96점

Answer 2.④

3 다음의 기사는 기자와 어느 국회의원과의 일문일답 중 한 부분을 발췌한 것이다. 인터뷰 내용을 읽고 이와 연관지어 볼 때 밑줄 친 부분으로 인해 예상되는 결과(해결방안)로서 적절한 내용을 고르면?

> 기자 : 역대 대통령들은 지역 기반이 확고했습니다. A 의원님처럼 수도권이 기반이고, 지역 색이 옅은 정치인은 대권에 도전하기 쉽지 않다는 지적이 있습니다. 이에 대해 어떻게 생각하시는지요
>
> A 의원 : 여러 가지 면에서 수도권 후보는 새로운 시대정신에 부합한다고 생각합니다."
>
> 기자 : 통일은 언제쯤 가능하다고 보십니까. 남북이 대치한 상황에서 남북 간 관계는 어떻게 운용해야 한다고 생각하십니까?
>
> A 의원 : "누가 알겠습니까? 통일이 언제 갑자기 올지…. 다만 언제가 될지 모르는 통일에 대한 준비와 함께, 통일을 앞당기려는 노력이 필요하다고 생각합니다.
>
> 기자 : 최근 읽으신 책 가운데 인상적인 책이 있다면 두 권만 꼽아주십시오.
>
> A 의원 : "댄 세노르, 사울 싱어의 '창업국가'와 최재천 교수의 '손잡지 않고 살아남은 생명은 없다' 입니다. '창업국가'는 박근혜 정부의 창조경제 프로젝트 덕분에 이미 많은 분들이 접하셨을 것이라 생각하는데요. 이 책에는 정부 관료와 기업인들은 물론 혁신적인 리더십이 필요한 사람들이 참고할만한 내용들이 풍부하게 담겨져 있습니다. 특히 인텔 이스라엘 설립자 도브 프로먼의 "리더의 목적은 저항을 극대화 시키는 일이다. 그래야 의견차이나 반대를 자연스럽게 드러낼 수 있기 때문이다"라는 말에서, 서로의 의견 차이를 존중하면서도 끊임없는 토론을 자극하는 이스라엘 문화의 특징이 인상 깊었습니다. 뒤집어 생각해보면, 다양한 사람들의 반대 의견까지 청취하고 받아들이는 리더의 자세가, 제가 중요하게 여기는 '경청의 리더십, <u>서번트 리더십</u>'과도 연결되지 않나 싶습니다.
>
> (후략)

① 탁월한 리더가 되기 위해서는 차가운 지성만이 아닌 뜨거운 가슴도 함께 가지고 있어야 한다.

② 리더 자신의 특성에서 나오는 힘과 부하들이 리더와 동일시하려는 심리적 과정을 통해서 영향력을 행사하며, 부하들에게 미래에 대한 비전을 제시하거나 공감할 수 있는 가치체계를 구축하여 리더십을 발휘하게 하는 것이다.

③ 기업 조직에 적용했을 경우 기업에서는 팀원들이 목표달성뿐만이 아닌 업무와 관련하여 개인이 서로 성장할 수 있도록 지원하고 배려하는 것이라고 할 수 있다.

④ 자신에게 실행하는 리더십을 말하는 것으로 자신이 스스로에게 영향을 미치는 지속적인 과정이다.

✔ 해설 서번트 리더십은 인간 존중을 바탕으로 다른 구성원들이 업무 수행에 있어 자신의 잠재력을 최대한 발휘할 수 있도록 도와주는 리더십을 의미한다. ①번은 감성 리더십, ②번은 카리스마 리더십, ④번은 셀프 리더십을 각각 설명한 것이다.

4 다음은 위험성평가 절차를 단계별로 정리한 것이다. '4단계'에 들어갈 내용으로 가장 적절한 것은?

> 1단계 : 사전 준비(평가 대상 선정 및 관련 자료 수집)
> 2단계 : 유해 · 위험요인 파악(사업장 순회점검, 근로자 의견 수렴)
> 3단계 : 위험성 추정 및 결정(위험의 가능성과 중대성 평가)
> 4단계 : (?)
> 5단계 : 결과 기록 및 공유(문서화 및 근로자 공유)

① 위험요인에 대한 대책을 수립하고 실행한다.
② 위험요인을 재평가하여 개선할 필요가 있는지 분석한다.
③ 새로운 위험요인이 없는지 추가 점검한다.
④ 위험요인을 분류하고 등급을 매긴다.

✔해설 위험성평가는 '사전 준비→유해 · 위험요인 파악→위험성 추정 및 결정→위험성 감소대책 수립 및
실행→결과 기록 및 공유' 순으로 진행된다. 4단계에서는 허용 불가능한 위험을 줄이기 위한 실천
가능한 대책을 마련하고 실행하는 것이 핵심이다.

Answer 3.③ 4.①

5 다음은 영철이가 작성한 A, B, C, D 네 개 핸드폰의 제품별 사양과 사양에 대한 점수표이다. 다음 표를 본 영미가 아래와 같은 상황에서 선택하기에 가장 적절한 제품과 가장 적절하지 않은 제품은 각각 어느 것인가?

구분	A	B	C	D
크기	153.2×76.1×7.6	154.4×76×7.8	154.4×75.8×6.9	139.2×68.5×8.9
무게	171g	181g	165g	150g
RAM	4GB	3GB	4GB	3GB
저장공간	64GB	64GB	32GB	32GB
카메라	16Mp	16Mp	8Mp	16Mp
배터리	3,000mAh	3,000mAh	3,000mAh	3,000mAh
가격	653,000원	616,000원	599,000원	549,000원

〈사양별 점수표〉

무게	160g 이하	161~180g	181~200g	200g 초과
	20점	18점	16점	14점
RAM	3GB		4GB	
	15점		20점	
저장 공간	32GB		64GB	
	18점		20점	
카메라	8Mp		16Mp	
	8점		20점	
가격	550,000원 미만	550,000~600,000원 미만	600,000~650,000원 미만	650,000원 이상
	20점	18점	16점	14점

> "나도 이번에 핸드폰을 바꾸려 하는데, 내가 가장 중요하게 생각하는 조건은 저장 공간이야. 그 다음으로는 무게가 가벼웠으면 좋겠고, 카메라 기능이 좋은 걸 원하지. 음...다른 기능은 전혀 고려하지 않지만, 저장 공간, 무게, 카메라 기능에 각각 가중치를 30%, 20%, 10% 추가 부여하는 정도라고 볼 수 있어."

① A제품과 D제품

② B제품과 C제품

③ A제품과 C제품

④ B제품과 D제품

해설 다른 기능은 고려하지 않는다고 했으므로 제시된 세 개 항목에만 가중치를 부여하여 점수화한다. 각 제품의 점수를 환산하여 총점을 구하면 다음과 같다.

구분	A	B	C	D
크기	153.2×76.1×7.6	154.4×76×7.8	154.4×75.8×6.9	139.2×68.5×8.9
무게	171g	181g	165g	150g
RAM	4GB	3GB	4GB	3GB
저장 공간	64GB	64GB	32GB	32GB
카메라	16Mp	16Mp	8Mp	16Mp
배터리	3,000mAh	3,000mAh	3,000mAh	3,000mAh
가격	653,000원	616,000원	599,000원	549,000원
가중치 부여	20×1.3+18×1.2+20×1.1=69.6	20×1.3+16×1.2+20×1.1=67.2	18×1.3+18×1.2+8×1.1=53.8	18×1.3+20×1.2+20×1.1=69.4

따라서 가장 가중치 점수가 높은 것은 A제품이며, 가장 낮은 것은 C제품이므로 정답은 A제품과 C제품이 된다.

6 다음 중 문제해결을 위한 장애요소가 아닌 것은?

① 쉽게 떠오르는 단순한 정보
② 개인적인 편견이나 고정관념
③ 많은 자료를 수집하려는 노력
④ 문제의식

해설 문제의식은 현재에 만족하지 않고 전향적인 자세로 상황을 개선하거나 바꾸고자하는 마음가짐으로 문제해결을 위한 장애요소가 아닌 꼭 갖추어야 할 자세이다.

Answer 5.③ 6.④

02. 문제해결능력 | 157

7 다음은 세계 최대 규모의 종합·패션·의류기업인 I사의 대표 의류 브랜드의 SWOT분석이다. 다음 보기의 설명 중 옳지 않은 것은?

강점(STRENGH)	약점(WEAKNESS)
• 디자인과 생산과정의 수직 계열화 • 제품의 빠른 회전율 • 세련된 디자인과 저렴한 생산 비용	• 디자인에 대비되는 다소 낮은 품질 • 광고를 하지 않는 전략으로 인한 낮은 인지도
기회(OPPORTUNITY)	위협(THREAT)
• SPA 브랜드 의류 시장 성장 • 진출 가능한 다수의 국가	• 후발 경쟁 브랜드의 등장 • 목표 세그먼트에 위협이 되는 경제 침체

① SO 전략 – 경쟁이 치열한 지역보다는 빠른 생산력을 이용하여 신흥시장을 개척하여 점유율을 높인다.

② ST 전략 – 시장에서 높은 점유율을 유지하기 위하여 광고비에 투자한다.

③ WO 전략 – 신흥 시장에서의 광고비 지출을 늘린다.

④ WT 전략 – 경제침체로 인한 소비가 줄어들기 때문에 디자인 비용을 낮춘다.

✔해설 이 의류 브랜드의 강점은 세련된 디자인으로 디자인 자체가 강점인 브랜드에서 경기침체를 이유로 디자인 비용을 낮추게 된다면 브랜드의 강점이 사라지므로 올바른 전략은 아니다.

① 디자인과 생산과정이 수직화되어 있으므로 빠른 생산력을 가지고 있다. 따라서 신흥시장 즉 진출 가능한 국가에서 빠른 생산력을 가지고 점유율을 높일 수 있다.

② 후발 주자에게 자리를 내주지 않기 위해서는 저렴한 생산비용인 대신 광고를 늘려 점유율을 유지하여야 한다.

③ 신흥시장에서 점유율을 높이기 위해 광고를 하여 낮은 인지도를 탈피하여야 한다.

8 다음에 제시된 명제들이 모두 참일 경우, 이 조건들에 따라 내릴 수 있는 결론으로 적절한 것은?

> a. 인사팀을 좋아하지 않는 사람은 생산팀을 좋아한다.
> b. 기술팀을 좋아하지 않는 사람은 홍보팀을 좋아하지 않는다.
> c. 인사팀을 좋아하는 사람은 비서실을 좋아하지 않는다.
> d. 비서실을 좋아하지 않는 사람은 홍보팀을 좋아한다.

① 홍보팀을 싫어하는 사람은 인사팀을 좋아한다.
② 비서실을 싫어하는 사람은 기술팀도 싫어한다.
③ 기술팀을 싫어하는 사람은 생산팀도 싫어한다.
④ 생산팀을 좋아하지 않는 사람은 기술팀을 좋아한다.

✔해설　보기의 명제를 대우 명제로 바꾸어 정리하면 다음과 같다.
　　a. ~인사팀 → 생산팀(~생산팀 → 인사팀)
　　b. ~기술팀 → ~홍보팀(홍보팀 → 기술팀)
　　c. 인사팀 → ~비서실(비서실 → ~인사팀)
　　d. ~비서실 → 홍보팀(~홍보팀 → 비서실)
　　이를 정리하면 '~생산팀 → 인사팀 → ~비서실 → 홍보팀 → 기술팀'이 성립하고 이것의 대우 명제인 '~
　　기술팀 → ~홍보팀 → 비서실 → ~인사팀 → 생산팀'도 성립하게 된다. 따라서 이에 맞는 결론은 보기
　　④의 '생산팀을 좋아하지 않는 사람은 기술팀을 좋아한다.' 뿐이다.

9 다음 표는 A, B, C, D 4명의 성별, 연차, 취미, 좋아하는 업무를 조사하여 나타낸 표이다. 이를 근거로 아래 〈조건〉에 맞도록 TF팀을 구성하려고 한다. 다음 중 함께 TF팀이 구성될 수 있는 경우는 어느 것인가?

이름	A	B	C	D
성별	남자	남자	여자	여자
연차	10년 차	2년 차	7년 차	8년 차
취미	수영	기타(Guitar)	농구	피아노
좋아하는 업무	회계	수출	외환	물류

〈조건〉
ⓐ 취미가 운동인 직원은 반드시 수출을 좋아하는 직원과 TF팀을 구성한다.
ⓑ 짝수 연차 직원은 홀수 인원으로 TF팀을 구성할 수 없다.
ⓒ 남직원만으로는 TF팀을 구성할 수 없다.

① A, B
② B, C
③ A, B, C
④ A, C, D

✔해설 ⓑ에서 A, B, D는 짝수 연차이므로 홀수 인원으로 TF팀이 구성될 수 없다. 그러므로 ③은 정답에서 제외된다. ⓒ에서 A, B는 남직원이므로 둘만으로 TF팀이 구성될 수 없다. 그러므로 ①은 정답에서 제외된다. 따라서 정답은 ②이다.

10 A, B, C, D, E, F가 달리기 경주를 하여 보기와 같은 결과를 얻었다. 1등부터 6등까지 순서대로 나열한 것은?

> ㉠ A는 D보다 먼저 결승점에 도착하였다.
> ㉡ E는 B보다 더 늦게 도착하였다.
> ㉢ D는 C보다 먼저 결승점에 도착하였다.
> ㉣ B는 A보다 더 늦게 도착하였다.
> ㉤ E가 F보다 더 앞서 도착하였다.
> ㉥ C보다 먼저 결승점에 들어온 사람은 두 명이다.

① A-D-C-B-E-F
② F-E-B-C-D-A
③ B-F-C-E-D-A
④ C-D-B-E-F-A

✔ 해설 ㉠과 ㉢에 의해 A-D-C 순서이다.
㉥에 의해 나머지는 모두 C 뒤에 들어왔다는 것을 알 수 있다.
㉡과 ㉤에 의해 B-E-F 순서이다.
따라서 'A-D-C-B-E-F'가 된다.

11 일식, 이식, 삼식, 사식, 오식 5명이 마피아 게임을 하고 있다. 마피아는 1명이며, 5명의 진술 중 한명만이 진실을 말하고 4명은 거짓말을 하고 있다. 진실을 말하는 사람은 누구인가?

- 일식 : 이식이가 마피아다.
- 이식 : 일식이는 거짓말을 하고 있다.
- 삼식 : 나는 마피아가 아니다.
- 사식 : 마피아는 일식이다.
- 오식 : 내가 마피아다.

① 일식   ② 이식
③ 삼식   ④ 사식

✔해설 일식이의 말과 이식이의 말은 모순이 생긴다. 따라서 둘 중에 하나는 거짓말을 하고 있다.
　　ⓐ 일식이가 참인 경우 마피아는 이식이가 되며, 두명이 참을 말하고 있으므로 조건에 부합하지 않는다.

일식	참
이식	거짓
삼식	참
사식	거짓
오식	거짓

　　ⓑ 이식이가 참인 경우 마피아는 삼식이가 되며 조건에 부합한다.

일식	거짓
이식	참
삼식	거짓
사식	거짓
오식	거짓

12 다음은 이○○ 씨가 A지점에서 B지점을 거쳐 C지점으로 출근을 할 때 각 경로의 거리와 주행속도를 나타낸 것이다. 이○○ 씨가 오전 8시 정각에 A지점을 출발해서 B지점을 거쳐 C지점으로 갈 때, 이에 대한 설명 중 옳은 것을 고르면?

구간	경로	주행속도(km/h)		거리(km)
		출근 시간대	기타 시간대	
A→B	경로 1	30	45	30
	경로 2	60	90	
B→C	경로 3	40	60	40
	경로 4	80	120	

※ 출근 시간대는 오전 8시부터 오전 9시까지이며, 그 이외의 시간은 기타 시간대임.

① C지점에 가장 빨리 도착하는 시각은 오전 9시 10분이다.

② C지점에 가장 늦게 도착하는 시각은 오전 9시 20분이다.

③ B지점에 가장 빨리 도착하는 시각은 오전 8시 40분이다.

④ 경로 2와 경로 3을 이용하는 경우와, 경로 1과 경로 4를 이용하는 경우 C지점에 도착하는 시각은 동일하다.

✔해설 시간 = $\frac{거리}{속도}$ 공식을 이용하여, 먼저 각 경로에서 걸리는 시간을 구한다.

구간	경로	시간			
		출근 시간대		기타 시간대	
A→B	경로 1	$\frac{30}{30}=1.0$	1시간	$\frac{30}{45}≒0.67$	약 40분
	경로 2	$\frac{30}{60}=0.5$	30분	$\frac{30}{90}≒0.33$	약 20분
B→C	경로 3	$\frac{40}{40}=1.0$	1시간	$\frac{40}{60}≒0.67$	약 40분
	경로 4	$\frac{40}{80}=0.5$	30분	$\frac{40}{120}≒0.33$	약 20분

④ 경로 2와 3을 이용하는 경우와 경로 1과 경로 4를 이용하는 경우 C지점에 도착하는 시각은 1시간 30분으로 동일하다.

① C지점에 가장 빨리 도착하는 방법은 경로 2와 경로 4를 이용하는 경우이므로, 가장 빨리 도착하는 시각은 1시간이 걸려서 오전 9시가 된다.

② C지점에 가장 늦게 도착하는 방법은 경로 1과 경로 3을 이용하는 경우이므로, 가장 늦게 도착하는 시각은 2시간이 걸려서 오전 10시가 된다.

③ B지점에 가장 빨리 도착하는 방법은 경로 2이므로, 가장 빨리 도착하는 시각은 30분이 걸려서 오전 8시 30분이 된다.

Answer 11.② 12.④

13 다음에 설명하고 있는 창의적 사고 개발 방법은?

주제와 본질적으로 닮은 것을 힌트로 하여 새로운 아이디어를 얻는 방법이다.

① 자유 연상법   ② 강제 연상법
③ 비교 발상법   ④ 대조 발상법

✔해설 창의적 사고 개발 방법
    ㉠ 자유 연상법 : 생각나는 대로 자유롭게 발상
    ㉡ 강제 연상법 : 각종 힌트에 강제적으로 연결지어 발상
    ㉢ 비교 발상법 : 주제의 본질과 닮은 것을 힌트로 발상

14 다음 글을 근거로 판단할 때, 9월 17일(토)부터 책을 대여하기 시작한 甲이 마지막 편을 도서관에 반납할 요일은? (단, 다른 조건은 고려하지 않는다)

甲은 10편으로 구성된 위인전을 완독하기 위해 다음과 같이 계획하였다.

책을 빌리는 첫째 날은 한 권만 빌려 다음날 반납하고, 반납한 날 두 권을 빌려 당일 포함 2박 3일이 되는 날 반납한다. 이런 식으로 도서관을 방문할 때마다 대여하는 책의 수는 한 권씩 증가하지만, 대여 일수는 빌리는 책 권수를 n으로 했을 때 두 권 이상일 경우 (2n−1)의 규칙으로 증가한다.

예를 들어 3월 1일(월)에 1편을 빌렸다면 3월 2일(화)에 1편을 반납하고 그날 2, 3편을 빌려 3월 4일(목)에 반납한다. 4일에 4, 5, 6편을 빌려 3월 8일(월)에 반납하고 그날 7, 8, 9, 10편을 대여한다.

도서관은 일요일만 휴관하고, 이날은 반납과 대여가 불가능하므로 다음날인 월요일에 반납과 대여를 한다. 이 경우에 한하여 일요일은 대여 일수에 포함되지 않는다.

① 월요일   ② 화요일
③ 수요일   ④ 목요일

✔해설 조건에 따라 甲의 도서 대여 및 반납 일정을 정리하면 다음과 같다.

월	화	수	목	금	토(9.17)	일
					1권 대출	휴관
• 1권 반납 • 2 ~ 3권 대출(3일)		• 2 ~ 3권 반납 • 4 ~ 6권 대출(5일)				휴관
• 4 ~ 6권 반납 • 7 ~ 10권 대출(7일)						휴관
• 7 ~ 10권 반납						휴관

15 다음 명제가 전부 참일 때, 항상 참인 것은?

> • 물가가 오른다면 긴축정책은 시행하지 않는다.
> • 경제가 어려워지거나 부동산이 폭락한다.
> • 경제가 어려워지면 긴축정책이 시행된다.
> • 부동산이 폭락한 것은 아니다.

① 물가가 오르지 않는다.
② 부동산은 폭락할 수 없다.
③ 긴축정책을 시행하지 않는다.
④ 경제가 어렵지 않다.

✔해설 경제가 어려워지거나 부동산이 폭락한다고 했는데 부동산이 폭락한 것은 아니므로 경제가 어려워진다. 첫 번째 조건의 대우에 의하면 긴축정책을 시행하면 물가가 오르지 않는다. 경제가 어려워진다면 긴축정책이 시행되고, 긴축정책을 시행하면 물가가 오르지 않는다.

Answer 13.③ 14.① 15.①

16 무역업을 하는 D사가 자사의 경영 환경을 다음과 같이 파악하였을 경우, D사가 취할 수 있는 ST 전략으로 가장 적절한 것은 어느 것인가?

> 우리는 급속도로 출현하는 경쟁자들에게 단기간에 시장점유율 20% 이상 잠식당한 상태이다. 더군다나 우리 제품의 주 구매처인 미국 S사로 물품을 수출하기에는 갈수록 무역규제와 제도적 장치가 불리하게 작용하고 있다. 침체된 경기는 언제 되살아날지 전망조차 하기 힘들다. 시장 자체의 성장 속도는 매우 빨라 새로운 고객군도 가파르게 등장하고 있지만 그만큼 우리의 생산설비도 노후화되어 가고 있으며 종업원들의 고령화 또한 문제점으로 지적되고 있다. S사와의 거래만 지속적으로 유지된다면 우리 경영진의 우수한 역량과 다년간의 경험을 바탕으로 안정적인 거래 채널을 유지할 수 있지만 이는 우리의 연구 개발이 지속적으로 이루어져야 가능한 일이며, 지금과 같이 수익성이 악화 일로로 치닫는 상황에서는 기대하기 어려운 요인으로 지목된다. 우리가 보유한 독점적 기술력과 직원들의 열정만 믿고 낙관적인 기대를 하기에는 시장 상황이 녹록치 않은 것이 냉정한 현실이다.

① 안정적인 공급채널로 수익성 저하를 만회하기 위해 노력한다.

② 새로운 고객군의 등장을 계기로 시장점유율을 극대화할 수 있는 방안을 도출해 본다.

③ 독점 기술과 경영진의 경험을 바탕으로 자사에 불리한 규제를 벗어날 수 있는 새로운 영역을 창출한다.

④ 우수한 경영진의 역량을 통해 직원들의 업무 열정을 제고하여 종업원의 고령화 문제를 해결한다.

✔ **해설** 제시된 글을 통해 알 수 있는 D사의 SWOT 요인은 다음과 같다.
- S : 경영진의 우수한 역량과 다년간의 경험, 안정적인 거래 채널, 독점적 기술력, 직원들의 열정
- W : 생산설비 노후화, 종업원들의 고령화, 더딘 연구 개발, 수익성 악화
- O : 시장의 빠른 성장 속도, 새로운 고객군 등장
- T : 급속도로 출현하는 경쟁자, 시장점유율 하락, 불리한 무역규제와 제도적 장치, 경기 침체 ST 전략은 외부 환경의 위협을 회피하기 위해 강점을 사용하는 전략이다. 따라서 외부의 위협 요인인 '자사에 불리한 규제'를 벗어날 수 있는 새로운 영역을 자사의 강점인 '독점 기술과 경영진의 경험'으로 창출하는 ③이 적절한 ST 전략이라고 볼 수 있다.

▮17~18▮ 다음은 조류예보 발령기준과 그에 따른 기관별 조치사항 및 유역별 수질검사 기록에 관한 자료이다. 다음 자료를 보고 이어지는 물음에 답하시오.

〈조류예보 발령기준〉

구분	발령기준
조류주의보	• 2회 연속 채취 시 클로로필a 농도 15~25mg/m^3 미만 • 남조류세포 수 500~5,000cells/mL 미만 * 이상의 조건에 모두 해당 시
조류경보	• 2회 연속 채취 시 클로로필a 농도 25mg/m^3 이상 • 남조류세포 수 5,000cells/mL 이상 * 이상의 조건에 모두 해당 시
조류대발생경보	• 2회 연속 채취 시 클로로필a 농도 100mg/m^3 이상 • 남조류세포 수 100만cells/mL 이상 * 이상의 조건에 모두 해당 시
해제	• 2회 연속 채취 시 클로로필a 농도 15mg/m^3 미만 • 남조류세포 수 500cells/mL 미만 * 이상의 조건에 모두 해당 시

〈조류예보 발령에 따른 조치사항〉

관계기관 조류예보	물환경연구소장, 보건환경연구원장	수면관리자, 수도사업자	취·정수장 관리자	유역 환경청장 또는 시·도지사
조류주의보	- 주 1회 이상 시료채취 및 분석 - 발령기관에 대한 시험분석 결과의 신속한 통보	- 취수구와 조류가 심한 지역에 대한 방어막 설치 등 조류제거 조치 실시	- 정수처리 강화 (활성탄 처리, 오존처리)	- 조류주의보 발령 - 주변 오염원에 대한 철저한 지도·단속
조류경보	- 주 2회 이상 시료채취 및 분석(클로로필a, 남조류세포 수, 취기, 독소) - 발령기관에 대한 시험분석 결과의 신속한 통보	- 취수구와 조류가 심한 지역에 대한 방어막 설치 등 조류제거 조치 실시	- 조류증식 수심 이하로 취수구 이동 - 정수처리 강화 (활성탄 처리, 오존처리) - 정수의 독소분석 실시	- 조류경보 발령 및 대중매체를 통한 홍보 - 주변 오염원에 대한 단속 강화 - 수상스키, 수영, 낚시, 취사 등의 활동 자제 권고 - 어패류 어획·식용 및 가축방목의 자제 권고

Answer 16.③

조류대발생 경보	- 주 2회 이상 시료채취 및 분석 (클로로필a, 남조류세포 수, 취기, 독소) - 발령기관에 대한 시험분석 결과의 신속한 통보	- 취수구와 조류 우심지역에 대한 방어막 설치 등 조류제거 조치 실시 - 황토 등 흡착제 살포, 조류제거선 등을 이용한 조류 제거 조치 실시	- 조류증식 수심 이하로 취수구 이동 - 정수처리 강화 (활성탄 처리, 오존처리) - 정수의 독소분석 실시	- 조류대발생경보 발령 및 대중매체를 통한 홍보 - 주변 오염원에 대한 지속적인 단속 강화 - 수상스키, 수영, 낚시, 취사 등의 활동 금지 - 어패류 어획·식용 및 가축방목의 금지
해제	- 발령기관에 대한 시험분석 결과의 신속한 통보			- 각종 경보 해제 및 대중매체를 통한 홍보

〈유역별 수질검사 기록부〉

검사자	홍길동 과장
검사일자	1월 5일(1차), 1월 12일(2차)
수온 측정 결과	1차, 2차 모두 적정
검사결과	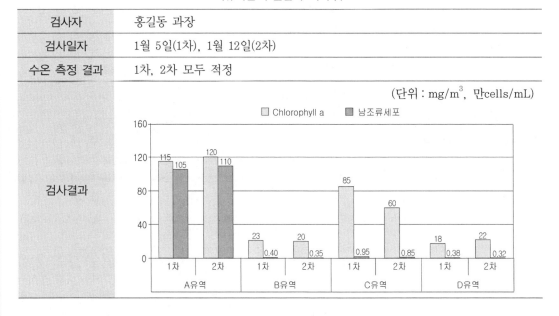

(단위 : mg/m^3, 만cells/mL)

17 다음 중 조류예보제에 대하여 올바르게 이해한 설명은 어느 것인가?

① C유역에서 남조류세포 수가 폭발적으로 증가할 경우 즉시 조류대발생경보가 내려지게 된다.

② 클로로필a의 농도는 1회 채취 결과만으로도 조류예보 발령의 근거가 될 수 있다.

③ 조류대발생경보 이후 클로로필a와 남조류세포의 수치가 조류주의보 수준으로 감소하면 해제경보를 발령할 수 있다.

④ 조류예보 발령을 위해 필요한 남조류세포 수의 증식량은 조류경보보다 조류대발생경보의 경우가 더 많다.

> ✔해설 조류경보 발령을 위해서는 이전 단계인 조류주의보 시보다 최대 10배의 남조류세포 수 증식이 필요하지만, 조류대발생경보 발령을 위해서는 이전 단계인 조류경보 시보다 200배 이상의 남조류세포 수 증식이 필요할 수 있다.
> ① C유역은 남조류세포뿐만 아니라 클로로필a의 농도도 조류대발생경보의 조건을 충족하지 못하므로 올바르지 않은 설명이다.
> ② 조류예보 발령의 근거 기준은 2회 채취 시의 결과이다.
> ③ 해제경보는 조류주의보 수준보다 낮은 결과 수치가 나와야 발령이 가능하다.

18 위의 자료를 참고할 때, 각 유역별 조류 상황과 그에 따른 조치사항으로 옳지 않은 것은 어느 것인가?

① D유역에는 조류주의보가 발령되어야 한다.

② D유역은 B유역보다 수질이 양호한 상태이므로 더 낮은 단계의 조류예보가 발령되어야 한다.

③ 수영이나 낚시 등의 활동이 금지되는 유역은 1곳이다.

④ A유역의 수면관리자는 흡착제 살포를 통하여 조류제거 작업을 실시하여야 한다.

> ✔해설 D유역과 B유역 모두 조류주의보 단계에 해당된다. 또한 1차와 2차 수질검사 자료만으로 D유역의 수질이 B유역보다 양호하다고 판단할 수는 없다.
> ① 그래프에서 제시된 수치를 보면 A, B, C, D유역이 각각 조류대발생경보, 조류주의보, 조류경보, 조류주의보 상태임을 알 수 있다.
> ③ 수영이나 낚시가 금지되는 것은 조류대발생경보 시이므로 A유역 1곳에 해당된다.
> ④ A유역은 조류대발생경보 지역이므로 수면관리자의 흡착제 살포를 통한 조류제거 작업이 요구된다.

Answer 17.④ 18.②

|19~20 | 다음 자료를 읽고 이어지는 물음에 답하시오.

〈등급별 성과급 지급액〉

성과평가 종합점수	성과 등급	등급별 성과급
95점 이상	S	기본급의 30%
90점 이상 ~ 95점 미만	A	기본급의 25%
85점 이상 ~ 90점 미만	B	기본급의 20%
80점 이상 ~ 85점 미만	C	기본급의 15%
75점 이상 ~ 80점 미만	D	기본급의 10%

〈항목별 평가 점수〉

	영업1팀	영업2팀	영업3팀	영업4팀	영업5팀
수익 달성률	90	93	72	85	83
매출 실적	92	78	90	88	87
근태 및 부서평가	90	89	82	77	93

* 항목별 평가 종합점수는 수익 달성률 점수의 40%, 매출 실적 점수의 40%, 근태 및 부서평가 점수의 20%를 합산해서 구함

〈각 팀별 직원의 기본급〉

직원	기본급
곽 대리(영업1팀)	210만 원
엄 과장(영업2팀)	260만 원
신 차장(영업3팀)	320만 원
남 사원(영업4팀)	180만 원
권 대리(영업5팀)	220만 원

* 팀별 성과급은 해당 팀의 모든 직원에게 적용된다.

19 위의 자료를 참고할 때, 항목별 평가 종합점수 순위가 두 번째와 세 번째인 팀을 순서대로 짝지은 것은 어느 것인가?

① 영업2팀, 영업3팀
② 영업3팀, 영업4팀
③ 영업5팀, 영업2팀
④ 영업3팀, 영업2팀

✔해설 주어진 규정에 의해 항목별 평가 종합점수를 계산해 보면 다음과 같다.

	영업1팀	영업2팀	영업3팀	영업4팀	영업5팀
수익 달성률	$90 \times 0.4 = 36.0$	$93 \times 0.4 = 37.2$	$72 \times 0.4 = 28.8$	$85 \times 0.4 = 34$	$83 \times 0.4 = 33.2$
매출 실적	$92 \times 0.4 = 36.8$	$78 \times 0.4 = 31.2$	$90 \times 0.4 = 36$	$88 \times 0.4 = 35.2$	$87 \times 0.4 = 34.8$
근태 및 부서평가	$90 \times 0.2 = 18$	$89 \times 0.2 = 17.8$	$82 \times 0.2 = 16.4$	$77 \times 0.2 = 15.4$	$93 \times 0.2 = 18.6$
종합점수	90.8	86.2	81.2	84.6	86.6

따라서 항목별 평가 종합점수가 두 번째로 높은 팀은 영업5팀, 세 번째로 높은 팀은 영업2팀이 된다.

20 영업1팀의 곽 대리와 영업3팀의 신 차장이 받게 될 성과급은 각각 얼마인가?

① 55만 5천 원, 44만 원
② 54만 2천 원, 46만 원
③ 52만 5천 원, 48만 원
④ 51만 8천 원, 49만 원

✔해설 영업1팀과 영업3팀은 항목별 평가 종합점수(각 90.8점, 81.2점)에 의해 성과 등급이 각각 A등급과 C등급이 된다. 따라서 곽 대리는 210만 원의 25%, 신 차장은 320만 원의 15%를 각각 성과급으로 지급받게 된다. 이를 계산하면 곽 대리는 52만 5천 원, 신 차장은 48만 원이 된다.

| 21~22 | 다음은 휴양콘도 이용 안내문이다. 물음에 답하시오.

▲ 휴양콘도 이용대상

• 주말, 성수기 : 월평균소득이 243만 원 이하 근로자

• 평일 : 모든 근로자(월평균소득이 243만 원 초과자 포함), 특수형태근로종사자

• 이용희망일 2개월 전부터 신청 가능

• 이용희망일이 주말, 성수기인 경우 최초 선정일 전날 23시 59분까지 접수 요망. 이후에 접수할 경우 잔여객실 선정일정에 따라 처리

▲ 휴양콘도 이용우선순위

① 주말, 성수기

• 주말 · 성수기 선정 박수가 적은 근로자

• 이용가능 점수가 높은 근로자

• 월평균소득이 낮은 근로자

※ 위 기준 순서대로 적용되며, 근로자 신혼여행의 경우 최우선 선정

② 평일 : 선착순

▲ 이용 · 변경 · 신청취소

• 선정결과 통보 : 이용대상자 콘도 이용권 이메일 발송

• 이용대상자로 선정된 후에는 변경 불가 → 변경을 원할 경우 신청 취소 후 재신청

• 신청취소는 「근로복지서비스 〉 신청결과확인」 메뉴에서 이용일 10일 전까지 취소

(9일 전~1일 전 취소는 이용점수가 차감되며, 이용당일 취소 또는 취소 신청 없이 이용하지 않는 경우(No-Show) 1년 동안 이용 불가)

• 선정 후 취소 시 선정 박수에는 포함되므로 이용우선순위에 유의(평일 제외)

(기준년도 내 선정 박수가 적은 근로자 우선으로 자동선발하고, 차순위로 점수가 높은 근로자 순으로 선발하므로 선정 후 취소 시 차후 이용우선순위에 영향을 미치니 유의하시기 바람)

• 이용대상자로 선정된 후 타인에게 양도 등 부정사용 시 신청일 부터 5년간 이용 제한

▲ 기본점수 부여 및 차감방법 안내

• 매년(연 1회) 연령에 따른 기본점수 부여

[월평균소득 243만 원 이하 근로자]

연령대	50세 이상	40 ~ 49세	30 ~ 39세	20 ~ 29세	19세 이하
점수	100점	90점	80점	70점	60점

(월평균소득 243만 원 초과 근로자, 특수형태근로종사자, 고용 · 산재보험 가입사업장 : 0점)

- 기 부여된 점수에서 연중 이용점수 및 벌점에 따라 점수 차감

구분	이용점수(1박당)			벌점	
	성수기	주말	평일	이용취소 (9~1일전 취소)	No-show (당일취소, 미이용)
차감점수	20점	10점	0점	50점	1년 사용제한

▲ 벌점(이용취소, No-show)부과 예외
- 이용자의 배우자 · 직계존비속 또는 배우자의 직계존비속이 사망한 경우
- 이용자 본인 · 배우자 · 직계존비속 또는 배우자의 직계존비속이 신체이상으로 3일 이상 의료기관에 입원하여 콘도 이용이 곤란한 경우
- 운송기관의 파업 · 휴업 · 결항 등으로 운송수단을 이용할 수 없어 콘도 이용이 곤란한 경우 (벌점부과 예외 사유에 의한 취소 시에도 선정박수에는 포함되므로 이용우선순위에 유의)

21 다음 중 위의 안내문을 보고 올바른 콘도 이용계획을 세운 사람은 누구인가?

① "난 이용가능 점수도 높아 거의 1순위인 것 같은데, 올 해엔 시간이 없으니 내년 여름휴가 때 이용할 콘도나 미리 예약해 뒤야겠군."

② "경태 씨, 우리 신혼여행 때 휴양 콘도 이용 일정을 넣고 싶은데 이용가능점수도 낮고 소득도 좀 높은 편이라 어려울 것 같네요."

③ "여보, 지난 번 신청한 휴양콘도 이용자 선정 결과가 아직 안 나왔나요? 신청할 때 제 전화번호를 기재했다고 해서 계속 기다리고 있는데 전화가 안 오네요."

④ "영업팀 최 부장님은 50세 이상이라서 기본점수가 높지만 지난 번 성수기에 2박 이용을 하셨으니 아직 미사용 중인 20대 엄 대리가 점수 상으로는 좀 더 선정 가능성이 높겠군."

> **해설** 50세인 최 부장은 기본점수가 100점 이었으나 성수기 2박 이용으로 40점(1박 당 20점)이 차감되어 60점의 기본점수가 남아 있으나 20대인 엄 대리는 미사용으로 기본점수 70점이 남아 있으므로 점수 상으로는 선정 가능성이 더 높다고 할 수 있다.
> ① 신청은 2개월 전부터 가능하므로 내년 이용 콘도를 지금 예약할 수는 없다.
> ② 신혼여행 근로자는 최우선 순위로 콘도를 이용할 수 있다.
> ③ 선정 결과는 유선 통보가 아니며 콘도 이용권을 이메일로 발송하게 된다.

Answer 21.④

22 다음 〈보기〉의 신청인 중 올해 말 이전 휴양콘도 이용 순위가 높은 사람부터 순서대로 올바르게 나열한 것은 어느 것인가?

〈보기〉
- A씨 : 30대, 월 소득 200만 원, 주말 2박 선정 후 3일 전 취소(무벌점)
- B씨 : 20대, 월 소득 180만 원, 신혼여행 시 이용 예정
- C씨 : 40대, 월 소득 220만 원, 성수기 2박 기 사용
- D씨 : 50대, 월 소득 235만 원, 올 초 선정 후 5일 전 취소, 평일 1박 기 사용

---

① D씨 – B씨 – A씨 – C씨

② B씨 – D씨 – C씨 – A씨

③ C씨 – D씨 – A씨 – B씨

④ B씨 – D씨 – A씨 – C씨

✔ 해설 모두 월 소득이 243만 원 이하이므로 기본점수가 부여되며, 다음과 같이 순위가 선정된다.
우선, 신혼여행을 위해 이용하고자 하는 B씨가 1순위가 된다. 다음으로 주말과 성수기 선정 박수가 적은 신청자가 우선순위가 되므로 주말과 성수기 이용 실적이 없는 D씨가 2순위가 된다. A씨는 기본점수 80점, 3일 전 취소이므로 20점(주말 2박) 차감을 감안하면 60점의 점수를 보유하고 있으며, C씨는 기본점수 90점, 성수기 사용 40점(1박 당 20점) 차감을 감안하면 50점의 점수를 보유하게 된다. 따라서 최종순위는 B씨 – D씨 – A씨 – C씨가 된다.

23 다음의 상황에서 옳은 것은?

> 다음은 자동차 외판원 A, B, C, D, E, F의 판매실적에 대한 진술이다.
> • A는 B에게 실적에서 앞서 있다.
> • C는 D에게 실적에서 뒤졌다.
> • E는 F에게 실적에서 뒤졌지만, A에게는 실적에서 앞서 있다.
> • B는 D에게 실적에서 앞서 있지만, E에게는 실적에서 뒤졌다.

① 외판원 C의 실적은 꼴찌가 아니다.
② B의 실적보다 안 좋은 외판원은 3명이다.
③ 두 번째로 실적이 좋은 외판원은 B이다.
④ 실적이 가장 좋은 외판원은 F이다.

✔해설 제시된 조건을 통해 외판원들의 판매실적을 유추하면 A>B, D>C이다. 또한 F>E>A, E>B>D임을 알 수 있다. 결과적으로 F>E>A>B>D>C가 된다.
① 외판원 C의 실적은 꼴지이다.
② B의 실적보다 안 좋은 외판원은 2명이다.
③ 두 번째로 실적이 좋은 외판원은 E이다.

24 다음 주어진 표를 보고 단기계약을 체결한 은영이네가 납부해야 할 수도요금으로 옳은 것은?

〈요금단가〉

(단위 : 원/m³)

구분	계	기본요금	사용요금
원수	233.7	70.0	163.7
정수	432.8	130.0	302.8
침전수	328.0	98.0	230.0

〈단기계약〉

구분		내용
계약기간		1년 이내, 계약량 변경(6회/년) 가능
요금		기본요금 + 사용요금
계산방법	기본요금	계약량×기본요금단가 ※ 사용량이 계약량을 초과하는 경우 기본요금은 월간사용량의 120% 한도액으로 적용
	사용요금	사용량×사용요금단가 ※ 월간계약량의 120%를 초과하여 사용한 경우 다음을 가산 사용요금단가×월간계약량의 120% 초과사용량

〈은영이네 수도사용량〉

• 원수 사용
• 월간계약량 100m³
• 월간사용량 125m³

① 22,552원
② 26,876원
③ 29,681원
④ 31,990원

✔ 해설   기본요금 : $70.0 \times 120 = 8,400$ 원
사용요금 : $(163.7 \times 125) + (163.7 \times 5) = 20,462.5 + 818.5 = 21,281$ 원
요금합계 : $8,400 + 21,281 = 29,681$ 원

25 다음은 신용대출의 중도상환에 관한 내용이다. 甲씨는 1년 후에 일시 상환하는 조건으로 500만 원을 신용대출 받았다. 그러나 잔여기간이 100일 남은 상태에서 중도 상환하려고 한다. 甲씨가 부담해야 하는 해약금은 약 얼마인가? (단, 원단위는 절사한다.)

• 중도상환해약금 : 중도상환금액×중도상환적용요율×(잔여기간/대출기간)

구분	가계대출		기업대출	
	부동산 담보대출	신용/기타 담보대출	부동산 담보대출	신용/기타 담보대출
적용요율	1.4%	0.8%	1.4%	1.0%

• 대출기간은 대출개시일로부터 대출기간만료일까지의 일수로 계산하되, 대출기간이 3년을 초과 하는 경우에는 3년이 되는 날을 대출기간만료일로 한다.
• 잔여기간은 대출기간에서 대출개시일로부터 중도상환일까지의 경과일수를 차감하여 계산한다.

---

① 10,950원
② 11,950원
③ 12,950원
④ 13,950원

✔ 해설 신용대출이므로 적용요율이 0.8% 적용된다.
500만원×0.8%×(100/365)=10,958원
원단위 절사하면 10,950원이다.

26 어떤 사람이 가격이 1,000만 원인 자동차를 구매하기 위해 은행에서 상품 A, B, C에 대해 상담을 받았다. 다음 상담 내용을 참고하여 옳은 것을 고르시오. (단, 총비용으로 은행에 내야하는 금액과 수리비만을 고려하고, 등록비용 등 기타 비용은 고려하지 않는다.)

- A상품

  고객님이 자동차를 구입하여 소유권을 취득하실 때, 은행이 자동차 판매자에게 즉시 구입금액 1,000만 원을 지불해드립니다. 그리고 그 날부터 매월 1,000만 원의 1%를 이자로 내시고, 1년이 되는 시점에 1,000만 원을 상환하시면 됩니다.

- B상품

  고객님이 원하시는 자동차를 구매하여 고객님께 전달해 드리고, 고객님께서는 1년 후에 자동차 가격에 이자를 추가하여 총 1,200만 원을 상환하시면 됩니다. 자동차의 소유권은 고객님께서 1,200만 원을 상환하시는 시점에 고객님께 이전되며, 그 때까지 발생하는 모든 수리비는 저희가 부담합니다.

- C상품

  고객님이 원하시는 자동차를 구매하여 고객님께 임대해 드립니다. 1년 동안 매월 90만원의 임대료를 내시면 1년 후에 그 자동차는 고객님의 소유가 되며, 임대기간 중 발생하는 모든 수리비는 저희가 부담합니다.

- ㉠ 사고 여부와 관계없이 자동차 소유권 취득 시까지의 총비용 측면에서 B상품보다 C상품을 선택하는 것이 유리하다.
- ㉡ 최대한 빨리 자동차 소유권을 얻고 싶다면 A상품을 선택하는 것이 다른 두 선택지보다 유리하다.
- ㉢ 자동차 소유권을 얻기까지 은행에 내야 하는 총금액은 A상품이 가장 적다.
- ㉣ 1년 내에 사고가 발생해 50만 원의 수리비가 소요될 것으로 예상한다면 총비용 측면에서 A상품보다 B, C 상품을 선택하는 것이 유리하다.

① ㉠㉡   ② ㉡㉢
③ ㉠㉡㉢   ④ ㉡㉢㉣

✔**해설** 은행에 내야하는 금액

A → (1,000 × 0.01 × 12) + 1,000 = 1,120만 원

B → 1,200만 원

C → 90 × 12 = 1,080만 원

㉣ 수리비 50만 원이 소요된다면 A는 1,120 + 50 = 1,170만 원, B와 C는 수리비를 은행에서 부담하므로 그대로 1,200만 원, 1,080만 원이 된다. 따라서 가장 저렴한 C상품이 A·B보다 유리하다.(C < A < B)

27 용의자 A, B, C, D 4명이 있다. 이들 중 A, B, C는 조사를 받는 중이며 D는 아직 추적 중이다. 4명 중에서 한 명만이 진정한 범인이며, A, B, C의 진술 중 한명의 진술만이 참일 때 보기에서 옳은 것을 고르면?

- A : B가 범인이다.
- B : 내가 범인이다.
- C : D가 범인이다.

〈보기〉

㉠ A가 범인이다.   ㉡ B가 범인이다.

㉢ D가 범인이다.   ㉣ B는 범인이 아니다.

㉤ C는 범인이 아니다.

① ㉠㉣㉤   ② ㉡㉤

③ ㉠㉤   ④ ㉢㉣㉤

✔해설 만약 B가 범인이라면 A와 B의 진술은 참이 된다. 하지만 문제에서 한명의 진술만이 참이라고 했으므로 A, B는 거짓을 말하고 있고 C의 진술이 참이다. 따라서 범인은 D이다.

28 다음 〈조건〉을 근거로 판단할 때, 가장 많은 품삯을 받은 일꾼은? (단, 1전은 10푼이다.)

〈조건〉

- 일꾼 다섯 명의 이름은 좀쇠, 작은놈, 어인놈, 상득, 정월쇠이다.
- 다섯 일꾼 중 김 씨가 2명, 이 씨가 1명, 박 씨가 1명, 윤 씨가 1명이다.
- 이들의 직업은 각각 목수, 단청공, 벽돌공, 대장장이, 미장공이다.
- 일당으로 목수와 미장공은 4전 2푼을 받고, 단청공과 벽돌공, 대장장이는 2전 5푼을 받는다.
- 윤 씨는 4일, 박 씨는 6일, 김 씨 두 명은 각각 4일, 이 씨는 3일 동안 동원되었다. 동원되었지만 일을 하지 못한 날에는 보통의 일당 대신 1전을 받는다.
- 박 씨와 윤 씨는 동원된 날 중 각각 하루씩은 배가 아파 일을 하지 못했다.
- 목수는 이 씨이다.
- 좀쇠는 박 씨도 이 씨도 아니다.
- 어인놈은 단청공이다.
- 대장장이와 미장공은 김 씨가 아니다.
- 정월쇠의 일당은 2전 5푼이다.
- 상득은 김 씨이다.
- 윤 씨는 대장장이가 아니다.

① 좀쇠   ② 작은놈

③ 어인놈   ④ 상득

 해설 이름을 기준으로 일당을 정리하면 다음과 같다.
- 좀쇠(윤 씨, 미장공) : 동원된 4일 중 3일을 일하고 1일을 쉬었으므로 3 × 4전 2푼 + 1전 = 13전 6푼을 받는다.
- 작은놈(이 씨, 목수) : 동원된 3일을 일하였으므로 3 × 4전 2푼 = 12전 6푼을 받는다.
- 어인놈(김 씨, 단청공) : 동원된 4일을 일하였으므로 4 × 2전 5푼 = 10전을 받는다.
- 상득(김 씨, 벽돌공) : 동원된 4일을 일하였으므로 4 × 2전 5푼 = 10전을 받는다.
- 정월쇠(박 씨, 대장장이) : 동원된 6일 중 5일을 일하고 1일을 쉬었으므로 5 × 2전 5푼 + 1전 = 13전 5푼을 받는다.

29 언어영역 3문항, 수리영역 4문항, 외국어영역 3문항, 과학탐구영역 2문항이 있다. A ,B, C, D 네 사람에게 3문항씩 각각 다른 영역의 문항을 서로 중복되지 않게 나누어 풀게 하였다. 다음은 네 사람이 푼 문항을 조사한 결과의 일부다. 다음 중 항상 옳은 것은?

> • A는 언어영역 1문항을 풀었다.
> • B는 외국어영역 1문항을 풀었다.
> • C는 과학탐구영역 1문항을 풀었다.
> • D는 외국어영역 1문항을 풀었다.

① A가 과학탐구영역 문항을 풀었다면 D는 언어영역 문항을 풀지 않았다.
② A가 외국어영역 문항을 풀었다면 C는 언어영역 문항을 풀었다.
③ A가 외국어영역 문항을 풀었다면 B는 언어영역 문항을 풀었다.
④ A가 외국어영역 문항을 풀었다면 D는 언어영역 문항을 풀었다.

✔해설 결과의 일부를 표로 나타내면 다음과 같다.

	언어	수리	외국	과학
A	1	1		
B		1	1	
C		1		1
D		1	1	
합	3	4	3	2

A가 외국어 영역을 풀었다면 B또는 D는 과학탐구 문제를 풀었으므로 C는 반드시 언어역역 문항을 풀어야 한다.

30 빨간색, 파란색, 노란색 구슬이 하나씩 있다. 이 세 개의 구슬을 A, B, C 세 사람에게 하나씩 나누어 주고, 세 사람 중 한 사람만 진실을 말하도록 하였더니 구슬을 받고 난 세 사람이 다음과 같이 말하였다. 빨간색, 파란색, 노란색의 구슬을 받은 사람을 차례대로 나열한 것은?

> • A : 나는 파란색 구슬을 가지고 있다.
> • B : 나는 파란색 구슬을 가지고 있지 않다.
> • C : 나는 노란색 구슬을 가지고 있지 않다.

① A－B－C   ② A－C－B

③ C－A－B   ④ C－B－A

 ⑴ A가 진실을 말할 때 : B의 말 또한 참이 되므로 A는 진실을 말한 것이 아니다.
⑵ B가 진실을 말할 때 : 아무도 파란색 구슬을 가진 사람이 없기 때문에 모순이다.
⑶ C가 진실을 말할 때 : A－노란색, B－파란색, C－빨간색을 갖게 된다.

31 은행, 식당, 편의점, 부동산, 커피 전문점, 통신사 6개의 상점이 아래에 제시된 조건을 모두 만족하며 위치할 때, 오른쪽에서 세 번째 상점은 어느 것인가?

> ㉠ 모든 상점은 옆으로 나란히 연이어 위치하고 있으며, 사이에 다른 상점은 없다.
> ㉡ 편의점과 식당과의 거리는 두 번째로 멀다.
> ㉢ 커피 전문점과 편의점 사이에는 한 개의 상점이 있다.
> ㉣ 왼쪽에서 두 번째 상점은 통신사이다.
> ㉤ 식당의 바로 오른쪽 상점은 부동산이다.

① 식당   ② 통신사

③ 은행   ④ 편의점

✔해설 ㉡에 따라, 두 번째로 멀기 위해서는 편의점과 식당 중 하나가 맨 끝에 위치하고 다른 하나는 반대쪽의 끝에서 두 번째에 위치해야 한다는 것을 알 수 있다.
㉣을 통해서 왼쪽에서 두 번째에 편의점이나 식당이 위치할 수 없음을 알 수 있으므로 이 두 상점은 맨 왼쪽과 오른쪽에서 두 번째에 나뉘어 위치해야 한다.
㉤을 통해서 맨 왼쪽은 식당이 아닌 편의점의 위치임을 알 수 있다. 동시에 맨 오른쪽은 부동산, 그 옆은 식당이라는 것도 알 수 있다.
㉢을 통해서 커피 전문점이 왼쪽에서 세 번째 상점이라는 것을 알 수 있다.
따라서 이를 종합하면, 왼쪽부터 편의점, 통신사, 커피 전문점, 은행, 식당, 부동산의 순으로 상점들이 이어져 있으며 오른쪽에서 세 번째 상점은 은행이 된다.

32 다음 〈쓰레기 분리배출 규정〉을 준수한 것은?

- 배출 시간 : 수거 전날 저녁 7시~수거 당일 새벽 3시까지(월요일~토요일에만 수거함)
- 배출 장소 : 내 집 앞, 내 점포 앞
- 쓰레기별 분리배출 방법
- 일반 쓰레기 : 쓰레기 종량제 봉투에 담아 배출
- 음식물 쓰레기 : 단독주택의 경우 수분 제거 후 음식물 쓰레기 종량제 봉투에 담아서, 공동주택의 경우 음식물 전용용기에 담아서 배출
- 재활용 쓰레기 : 종류별로 분리하여 투명 비닐봉투에 담아 묶어서 배출
① 1종(병류)
② 2종(캔, 플라스틱, 페트병 등)
③ 3종(폐비닐류, 과자 봉지, 1회용 봉투 등)
　　※ 1종과 2종의 경우 뚜껑을 제거하고 내용물을 비운 후 배출
　　※ 종이류 / 박스 / 스티로폼은 각각 별도로 묶어서 배출
- 폐가전 · 폐가구 : 폐기물 스티커를 부착하여 배출
- 종량제 봉투 및 폐기물 스티커 구입 : 봉투판매소

---

① 甲은 토요일 저녁 8시에 일반 쓰레기를 쓰레기 종량제 봉투에 담아 자신의 집 앞에 배출하였다.
② 공동주택에 사는 乙은 먹다 남은 찌개를 그대로 음식물 쓰레기 종량제 봉투에 담아 주택 앞에 배출하였다.
③ 丙은 투명 비닐봉투에 캔과 스티로폼을 함께 담아 자신의 집 앞에 배출하였다.
④ 戊는 집에서 쓰던 냉장고를 버리기 위해 폐기물 스티커를 구입 후 부착하여 월요일 저녁 9시에 자신의 집 앞에 배출하였다.

> ✔해설　① 배출 시간은 수거 전날 저녁 7시부터 수거 당일 새벽 3시까지인데 일요일은 수거하지 않으므로 토요일 저녁 8시에 쓰레기를 내놓은 甲은 규정을 준수했다고 볼 수 없다.
> 　② 공동주택에서 음식물 쓰레기를 배출할 경우 음식물 전용용기에 담아서 배출해야 한다.
> 　③ 스티로폼은 별도로 묶어서 배출해야 하는 품목이다.

33 영업팀 직원인 갑, 을, 병 세 명의 회식 참석 여부에 대한 진술이 다음과 같을 때, 참석이 확실한 직원과 참석을 하지 않은 것이 확실한 직원을 순서대로 바르게 짝지은 것은? (단, 참석을 한 직원은 거짓말을 하고, 참석을 하지 않은 직원은 사실을 말하였다.)

> 갑 : "우리 중 1명만 거짓말을 하고 있습니다."
> 을 : "우리 중 2명이 거짓말을 하고 있습니다."
> 병 : "갑, 을 중 1명만 거짓말을 하고 있습니다."

① 갑, 을
② 을, 아무도 없음
③ 갑, 아무도 없음
④ 갑과 을, 병

✔해설 갑, 을, 병의 진술과 회식에 참석한 직원의 수를 기준으로 표를 만들어 보면 다음과 같다.

진술자 \ 참석 직원	0명	1명	2명	3명
갑	거짓	참	거짓	거짓
을	거짓	거짓	참	거짓
병	거짓	참	참	거짓

• 회식에 참석한 직원의 수가 0명인 경우, 갑, 을, 병 모두 거짓을 말한 것이 되어 결국 모두 회식에 참석한 것이 된다. 따라서 이 경우는 참석한 직원의 수가 0명이라는 전제와 모순이 생기게 된다.
• 회식에 참석한 직원의 수가 한 명인 경우, 을만 거짓을 말한 것이므로 참석한 직원의 수가 한 명이라는 전제에 부합한다. 이 경우에는 을이 참석한 것이 되며, 갑과 병은 참석하지 않은 것이 된다.
• 회식에 참석한 직원의 수가 두 명인 경우, 갑만 거짓을 말한 것이 되므로 참석한 직원의 수가 한 명이 된다. 따라서 이 역시 참석한 직원의 수가 두 명이라는 전제와 모순이 생기게 된다.
• 참석한 직원의 수가 세 명인 경우, 갑, 을, 병 모두 거짓을 말한 것이 되어 참석한 직원의 수가 세 명이 될 것이며, 이는 전제와 부합하게 된다.
따라서 네 가지의 경우 중 모순 없이 발생 가능한 경우는 참석한 직원의 수가 한 명 또는 세 명인 경우가 되는데, 이 두 경우에 모두 거짓을 말한 을은 참석한 직원이라고 확신할 수 있다. 그러나 이 두 경우에 모두 사실을 말한 사람은 없으므로, 참석하지 않은 것이 확실한 직원은 아무도 없다.

34 사내 체육대회에서 영업1팀 ~ 4팀, 생산1팀 ~ 3팀의 7개 팀이 다음과 같은 대진표에 맞춰 경기를 펼치게 되었다. 7개의 팀은 대진표에서 1번부터 7번까지의 번호를 선택하여 대결을 하게 된다. 이때, 영업1팀과 생산1팀이 두 번째 경기에서 만나게 될 확률은 얼마인가? (단, 각 팀이 이길 확률은 모두 50%로 같고, 무승부는 없다.)

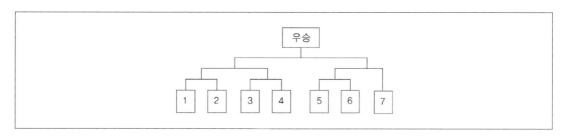

① $\dfrac{2}{21}$

② $\dfrac{3}{17}$

③ $\dfrac{4}{15}$

④ $\dfrac{5}{22}$

✔해설 영업1팀과 생산1팀에 국한된 것이 아니므로 특정 두 팀이 두 번째 경기에서 만날 확률을 구하면 된다. 특정 두 팀을 A팀과 B팀이라고 할 때 A, B 두 팀이 두 번째 경기에서 승부를 하게 되는 것은 다음과 같은 두 가지 경우가 있다.

㉠ A, B 두 팀 중 한 팀이 번호 '1', '2'를 선택하고, 다른 한 팀이 '3', '4'를 선택하는 경우
㉡ A, B 두 팀 중 한 팀이 '5', '6'을 선택하고 다른 한 팀이 '7'을 선택하는 경우
따라서 각각의 확률을 구하면,

㉠의 경우, $\dfrac{2}{7} \times \dfrac{2}{6} \times \left(\dfrac{1}{2}\right)^2 \times 2 = \dfrac{1}{21}$ 이 된다.

㉡의 경우, $\dfrac{2}{7} \times \dfrac{1}{6} \times \dfrac{1}{2} \times 2 = \dfrac{1}{21}$ 이 된다.

($\dfrac{1}{2}$ 은 첫 번째 경기에서 이길 확률을 의미하며, 2는 '어느 한 자리'가 2개이므로 2를 곱한 것이 된다.)

35 다음은 부당노동행위 사건처리 및 감독 현황에 대한 고용노동부 자료의 일부이다. 다음 자료를 참고할 때, 〈보기〉에 제시된 부당노동행위의 형태를 주어진 서로 다른 세 가지의 유형으로 적절히 나눈 것은 어느 것인가?

□ 고용노동부에서는 산업현장을 중심으로 부당노동행위가 지속되고 있다는 현실을 감안하여, 지난 한 해 부당노동행위를 근절하기 위한 신고사건 처리 및 사업장 감독을 실시하고 그 결과를 발표하였다.

• 부당노동행위는 사용자가 근로자의 노동3권을 침해하는 행위로 현행 「노동조합 및 노동관계조정법」에서도 금지되어 있으며, 노동현장에서 반드시 근절되어야 할 범죄행위라는 점에서, 고용노동부는 부당노동행위 근절을 노동행정의 최우선순위에 두고 지속적인 감독을 실시해 오고 있다.

* (노조법 제81조 부당노동행위) 사용자는 다음 각 호의 행위를 할 수 없다.
① 노조가입·조직, 정당한 조합활동·단체행동 등을 이유로 한 불이익 취급
② 특정 노조에의 가입·탈퇴를 고용조건으로 하는 경우
③ 정당한 이유 없는 단체교섭 거부
④ 노동조합의 조직·운영에 대한 지배·개입 및 운영비 원조
⑤ 행정관청·노동위원회에 신고 또는 증거제출 등을 이유로 한 불이익 취급
* 위반 시 2년 이하 징역 또는 2천만 원 이하 벌금(법 제90조)

〈보기〉

㈎ 노조활동을 약화시키기 위한 목적으로 노조원 9명에게 권고사직 및 전적 등을 요구하였고, 이를 거부하자 프로젝트 점검팀을 신설하여 전보 인사 발령

㈏ 조합원을 △△△개발센터 등으로 전보하여 특별한 업무가 없거나 본연의 업무와 무관한 업무(예 스케이트장, 주차장 관리 등)를 수행토록 함

㈐ 회사는 창구단일화 절차를 진행하면서 노동조합의 교섭요구 사실을 전체 사업장에 공고하여야 함에도 본사에만 공고하고, 전국에 산재해 있는 지사에는 교섭요구사실을 공고하지 않음

㈑ 회사는 '16.3월 경 조합원 A대리에게 기존노조에 대항하는 신규노조를 설립토록 지도하고, 노사협의회 등 근로자대표를 노동조합에 준하여 지원하고, 이를 이용해 노조 간 갈등을 부추김

㈒ 회사는 ○○노조 소속 조합원들의 노동조합 탈퇴계획을 수립하고 이를 조직적으로 실행토록 지시

① [(가)] - [(나), (다)] - [(라), (마)]　　　② [(가), (나), (다)] - [(라)] - [(마)]

③ [(가), (나)] - [(다), (라)] - [(마)]　　　④ [(가), (나)] - [(다)] - [(라) - (마)]

> ✔해설　다음과 같이 유형을 구분할 수 있다.
> • (가), (나) - 노조가입·조직, 정당한 조합활동·단체행동 등을 이유로 한 불이익 취급(①)
> • (다) - 정당한 이유 없는 단체교섭 거부(③)
> • (라), (마) - 노동조합의 조직·운영에 대한 지배·개입 및 운영비 원조(④)

36 다음 ( )에 들어갈 수로 적절한 것은?

▲	♥	●	▲	9
♥	●	●	■	12
♥	●	♥	■	13
▲	♥	●	■	( )
10	14	13	7	

① 10　　　　　　　　　　　　　　② 11

③ 12　　　　　　　　　　　　　　④ 13

> ✔해설　㉠ 2♥+2●=14
> 　　　♥+3●=13
> 　　　→ ♥-●=1 → ♥=1+●
> ㉡ 3●+♥=13 → 3●+1+●= 4●+1=13
> 　　　4●=12
> ㉢ ●=3, ♥=4
> 　　　2♥+2▲=10
> 　　　8+2▲=10 → 2▲=2
> 　　　▲=1
> ㉣ ▲+3■=7 → 3■=6
> 　　　■=2
> ∴ ▲=1, ♥=4, ●=3, ■=2로 총 합계는 10이 된다.

▌37~38▐ 다음 자료를 보고 질문에 답하시오.

○○마트에서 근무하는 A 씨는 고객으로부터 여름을 대비하여 에어컨을 추천해 달라는 요청을 받았다. A 씨는 에어컨을 추천하기 위해 다음과 같이 에어컨의 특성을 참고하였다.

고객 : 냉방이 잘되는 제품을 가장 최우선으로 생각해주세요. 집에 아이가 있어서 되도록 친환경적인 제품을 원하고 가격도 설치비를 포함해서 250만 원이 넘어가지 않았으면 좋겠네요. 그리고 결제는 B카드를 이용하려고 해요.

제품명		냉방효율(점)	사용편의(점)	친환경(점)	집 면적(평)	가격(만 원)
(가)사	A	9.5/10	8.8/10	8.2/10	38	246
	B	9.6/10	6.4/10	9.0/10	32	185
(나)사	C	9.5/10	8.8/10	7.4/10	34	252
	D	9.6/10	7.1/10	8.9/10	34	244
(다)사	E	9.5/10	6.8/10	8.7/10	32	210
	F	9.6/10	6.8/10	7.8/10	34	197
(라)사	G	9.4/10	8.8/10	9.2/10	34	302
	H	9.5/10	8.5/10	9.1/10	32	239

※ 1) 300만 원이 넘지 않는 모든 제품은 설치비 10만 원이 추가된다.
2) 230만 원이 넘는 상품 구매 고객이 B카드로 결제하면 전체 금액(설치금액 미포함)의 5%를 할인해준다.

37 다음 중 A 씨가 고객의 요구에 맞게 추천해 주기 위해 가장 적절하지 않은 상품은?

① A   ② C

③ E   ④ H

✅해설 친환경 점수를 우선순위로 하였을 때 상품 추천 순위는 G, H, B, D, E, A, F, C가 된다. G는 250만 원이 넘어가는 금액이므로 추천 상품에서 제외되어 H가 추천 우선순위가 된다. H의 금액은 230만 원이 넘어가고 고객이 B카드로 결제하므로 상품 결제 금액은 239×0.95＋10＝237.05만 원이 된다.

38 A씨가 고객의 요구 중 친환경 점수를 우선적으로 생각하여 제품을 추천해주고 고객이 그 상품을 선택했을 때, 고객이 결제할 최종 금액은? (단, 소수점은 절사한다.)

① 236만 원

② 237만 원

③ 286만 원

④ 289만 원

✔해설 친환경 점수를 우선순위로 하였을 때 상품 추천 순위는… G, H, B, D, E, A, F, C가 된다. G는 250만 원이 넘어가는 금액이므로 추천 상품에서 제외되어 H가 추천 우선순위가 된다. H의 금액은 230만 원이 넘어가고 고객이 B카드로 결제하므로 상품 결제 금액은 $239 \times 0.95 + 10 = 237.05$만원이 된다.

39 다음은 발산적(창의적) 사고를 개발하기 위한 방법이다. 이에 해당하는 것은?

> 이 방법은 어떤 생각에서 다른 생각을 계속해서 떠올리는 작업을 통해 어떤 주제에서 생각나는 것을 계속해서 열거해 나가는 방법이다.

① 브레인스토밍

② 체크리스트

③ NM법

④ Synectics

✔해설 자유연상법 … 어떤 생각에서 다른 생각을 계속해서 떠올리는 작업을 통해 어떤 주제에서 생각나는 것을 계속해서 열거해 나가는 방법으로 구체적 기법에는 브레인스토밍이 있다.

40 SWOT 분석에 따라 발전전략을 수립할 때 외부 환경의 위협을 최소화하기 위해 내부 강점을 극대화하는 전략은?

① SO전략

② WO전략

③ ST전략

④ WT전략

✔해설 SWOT 분석에 의한 발전전략
㉠ SO전략 : 외부 환경의 기회를 활용하기 위해 강점을 사용하는 전략
㉡ ST전략 : 외부 환경의 위협을 회피하기 위해 강점을 사용하는 전략
㉢ WO전략 : 자신의 약점을 극복함으로써 외부 환경의 기회를 활용하는 전략
㉣ WT전략 : 외부 환경의 위협을 회피하고 자신의 약점을 최소화하는 전략

Answer 37.② 38.② 39.① 40.③

출제예상문제

1 다음에서 설명하고 있는 개념은 무엇인가?

> 조직 현장의 구성원에게 업무 재량을 위임하고 자주적이고 주체적인 체제 속에서 사람이나 조직의 의욕과 성과를 이끌어 내기 위한 '권한부여', '권한이양'의 의미이다. 최근 고객 니즈에 대한 신속한 대응과 함께 구성원이 직접 의사결정에 참여하여 현장에서 개선/변혁이 신속 정확하게 이루어지기 위해서 활용도가 높아지고 있다.

① 리니어먼트
② 컴파트먼트
③ 임파워먼트
④ 리더블먼트

> ✔해설 임파워먼트는 조직성원들을 신뢰하고 그들의 잠재력을 믿으며 그 잠재력의 개발을 통해 High Performance 조직이 되도록 하는 일련의 행위이다.

2 다음은 전문가 효과에 대한 내용이다. 이와 관련된 설득 전략으로 옳은 것은?

> A 기업의 영업팀과 마케팅팀은 신제품 출시 일정에 대해 갈등을 겪고 있다. 영업팀은 빠른 시장 진입이 필요하다고 주장하는 반면, 마케팅팀은 충분한 시장 조사 후 출시해야 한다고 주장한다. 이 과정에서 영업팀장은 강한 주장과 논리를 앞세워 마케팅팀의 의견을 반박하며, 자사의 시장 우위를 강조하면서 일정 단축을 강하게 요구했다.

① 협력형 방식 – 양측의 요구를 모두 반영하여 최적의 해결책을 도출할 수 있다.
② 회피형 방식 – 갈등을 피함으로써 장기적으로 문제 해결을 지연시킬 수 있다.
③ 경쟁형 방식 – 한쪽의 이익을 극대화하는 대신 상대방의 반발을 초래할 가능성이 있다.
④ 타협형 방식 – 서로 일부 양보하여 중간 지점을 찾아 해결한다.

> ✔해설 경쟁형 방식은 자신의 주장을 강하게 밀어붙이며 상대방을 설득하거나 굴복시키는 방식이다.
> 이 문제에서 영업팀장이 강한 주장과 논리를 앞세워 마케팅팀의 의견을 반박하는 모습은 경쟁형 갈등 해결 방식의 대표적인 특징이다. 경쟁형 방식은 신속한 의사결정이 필요할 때 효과적일 수 있지만, 상대방의 반발과 조직 내 긴장을 초래할 위험이 있다.

3 M 대리는 S 팀장에게 "K 대리가 주어진 업무를 제대로 하지 못하고 있어서 저는 지금도 계속 기다리고 있습니다. 그래서 아직 완성되지 못했습니다."라고 하였다. S 팀장이 K 대리에게 물어보니 "M 대리의 말은 거짓말입니다. M 대리의 일이 완성이 되지 않아서 저야말로 제 업무를 하지 못하고 있습니다."라고 한다. S 팀장이 할 수 있는 가장 효율적인 대처 방법은?

① 사원들 간의 피드백이 원활하게 이루어지는지 확인을 한다.

② 팀원들이 업무를 하면서 서로 협력을 하는지 확인을 한다.

③ 의사결정 과정에 잘못된 부분이 있는지 확인한다.

④ 중재를 하고 문제가 무엇인지 확인을 한다.

> ✔해설 M 대리와 K 대리사이의 갈등이 있음을 발견하게 되었으므로 즉각적으로 개입을 하여 중재를 하고 문제점을 파악하며 해결하는 것이 리더의 대처방법이다.

4 귀하는 서문대학 대졸 공채 입학사정관의 조직구성원들 간의 원만한 관계 유지를 위한 갈등관리 역량에 관해 입학사정관 인증교육을 수료하게 되었다. 인증교육은 다양한 갈등사례를 통해 갈등과정을 시뮬레이션 함으로써 바람직한 갈등해결방법을 모색하는 데 중점을 두고 있다. 입학사정관이 교육을 통해 습득한 갈등과정을 바르게 나열한 것을 고르시오.

① 대결 국면 – 의견불일치 – 진정 국면 – 격화 국면 – 갈등의 해소

② 의견 불일치 – 격화 국면 – 대결 국면 – 갈등의 해소 – 진정 국면

③ 의견 불일치 – 대결 국면 – 격화 국면 – 진정 국면 – 갈등의 해소

④ 대결 국면 – 의견불일치 – 격화 국면 – 진정 국면 – 갈등의 해소

> ✔해설 갈등의 진행과정은 '의견 불일치 – 대결국면 – 격화 국면 – 진정 국면 – 갈등의 해소'의 단계를 거친다.

Answer 1.③ 2.③ 3.④ 4.③

5 흔히 협상의 실패는 협상의 과정에서 일어나게 된다. 따라서 협상 시에 발생할 수 있는 실수를 방지하기 위하여 사전에 철저한 준비가 필요하게 된다. 다음 대화에 나타난 내용 중, 협상 시 주로 나타나는 실수를 보여주는 것이 아닌 것은 어느 것인가?

① "이봐, 우리가 주도권을 잃어선 안 되네. 저쪽의 입장을 주장할 기회를 주게 되면 결국 끌려가게 되어 있어."

② "상대측 박 본부장이 평소 골프광이라고 했지? 우리 신입사원 중에 티칭 프로 출신이 있다고 들었는데, 그 친구도 이번 상담에 참석 시키게나."

③ "이게 얼마나 좋은 기횐데요. 미비한 자료는 추후 보완하면 될 테니 당장 협상에 참석해서 성과를 이루어내야 한다고 봅니다."

④ "일단 누가 됐든 협상파트너에게 다짐을 받아두면 되지 않겠나. 담당자가 약속을 했으니 거의 다 성사된 거나 다름없겠지."

> ✔**해설** ②와 같은 경우는 협상 시 상대방 관심 분야의 전문가를 투입함으로써 설득력을 높일 수 있는 매우 효과적인 전략으로 볼 수 있다. 나머지 보기의 경우는 협상 시 주로 나타나는 다음과 같은 실수의 유형이 된다.
> ① 협상의 통제권을 잃을까 두려워하는 것
> ③ 준비되기도 전에 협상을 시작하는 것
> ④ 잘못된 사람과의 협상

6 다음에서 나타난 신 교수의 동기부여 방법으로 가장 적절한 것은?

> 신 교수는 매 학기마다 새로운 수업을 들어가면 첫 번째로 내주는 과제가 있다. 한국사에 대한 본인의 생각을 A4용지 한 장에 적어오라는 것이다. 이 과제는 정답이 없고 옳고 그름이 기준이 아니라는 것을 명시해준다. 그리고 다음시간에 학생 각자가 적어온 글들을 읽어보도록 하는데, 개개인에게 꼼꼼히 인상깊었던 점을 알려주고 구체적인 부분을 언급하며 칭찬한다.

① 변화를 두려워하지 않는다.
② 지속적으로 교육한다.
③ 책임감으로 철저히 무장한다.
④ 긍정적 강화법을 활용한다.

> ✔해설 동기부여 방법
> ㉠ 긍정적 강화법을 활용한다.
> ㉡ 새로운 도전의 기회를 부여한다.
> ㉢ 창의적인 문제해결법을 찾는다.
> ㉣ 책임감으로 철저히 무장한다.
> ㉤ 몇 가지 코칭을 한다.
> ㉥ 변화를 두려워하지 않는다.
> ㉦ 지속적으로 교육한다.

Answer 5.② 6.④

7 갈등은 다음과 같이 몇 가지 과정을 거치면서 진행되는 것이 일반적인 흐름이라고 볼 때, 빈칸의 ㈎, ㈏, ㈐에 들어가야 할 말을 순서대로 올바르게 나열한 것은?

---

1. 의견 불일치

   인간은 다른 사람들과 함께 부딪치면서 살아가게 되는데, 서로 생각이나 신념, 가치관이 다르고 성격도 다르기 때문에 다른 사람들과 의견의 불일치를 가져온다. 많은 의견 불일치는 상대방의 생각과 동기를 설명하는 기회를 주고 대화를 나누다보면 오해가 사라지고 더 좋은 관계로 발전할 수 있지만, 사소한 오해로 인한 작은 갈등이라도 그냥 내버려두면 심각한 갈등으로 발전하게 된다.

2. 대결 국면

   의견 불일치가 해소되지 않으면 대결 국면으로 빠져들게 된다. 이 국면에서는 이제 단순한 해결방안은 없고 제기된 문제들에 대하여 새로운 다른 해결점을 찾아야 한다. 일단 대결국면에 이르게 되면 감정이 개입되어 상대방의 주장에 대한 문제점을 찾기 시작하고, 자신의 입장에 대해서는 그럴듯한 변명으로 옹호하면서 양보를 완강히 거부하는 상태에까지 이르게 된다. 즉, (가)은(는) 부정하면서 자기주장만 하려고 한다. 서로의 입장을 고수하려는 강도가 높아지면서 서로 간의 긴장은 더욱 높아지고 감정적인 대응이 더욱 격화되어 간다.

3. 격화 국면

   격화 국면에 이르게 되면 상대방에 대하여 더욱 적대적인 현상으로 발전해 나간다. 이제 의견일치는 물 건너가고 (나)을(를) 통해 문제를 해결하려고 하기 보다는 강압적, 위협적인 방법을 쓰려고 하며, 극단적인 경우에는 언어폭력이나 신체적인 폭행으로까지 번지기도 한다. 상대방에 대한 불신과 좌절, 부정적인 인식이 확산되면서 다른 요인들에까지 불을 붙이는 상황에 빠지기도 한다. 이 단계에서는 상대방의 생각이나 의견, 제안을 부정하고, 상대방은 그에 대한 반격으로 대응함으로써 자신들의 반격을 정당하게 생각한다.

4. 진정 국면

   시간이 지나면서 정점으로 치닫던 갈등은 점차 감소하는 진정 국면에 들어선다. 계속되는 논쟁과 긴장이 귀중한 시간과 에너지만 낭비하고 이러한 상태가 무한정 유지될 수 없다는 것을 느끼고 점차 흥분과 불안이 가라앉고 이성과 이해의 원상태로 돌아가려 한다. 그러면서 (다)이(가) 시작된다. 이 과정을 통해 쟁점이 되는 주제를 논의하고 새로운 제안을 하고 대안을 모색하게 된다. 이 단계에서는 중개자, 조정자 등의 제3자가 개입함으로써 갈등 당사자 간에 신뢰를 쌓고 문제를 해결하는데 도움이 되기도 한다.

5. 갈등의 해소

   진정 국면에 들어서면 갈등 당사자들은 문제를 해결하지 않고는 자신들의 목표를 달성하기 어렵다는 것을 알게 된다. 물론 경우에 따라서는 결과에 다 만족할 수 없는 경우도 있지만 어떻게 해서든지 서로 일치하려고 한다.

① 상대방의 자존심 – 업무 – 침묵

② 제3자의 존재 – 리더 – 반성

③ 조직 전체의 분위기 – 이성 – 의견의 일치

④ 상대방의 입장 – 설득 – 협상

> ✔ 해설 대결 국면에서의 핵심 사항은 상대방의 입장에 대한 무비판적인 부정이며, 격화 국면에서는 설득이 전혀 효과를 발휘할 수 없게 된다. 진정 국면으로 접어들어 비로소 협상이라는 대화가 시작되며 힘난한 단계를 거쳐 온 갈등은 이때부터 서서히 해결의 실마리가 찾아지게 된다.

8 다음과 같은 팀 내 갈등을 원만하게 해결하기 위하여 팀원들이 함께 모색해 보아야 할 사항으로 가장 적절하지 않은 것은?

> 평소 꼼꼼하고 치밀하며 안정주의를 지향하는 성격인 정 대리는 위험을 감수하거나 모험에 도전하는 일만큼 우둔한 것은 없다고 생각한다. 그런 성격 덕분에 정 대리는 팀 내 경비 집행 및 예산 관리를 맡고 있다. 한편, 정 대리와 입사동기인 남 대리는 디테일에는 다소 약하지만 진취적, 창조적이며 어려운 일에 도전하여 뛰어난 성과를 달성하는 모습을 자신의 장점으로 가지고 있다. 두 사람은 팀의 크고 작은 업무 추진에 있어 주축을 이뤄가며 조화로운 팀을 꾸려가는 일에 늘 앞장을 서 왔지만 왠지 최근 들어 자주 부딪히는 모습이다. 이에 다른 직원들까지 업무 성향별로 나뉘는 상황이 발생하여 팀장은 큰 고민에 빠져있다. 다음 달에 있을 중요한 프로젝트 추진을 앞두고, 두 사람의 단결된 힘과 각자의 리더십이 필요한 상황이다.

① 각각의 주장을 검토하여 잘못된 부분을 지적하고 고쳐주는 일

② 어느 한쪽으로도 치우치지 않고 중립을 지키는 일

③ 차이점보다 유사점을 파악하도록 돕는 일

④ 다른 사람들을 참여시켜서 개방적으로 토의하게 하는 일

> ✔ 해설 갈등을 성공적으로 해결하기 위한 방안의 하나로, 내성적이거나 자신을 표현하는 데 서투른 팀원을 격려해주는 것이 중요하며, 이해된 부분을 검토하고 누가 옳고 그른지에 대해 논쟁하는 일은 피하는 것이 좋다.

Answer 7.④ 8.①

9 다음은 고객 불만 처리 프로세스를 도식화한 그림이다. 이 중 '정보파악'의 단계에서 이루어지는 행위를 〈보기〉에서 모두 고른 것은?

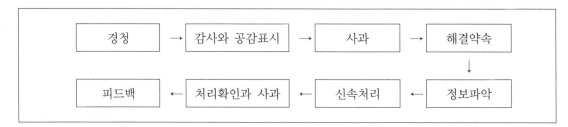

| 경청 | → | 감사와 공감표시 | → | 사과 | → | 해결약속 |

| 피드백 | ← | 처리확인과 사과 | ← | 신속처리 | ← | 정보파악 |

〈보기〉
(가) 고객의 항의에 선입관을 버리고 경청하며 문제를 파악한다.
(나) 문제해결을 위해 고객에게 필수적인 질문만 한다.
(다) 고객에게 어떻게 해주면 만족스러운 지를 묻는다.
(라) 고객 불만의 효과적인 근본 해결책은 무엇인지 곰곰 생각해 본다.

① (가), (나), (다)
② (가), (나), (라)
③ (나), (다), (라)
④ (가), (나), (다), (라)

✔ 해설 (가)는 첫 번째 경청의 단계에 해당하는 말이다. 정보파악 단계에서는 문제해결을 위해 꼭 필요한 질문만 하여 정보를 얻고, 최선의 해결방법을 찾기 어려우면 고객에게 어떻게 해주면 만족스러운지를 묻는 일이 이루어지게 된다.

10 ○○기업 인사팀에 근무하고 있는 김 대리는 팀워크와 관련된 신입사원 교육을 진행하였다. 교육이 끝나고 수강한 신입사원들에게 하나의 상황을 제시한 후, 교육 내용을 토재로 주어진 상황에 대해 이해한 바를 발표하도록 하였다. 김 대리가 제시한 상황과 이를 이해한 신입사원들의 발표 내용 중 일부가 다음과 같을 때, 교육 내용을 잘못 이해한 사람은 누구인가?

〈지시된 상황〉

입사한 지 2개월이 된 강 사원은 요즘 고민이 많다. 같은 팀 사람들과 업무를 진행함에 있어 어려움을 겪고 있기 때문이다. 각각의 팀원들이 가지고 있는 능력이나 개인의 역량은 우수한 편이다. 그러나 팀원들 모두 자신의 업무를 수행하는 데는 열정적이지만, 공동의 목적을 달성하기 위해 업무를 수행하다 보면 팀원들의 강점은 드러나지 않으며, 팀원들은 다른 사람의 업무에 관심이 없다. 팀원들이 자기 자신의 업무를 훌륭히 해낼 줄 안다면 팀워크 또한 좋을 것이라고 생각했던 강 사원은 혼란을 겪고 있다.

최주봉 : 강 사원의 팀은 팀원들의 강점을 잘 인식하고 이를 활용하는 방법을 찾는 것이 중요할 것 같습니다. 팀원들의 강점을 잘 활용한다면 강 사원뿐만 아니라 팀원들 모두가 공동의 목적을 달성하는 데 대한 자신감을 갖게 될 것입니다.

오세리 : 팀원들이 개인의 업무에만 관심을 갖는 것은 문제가 있습니다. 개인의 업무 외에도 업무지원, 피드백, 동기부여를 위해 서로의 업무에 관심을 갖고 서로에게 의존하는 것이 중요합니다.

이아야 : 강 사원의 팀은 팀워크가 많이 부족한 것 같습니다. 팀원들로 하여금 집단에 머물도록 만들고, 팀의 구성원으로서 계속 남아 있기를 원하게 만드는 팀워크를 키우는 것이 중요합니다.

장유신 : 강 사원이 속해 있는 팀의 구성원들은 팀의 에너지를 최대로 활용하지 못하는 것 같습니다. 각자의 역할과 책임을 다함과 동시에 서로 협력할 줄 알아야 합니다.

---

① 최주봉   ② 오세리
③ 이아야   ④ 장유신

✔ **해설** 구성원이 서로에 끌려서 집단에 계속해서 남아 있기를 원하는 정도는 팀응집력에 대한 내용이다. 팀워크는 팀 구성원 간의 협동 동작·작업, 또는 그들의 연대, 팀의 구성원이 공동의 목표를 달성하기 위하여 각 역할에 따라 책임을 다하고 협력적으로 행동하는 것을 이르는 말이다.

11 다음 사례에서 오 부장이 취할 행동으로 가장 적절한 것은?

> 오 부장이 다니는 J의류회사는 전국 각지에 매장을 두고 있는 큰 기업 중 하나이다. 따라서 매장별로 하루에도 수많은 손님들이 방문하며 그 중에는 옷에 대해 불만을 품고 찾아오는 손님들도 간혹 있다. 하지만 고지식하며 상부의 지시를 중시 여기는 오 부장은 이러한 사소한 일들도 하나하나 보고하여 상사의 지시를 받으라고 부하직원들에게 강조하고 있다. 그러다 보니 매장 직원들은 사소한 문제 하나라도 스스로 처리하지 못하고 일일이 상부에 보고를 하고 상부의 지시가 떨어지면 그때서야 문제를 해결한다. 이로 인해 자연히 불만고객에 대한 대처가 늦어지고 항의도 잇따르게 되었다. 오늘도 한 매장에서 소매에 단추 하나가 없어 이를 수선해 줄 것을 요청하는 고객의 불만을 상부에 보고해 지시를 기다리다가 결국 고객이 기다리지 못하고 환불요청을 한 사례가 있었다.

① 오 부장이 직접 그 고객에게 가서 불만사항을 처리한다.
② 사소한 업무처리는 매장 직원들이 스스로 해결할 수 있도록 어느 정도 권한을 부여한다.
③ 매장 직원들에게 고객의 환불요청에 대한 책임을 물어 징계를 내린다.
④ 앞으로 이러한 실수가 일어나지 않도록 옷을 수선하는 직원들의 교육을 다시 시킨다.

> ✔해설 위의 사례에서 불만고객에 대한 대처가 늦어지고 그로 인해 항의가 잇따르고 있는 이유는 사소한 일조차 상부에 보고해 그 지시를 기다렸다가 해결하는 업무체계에 있다. 따라서 오 부장은 어느 정도의 권한과 책임을 매장 직원들에게 위임하여 그들이 현장에서 바로 문제를 해결할 수 있도록 도와주어야 한다.

12 리더는 조직원들에게 지속적으로 자신의 잠재력을 발휘하도록 만들기 위한 외적인 동기 유발제 그 이상을 제공해야 한다. 이러한 리더의 역량이라고 볼 수 없는 것은?

① 조직을 위험에 빠지지 않도록 리스크 관리를 철저히 하여 안심하고 근무할 수 있도록 해준다.
② 높은 성과를 달성한 조직원에게는 따뜻한 말과 칭찬으로 보상해 준다.
③ 직원 자신이 상사로부터 인정받고 있으며 일부 권한을 위임받았다고 느낄 수 있도록 동기를 부여한다.
④ 직원들이 자신의 업무에 책임을 지도록 하는 환경 속에서 일할 수 있게 해 준다.

> ✔해설 리더는 변화를 두려워하지 않아야 하며, 리스크를 극복할 자질을 키워야한다. 위험을 감수해야 할 이유가 합리적이고 목표가 실현가능한 것이라면 직원들은 기꺼이 변화를 향해 나아갈 것이며, 위험을 선택한 자신에게 자긍심을 가지며 좋은 결과를 이끌어내고자 지속적으로 노력할 것이다.

13 G사 홍보팀 직원들은 팀워크를 향상시킬 수 있는 방법에 대한 토의를 진행하며 다음과 같은 의견들을 제시하였다. 다음 중 팀워크의 기본요소를 제대로 파악하고 있지 못한 사람은 누구인가?

> A : "팀워크를 향상시키기 위해서는 무엇보다 팀원 간의 상호 신뢰와 존중이 중요하다고 봅니다."
> B : "또 하나 빼놓을 수 없는 것은 스스로에 대한 넘치는 자아의식이 수반되어야 팀워크에 기여할 수 있어요."
> C : "팀워크는 상호 협력과 각자의 역할에서 책임을 다하는 자세가 기본이 되어야 함을 우리 모두 명심해야 합니다."
> D : "저는 팀원들끼리 솔직한 대화를 통해 서로를 이해하는 일이 무엇보다 중요하다고 생각해요."

① A   ② B
③ C   ④ D

✔해설 '내가'라는 자아의식의 과잉은 팀워크를 저해하는 대표적인 요인이 될 수 있다. 팀워크는 팀 구성원이 공동의 목적을 달성하기 위해 상호 관계성을 가지고 서로 협력하여 일을 해나가는 것인 만큼 자아의식이 강하거나 자기중심적인 이기주의는 반드시 지양해야 할 요소가 된다.

14 직장생활을 하다보면 조직원들 사이에 갈등이 존재할 수 있다. 이러한 갈등은 서로 불일치하는 규범, 이해, 목표 등이 충돌하는 상태를 의미한다. 다음 중 갈등을 확인할 수 있는 단서로 볼 수 없는 것은?

① 지나치게 논리적으로 논평과 제안을 하는 태도
② 타인의 의견발표가 끝나기도 전에 타인의 의견에 대해 공격하는 태도
③ 핵심을 이해하지 않고 무조건 상대를 비난하는 태도
④ 무조건 편을 가르고 타협하기를 거부하는 태도

✔해설 갈등을 확인할 수 있는 단서
ㄱ 지나치게 감정적으로 논평과 제안을 하는 것
ㄴ 타인의 의견발표가 끝나기도 전에 타인의 의견에 대해 공격하는 것
ㄷ 핵심을 이해하지 못한 채 서로 비난하는 것
ㄹ 편을 가르고 타협하기를 거부하는 것
ㅁ 개인적인 수준에서 미묘한 방식으로 서로를 공격하는 것

Answer   11.②   12.①   13.②   14.①

15 다음의 대화를 통해 알 수 있는 내용으로 가장 알맞은 것은?

> K 팀장 : 좋은 아침입니다. 어제 말씀드린 보고서는 다 완성이 되었나요?
> L 사원 : 예, 아직 완성을 하지 못했습니다. 시간이 많이 부족한 것 같습니다.
> K 팀장 : 보고서를 작성하는 데 어려움이 있나요?
> L 사원 : 팀장님의 지시대로 하는 데 어려움은 없습니다. 그러나 저에게 주신 자료 중 잘못된
>   부분이 있는 것 같습니다.
> K 팀장 : 아. 저도 몰랐던 부분이네요. 잘못된 점이 무엇인가요?
> L 사원 : 직접 보시면 아실 것 아닙니까? 일부러 그러신 겁니까?
> K 팀장 : 아 그렇습니까?

① K 팀장은 아침부터 L 사원을 나무라고 있다.
② K 팀장은 좋은 협상 능력을 가지고 있다.
③ K 팀장은 리더로서의 역할이 부족하다.
④ L 사원은 팀원으로서의 팔로워십이 부족하다.

> ✔해설 대화를 보면 L 사원이 팔로워십이 부족함을 알 수 있다. 팔로워십은 팀의 구성원으로서의 역할을 충
> 실하게 잘 수행하는 능력을 말한다. L 사원은 헌신, 전문성, 용기, 정직, 현명함을 갖추어야 하고 리
> 더의 결점이 있으면 올바르게 지적하되 덮어주는 아량을 갖추어야 한다.

16 팀장 甲이 팀워크를 촉진하기 위해 취할 수 있는 행동으로 옳은 것은?

> 팀장 甲은 사원 乙, 丙에게 두 사람이 함께 시장조사를 하라고 지시했다. 2주 뒤 팀장 甲이 乙, 丙에게 시장조사에 대해 묻자 乙은 "제 몫은 끝냈습니다. 하지만 丙은…." 라고 했다. 丙은 발끈하여 "애초부터 乙보다 분량이 월등히 많았습니다."라고 반박했다. 乙은 "분량은 처음 업무 분배를 할 때 결정한 사항이므로 문제가 되지 않습니다."라고 덧붙였다.

① 乙, 丙이 독자적인 아이디어를 낼 수 있도록 격려한다.
② 창의력 조성을 위한 협력적인 환경을 조성하도록 한다.
③ 乙, 丙 사이에 개입하여 갈등을 중재하고 의견을 교환한다.
④ 자발적으로 참여할 수 있는 분위기를 형성한다.

✔ 해설 乙과 丙의 갈등 상황이므로 팀장인 甲이 갈등을 해결하는 행동을 취해야 한다.

17 경영상의 위기를 겪고 있는 S사의 사장은 직원들을 모아 놓고 위기 탈출을 위한 방침을 설명하며, 절대 사기를 잃지 말 것을 주문하고자 한다. 다음 중 S사 사장이 바람직한 리더로서 직원들에게 해야 할 연설의 내용으로 적절하지 않은 것은 어느 것인가?

① "지금의 어려움뿐 아니라 항상 미래의 지향점을 잊지 않고 반드시 이 위기를 극복하겠습니다."

② "저는 이 난관을 극복하기 위해 당면한 과제를 어떻게 해결할까 하는 문제보다 무엇을 해야 하는지에 집중하며 여러분을 이끌어 나가겠습니다."

③ "여러분들이 해 주어야 할 일들을 하나하나 제가 지시하기보다 모두가 자발적으로 우러나오는 마음을 가질 수 있는 길이 무엇인지 고민할 것입니다."

④ "저는 어떠한 일이 있어도 위험이 따르는 도전을 거부할 것이니 모두들 안심하고 업무에 만전을 기해주시길 바랍니다."

> ✔해설 바람직한 리더에게는 위험을 회피하기보다 계산된 위험을 취하는 진취적인 자세가 필요하다. 위험을 회피하는 것은 리더가 아닌 관리자의 모습으로, 조직을 이끌어 갈 수 있는 바람직한 방법이 되지 못한다.
> ① 새로운 상황을 창조하며 오늘보다는 내일에 초점을 맞춘다.
> ② 어떻게 할까보다는 무엇을 할까를 생각한다.
> ③ 사람을 관리하기보다 사람의 마음에 불을 지핀다.

18 윈-윈(WIN-WIN) 갈등 관리법에 대한 설명으로 적절하지 않은 것은?

① 문제의 근본적인 해결책을 얻는 방법이다.

② 갈등을 피하거나 타협으로 예방하기 위한 방법이다.

③ 갈등 당사자 서로가 원하는 바를 얻을 수 있는 방법이다.

④ 긍정적인 접근방식에 의거한 갈등해결 방법이다.

> ✔해설 갈등을 피하거나 타협으로 예방하려는 것은 문제를 근본적으로 해결하기에 한계가 있으므로 갈등에 관련된 모든 사람들의 의견을 받아 본질적인 해결책을 얻는 방법이 윈-윈 갈등 관리법이다.

19 다음 중 효과적인 팀의 특성으로 옳지 않은 것은?

① 팀의 사명과 목표를 명확하게 기술한다.

② 역할과 책임을 명료화시킨다.

③ 리더십 역량을 공유하며 구성원 상호간에 지원을 아끼지 않는다.

④ 주관적인 결정을 내린다.

> ✔ 해설 효과적인 팀의 특성
> ㉠ 팀의 사명과 목표를 명확하게 기술한다.
> ㉡ 창조적으로 운영된다.
> ㉢ 결과에 초점을 맞춘다.
> ㉣ 역할과 책임을 명료화시킨다.
> ㉤ 조직화가 잘 되어 있다.
> ㉥ 개인의 강점을 활용한다.
> ㉦ 리더십 역량을 공유하며 구성원 상호간에 지원을 아끼지 않는다.
> ㉧ 팀 풍토를 발전시킨다.
> ㉨ 의견의 불일치를 건설적으로 해결한다.
> ㉩ 개방적으로 의사소통을 한다.
> ㉪ 객관적인 결정을 내린다.
> ㉫ 팀 자체의 효과성을 평가한다.

20 다음 세 조직의 특징에 대한 설명으로 적절하지 않은 것은?

> • A팀 : 쉽지 않은 해외 영업의 특성 때문인지, 직원들은 대체적으로 질투심이 좀 강한 편이고 서로의 사고방식의 차이를 이해하지 못하는 분위기다. 일부 직원은 조직에 대한 이해도가 다소 떨어지는 것으로 보인다.
> • B팀 : 직원들의 목표의식과 책임감이 강하고 직원들 상호 간 협동심이 뛰어나다. 지난 달 최우수 조직으로 선정된 만큼 자신이 팀의 일원이라는 점에 자부심이 강하며 매사에 자발적인 업무 수행을 한다.
> • C팀 : 팀의 분위기가 아주 좋으며 모두들 C팀에서 근무하기를 희망한다. 사내 체육대회에서 1등을 하는 등 직원들 간의 끈끈한 유대관계가 장점이나, 지난 2년간 조직 평가 성적이 만족스럽지 못하여 팀장은 내심 걱정거리가 많다.

① B팀은 우수한 팀워크를 가진 조직이다.

② A팀은 자아의식이 강하고 자기중심적인 조직으로 평가할 수 있다.

③ C팀은 응집력이 좋은 팀으로 평가할 수 있다.

④ 팀의 분위기가 좋으나 성과를 내지 못하고 있다면, 팀워크는 좋으나 응집력이 부족한 집단이다.

✅ 해설   B팀은 팀워크가 좋은 팀, C팀은 응집력이 좋은 팀, A팀은 팀워크와 응집력 모두가 좋지 않은 팀이다. C팀과 같이 성과를 내지 못하고 있지만 팀의 분위기가 좋다면 이것은 팀워크가 아니라 응집력이 좋다고 표현할 수 있다. 응집력은 사람들로 하여금 계속 그 집단에 머물게 하고, 집단의 멤버로서 남아있기를 희망하게 만드는 힘이다.

21 다음의 밑줄 친 부분에 대한 설명으로 옳지 않은 것은?

> A사는 지난해부터 지금까지 조직개편을 진행하고 있다. 내부 사업 부서를 별도 법인으로 설립하거나 조직을 세분화하는 등 조직의 체질을 완전히 바꿔놓겠다는 의지를 보이고 있다. 우선 지난 해 4월 ㉠ 팀제를 폐지한 데 이어 올해 초 본부제를 폐지하고 의사결정단계를 기존 3단계에서 '센터·그룹−실·랩'의 2단계로 축소하였다. 본부에 속해 있는 18개 센터와 8개의 셀을 상하구조 없이 전면배치하였다. 조직의 규모는 14명인 조직부터 최대 173명인 곳까지 다양하다. 조직 리더들의 직급도 제한을 두지 않았다. 또 독립기업 제도인 CIC를 도입했다. 회사 측은 CIC에 대해 셀 조직의 진화된 형태로, 가능성 있는 서비스가 독립적으로 성장할 수 있도록 적극 지원하는 구조라고 설명하였다. 셀이 서비스 자체에서만 독립성을 지녔다면, CIC는 인사나 재무 등 경영전반의 주도권도 갖는다. A사 관계자는 메일과 캘린더, 클라우드 사업을 분사하는 계획도 검토 중이라며 벤처 정신을 살리고 빠른 의사결정을 할 수 있는 조직을 갖추는 것이 핵심이라고 말했다.

① 다양한 팀 간의 수평적인 연결 관계를 창출해 전체 구성원들이 정보를 공유하기가 용이하다.
② 경영환경에 유연하게 대처하여 기업의 경쟁력을 제고할 수 있다.
③ 구성원 간 이질성 및 다양성의 결합과 활용을 통한 시너지의 효과를 촉진시킨다.
④ 팀장이 되지 못한 기존 조직의 간부사원의 사기가 저하되지 않는다.

✔ **해설** 팀제에서는 팀장이 되지 못한 기존 조직의 간부사원들의 사기가 저하될 수 있는 문제점이 있다.

22 조직 사회에서 일어나는 갈등을 해결하는 방법 중 문제를 회피하지 않으면서 상대방과의 대화를 통해 동등한 만큼의 목표를 서로 누리는 두 가지 방법이 있다. 이 두 가지 갈등해결방법에 대한 다음의 설명 중 빈칸에 들어갈 알맞은 말은?

첫 번째 유형은 자신에 대한 관심과 상대방에 대한 관심이 중간정도인 경우로서, 서로가 받아들일 수 있는 결정을 하기 위하여 타협적으로 주고받는 방식을 말한다. 즉, 갈등 당사자들이 반대의 끝에서 시작하여 중간 정도 지점에서 타협하여 해결점을 찾는 것이다.

두 번째 유형은 협력형이라고도 하는데, 자신은 물론 상대방에 대한 관심이 모두 높은 경우로서 '나도 이기고 너도 이기는 방법(win-win)'을 말한다. 이 방법은 문제해결을 위하여 서로 간에 정보를 교환하면서 모두의 목표를 달성할 수 있는 '원원' 해법을 찾는다. 아울러 서로의 차이를 인정하고 배려하는 신뢰감과 공개적인 대화를 필요로 한다. 이 유형이 가장 바람직한 갈등해결 유형이라 할 수 있다. 이러한 '원원'의 방법이 첫 번째 유형과 다른 점은 (   )는 것이며, 이것을 '원원 관리법'이라고 한다.

① 시너지 효과를 극대화할 수 있다.　　　　② 상호 친밀감이 더욱 돈독해진다.
③ 보다 많은 이득을 얻을 수 있다.　　　　④ 문제의 근본적인 해결책을 얻을 수 있다.

✔해설　첫 번째 유형은 타협형, 두 번째 유형은 통합형을 말한다. 갈등의 해결에 있어서 문제를 근본적·본질적으로 해결하는 것이 가장 좋다. 통합형 갈등해결 방법에서의 '원원(Win-Win) 관리법'은 서로가 원하는 바를 얻을 수 있기 때문에 성공적인 업무관계를 유지하는 데 매우 효과적이다.

23 다음에 해당하는 협상전략은 무엇인가?

양보전략으로 상대방이 제시하는 것을 일방적으로 수용하여 협상의 가능성을 높이려는 전략이다. 순응전략, 화해전략, 수용전략이라고도 한다.

① 협력전략　　　　　　　　　　　　② 회피전략
③ 강압전략　　　　　　　　　　　　④ 유화전략

✔해설　① 협력전략 : 협상 참여자들이 협동과 통합으로 문제를 해결하고자 하는 협력적 문제해결전략이다.
② 회피전략 : 무행동전략으로 협상으로부터 철수하는 철수전략이다. 협상을 피하거나 잠정적으로 중단한다.
③ 강압전략 : 경쟁전략으로 자신이 상대방보다 힘에 있어서 우위를 점유하고 있을 때 자신의 이익을 극대화하기 위한 공격적 전략이다.

24 다음 중 동기부여 방법으로 옳지 않은 것은?

① 긍정적 강화법을 활용한다.

② 새로운 도전의 기회를 부여한다.

③ 적절한 코칭을 한다.

④ 일정기간 교육을 실시한다.

> ✔해설 동기부여 방법
> ㉠ 긍정적 강화법을 활용한다.
> ㉡ 새로운 도전의 기회를 부여한다.
> ㉢ 창의적인 문제해결법을 찾는다.
> ㉣ 책임감으로 철저히 무장한다.
> ㉤ 적절한 코칭을 한다.
> ㉥ 변화를 두려워하지 않는다.
> ㉦ 지속적으로 교육한다.

25 다음 중 거만형 불만고객에 대한 대응방안으로 옳지 않은 것은?

① 정중하게 대하는 것이 좋다.

② 분명한 증거나 근거를 제시하여 스스로 확신을 갖도록 유도한다.

③ 자신의 과시욕이 채워지도록 뽐내게 내버려 둔다.

④ 의외로 단순한 면이 있으므로 일단 호감을 얻게 되면 득이 될 경우도 있다.

> ✔해설 의심형 불만고객에 대한 대응방안이다.

26 '협상'을 위해 취하여하 할 ㈎ ~ ㈐의 행동을 바람직한 순서대로 알맞게 나열한 것은?

> ㈎ 자신의 의견을 적극적으로 개진하여 상대방이 수용할 수 있는 근거를 제시한다.
> ㈏ 상대방의 의견을 경청하고 자신의 주장을 제시한다.
> ㈐ 합의를 통한 결과물을 도출하여 최종 서명을 이끌어낸다.
> ㈑ 상대방 의견을 분석하여 무엇이 그러한 의견의 근거가 되었는지 찾아낸다.

① ㈑－㈐－㈏－㈎
② ㈑－㈎－㈏－㈐
③ ㈏－㈎－㈐－㈑
④ ㈏－㈑－㈎－㈐

> ✔해설 협상은 보통 '협상 시작→상호 이해→실질 이해→해결 대안→합의 문서'의 다섯 단계로 구분한다. 제시된 보기는 ㈎-해결 대안, ㈏-상호 이해, ㈐-합의 문서, ㈑-실질 이해이므로 올바른 순서는 ㈏ － ㈑ － ㈎ － ㈐이다.

27 직장인 K 씨는 야구에 전혀 관심이 없다. 그러나 하나 밖에 없는 아들은 야구를 엄청 좋아한다. 매일 바쁜 업무로 인하여 아들과 서먹해진 느낌을 받은 K 씨는 휴가를 내어 아들과 함께 전국으로 프로야구 경기를 관람하러 다녔다. 그 덕분에 K 씨와 아들의 사이는 급속도로 좋아졌다. K 씨의 행동에 대한 설명으로 옳은 것은?

① K 씨는 회사에 흥미를 잃었다.
② K 씨는 새롭게 야구경기에 눈을 뜨게 되었다.
③ K 씨는 아들에 대한 이해와 배려가 깊다.
④ K 씨는 아들이 자기를 욕할까봐 무섭다.

> ✔해설 K 씨의 행동은 대인관계 향상 방법의 하나인 상대방을 이해하는 마음에 해당한다.

28 고객만족을 측정하는 데 있어 오류를 범하는 경우가 발생한다. 다음 중 오류를 범할 수 있는 유형에 해당하지 않는 것은?

① 고객이 원하는 것을 알고 있다고 착각한다.
② 포괄적인 가치만을 질문한다.
③ 모든 고객들이 동일 수준의 서비스를 원한다고 생각한다.
④ 전문가로부터 도움을 얻는다.

> ✔️해설 고객만족을 측정하는 데 있어 오류를 범할 수 있는 유형
> ㉠ 고객이 원하는 것을 알고 있다고 생각한다.
> ㉡ 적절한 측정 프로세스 없이 조사를 시작한다.
> ㉢ 비전문가로부터 도움을 얻는다.
> ㉣ 포괄적인 가치만을 질문한다.
> ㉤ 중요도척도를 오용한다.
> ㉥ 모든 고객이 동일 수준의 서비스를 원하고 필요하다고 생각한다.

29 다음 글을 읽고 김 사원이 취할 가장 적절한 대응 방법은 무엇인가?

> OO기업에 근무하는 김 사원이 휴가로 자리를 비운 사이 이대리가 김 사원의 업무를 위임받아 기존 계약 업체가 아닌 다른 업체와 계약을 했다. 김 사원이 복귀한 후 이를 알게 되었고, 기존 계약 업체에서 항의하며 계약 이행을 요구하는 상황이 발생했다.

① 기존 업체와의 관계 유지를 위해 무조건 기존 업체와 계약을 이행하도록 한다.
② 이 대리의 계약이 이미 성립되었으므로 기존 업체의 항의를 무시하고 새로운 업체와 계약한다.
③ 이 대리와 협력하여 상황을 객관적으로 분석하고 상급자와 논의하여 최적의 해결 방안을 찾는다.
④ 이 대리에게 모든 책임을 전가하고 상급자의 결정을 기다린다.

> ✔️해설 ① 기존 계약 업체와의 관계를 고려하는 것도 중요하지만, 무조건 기존 업체와 계약을 이행하는 것은 상황을 객관적으로 판단하지 않은 대응이다.
> ② 새로운 업체와 계약을 체결했더라도 기존 계약 업체의 문제를 무시하면 신뢰도 하락 및 법적 분쟁의 가능성이 있다.
> ④ 책임을 회피하는 태도는 조직 내 신뢰를 저하시키고, 이 대리와 협력하여 문제를 해결하려는 주도적인 태도가 필요하다.

Answer 26.④ 27.③ 28.④ 29.③

30 다음 사례에 나타난 리더십 유형의 특징으로 옳은 것은?

> 이번에 새로 팀장이 된 대근은 입사 5년차인 비교적 젊은 팀장이다. 그는 자신의 팀에 있는 팀원들은 모두 나름대로의 능력과 경험을 가지고 있으며 자신은 그들 중 하나에 불과하다고 생각한다. 따라서 다른 팀의 팀장들과 같이 일방적으로 팀원들에게 지시를 내리거나 팀원들의 의견을 듣고 그 중에서 마음에 드는 의견을 선택적으로 추리는 등의 행동을 하지 않고 평등한 입장에서 팀원들을 대한다. 또한 그는 그의 팀원들에게 의사결정 및 팀의 방향을 설정하는데 참여할 수 있는 기회를 줌으로써 팀 내 행동에 따른 결과 및 성과에 대해 책임을 공유해 나가고 있다. 이는 모두 팀원들의 능력에 대한 믿음에서 비롯된 것이다.

① 질문을 금지한다.
② 모든 정보는 리더의 것이다.
③ 실수를 용납하지 않는다.
④ 책임을 공유한다.

 ①②③ 전형적인 독재자 유형의 특징이다.
    ※ 파트너십 유형의 특징
      ㉠ 평등
      ㉡ 집단의 비전
      ㉢ 책임 공유

31 갈등관리 상황에서 자기와 상대이익을 만족시키려는 의도가 다 같이 높을 때 제시될 수 있는 갈등해소 방안으로 가장 적합한 것은?

① 협동
② 경쟁
③ 타협
④ 회피

구분		상대방의 이익을 만족시키려는 정도		
		낮음	중간	높음
자신의 이익을 만족시키려는 정도	낮음	회피		순응
	중간		타협	
	높음	경쟁		협동

32 다음 열거된 항목들 중, 팀원에게 제시할 수 있는 '팀원의 강점을 잘 활용하여 팀 목표를 달성하는 효과적인 팀'의 핵심적인 특징으로 선택하기에 적절하지 않은 것은?

㉮ 객관적인 결정을 내린다.

㉯ 팀의 사명과 목표를 명확하게 기술한다.

㉰ 역할과 책임을 명료화시킨다.

㉱ 개인의 강점을 활용하기보다 짜인 시스템을 활용한다.

㉲ 의견의 불일치를 건설적으로 해결한다.

㉳ 결과보다 과정과 방법에 초점을 맞춘다.

---

① ㉮, ㉰, ㉱
② ㉯, ㉲, ㉱, ㉳
③ ㉱, ㉳
④ ㉲, ㉳

✔해설 ㉱ 개인의 감정을 활용한다.
㉳ 과정과 방법이 아닌 결과에 초점을 맞추어야 한다.
※ 효과적인 팀의 핵심적인 특징으로는 다음과 같은 것들이 있다.
㉠ 팀의 사명과 목표를 명확하게 기술한다.
㉡ 창조적으로 운영된다.
㉢ 결과에 초점을 맞춘다.
㉣ 역할과 책임을 명료화시킨다.
㉤ 조직화가 잘되어 있다.
㉥ 개인의 강점을 활용한다.
㉦ 리더십 역량을 공유하며 구성원 상호간에 지원을 아끼지 않는다.
㉧ 의견의 불일치를 건설적으로 해결한다.
㉨ 개방적인 의사소통을 하고 객관적인 결정을 내린다.

33 제약회사 영업부에 근무하는 U 씨는 영업부 최고의 성과를 올리는 영업사원으로 명성이 자자하다. 그러나 그런 그에게도 단점이 있었으니 그것은 바로 서류 작업을 정시에 마친 적이 없다는 것이다. U 씨가 회사로 복귀하여 서류 작업을 지체하기 때문에 팀 전체의 생산성에 차질이 빚어지고 있다면 영업부 팀장인 K 씨의 행동으로 올바른 것은?

① U 씨의 영업실적은 뛰어나므로 다른 직원에게 서류 작업을 지시한다.
② U 씨에게 퇴근 후 서류 작업을 위한 능력을 개발하라고 지시한다.
③ U 씨에게 서류작업만 할 수 있는 아르바이트 직원을 붙여준다.
④ U 씨로 인한 팀의 분위기를 설명하고 해결책을 찾아보라고 격려한다.

> ✔ 해설 팀장인 K 씨는 U 씨에게 팀의 생산성에 영향을 미치는 내용을 상세히 설명하고 이 문제와 관련하여 해결책을 스스로 강구하도록 격려하여야 한다.

34 다음 중 팀워크의 사례가 아닌 것은?

① 부하직원의 작은 실수로 실패할 뻔 했던 거래를 같은 팀원들이 조금씩 힘을 보태어 거래를 성사시킨 일
② 도저히 기한 안에 처리될 것 같지 않던 프로젝트를 팀원들이 모두 힘을 합하여 성공적으로 마무리한 일
③ 사무실 내의 분위기가 좋고 서로를 배려해서 즐겁게 일하여 부서이동 때 많이 아쉬웠던 일
④ 상을 당한 팀장님의 갑작스런 부재에도 당황하지 않고 각자 업무를 분담하여 운영에 차질이 없었던 일

> ✔ 해설 ③ 응집력이 좋은 사례이다.
> ※ 팀워크와 응집력
> ㉠ 팀워크: 팀 구성원이 공동의 목적을 달성하기 위해 상호 관계성을 가지고 협력하여 일을 해나가는 것
> ㉡ 응집력: 사람들로 하여금 집단에 머물고 싶도록 하고, 그 집단의 멤버로 계속 남아있기를 원하게 만드는 것

35 직장인 Y 씨는 태어나서 지금까지 단 한 번도 지키지 못할 약속은 한 적이 없다. 그리고 모든 상황에서 이를 지키기 위하여 노력을 한다. 그러나 사람의 일이 모두 뜻대로 되지 않듯이 예기치 않은 사건의 발생으로 약속을 지키지 못하는 경우는 생기기 마련이다. 이럴 때 Y 씨는 상대방에게 충분히 자신의 상황을 설명하여 약속을 연기한다. Y 씨의 행동은 대인관계 향상 방법 중 어디에 해당하는가?

① 상대방에 대한 이해
② 사소한 일에 대한 관심
③ 약속의 이행
④ 언행일치

> ✔해설 책임을 지고 약속을 지키는 것은 중요한 일이다. 약속을 어기게 되면 다음에 약속을 해도 상대방은 믿지 않게 마련이다. 약속은 대개 사람들의 기대를 크게 만들기 때문에 항상 약속을 지키는 습관을 가져야 신뢰감을 형성할 수 있게 된다.

36 협상의 의미를 바르게 연결한 것은?

① 의사소통 차원의 협상 – 자신이 얻고자 하는 것을 가진 사람의 호의를 쟁취하기 위한 것에 관한 지식이며 노력의 분야이다.
② 갈등해결 차원의 협상 – 갈등관계에 있는 이해당사자들이 대화를 통해서 갈등을 해결하고자 하는 상호작용과정이다.
③ 지식과 노력 차원의 협상 – 이해당사자들이 자신들의 욕구를 충족시키기 위해 상대로부터 최선의 것을 얻어내기 위해 상대를 설득하는 커뮤니케이션 과정이다.
④ 의사결정 차원의 협상 – 둘 이상의 이해당사자들이 여러 대안들 가운데 이해당사자들의 찬반을 통해 다수의 의견이 모아지는 대안을 선택하는 의사결정과정이다.

> ✔해설 ① 의사소통 차원의 협상 : 이해당사자들이 자신들의 욕구를 충족시키기 위해 상대로부터 최선의 것을 얻어내기 위해 상대를 설득하는 커뮤니케이션 과정이다.
> ③ 지식과 노력 차원의 협상 : 자신이 얻고자 하는 것을 가진 사람의 호의를 쟁취하기 위한 것에 관한 지식이며 노력의 분야이다.
> ④ 의사결정 차원의 협상 : 둘 이상의 이해당사자들이 여러 대안들 가운데 이해당사자들 모두가 수용 가능한 대안을 찾기 위한 의사결정과정이다.

Answer 33.④ 34.③ 35.③ 36.②

37 리더십에 대한 일반적인 의미로 볼 수 없는 것은?

① 조직 구성원들로 하여금 조직목표를 위해 자발적으로 노력하도록 영향을 주는 행위를 말한다.

② 목표달성을 위하여 개인이 조직원들에게 영향을 미치는 과정을 말한다.

③ 주어진 상황 내에서 목표달성을 위해 개인 또는 집단에 영향력을 행사하는 과정을 의미한다.

④ 조직의 관리자가 하급자에게 발휘하는 일종의 권력을 의미한다.

> ✔해설 리더십은 하급자뿐만 아니라 동료나 상사에게까지도 발휘하는 사회적 영향력이다.

38 다음의 사례를 보고 뉴욕의 리츠칼튼 호텔의 고객서비스의 특징으로 옳은 것은?

> Robert는 미국 출장길에 샌프란시스코의 리츠칼튼 호텔에서 하루를 묵은 적이 있었다. 그는 서양식의 푹신한 베개가 싫어서 프런트에 전화를 걸어 좀 딱딱한 베개를 가져다 달라고 요청하였다. 호텔 측은 곧이어 딱딱한 베개를 구해왔고 덕분에 잘 잘 수 있었다. 다음날 현지 업무를 마치고 다음 목적지인 뉴욕으로 가서 우연히 다시 리츠칼튼 호텔에서 묵게 되었는데 아무 생각 없이 방 안에 들어간 그는 깜짝 놀랐다. 침대 위에 전날 밤 사용하였던 것과 같은 딱딱한 베개가 놓여 있는 게 아닌가. 어떻게 뉴욕의 호텔이 그것을 알았는지 그저 놀라울 뿐이었다. 그는 호텔 측의 이 감동적인 서비스를 잊지 않고 출장에서 돌아와 주위 사람들에게 침이 마르도록 칭찬했다. 어떻게 이런 일이 가능했을까? 리츠칼튼 호텔은 모든 체인점이 항시 공유할 수 있는 고객 데이터베이스를 구축하고 있었고, 데이터베이스에 저장된 정보를 활용해서 그 호텔을 다시 찾는 고객에게 완벽한 서비스를 제공하고 있었던 것이다.

① 불만 고객에 대한 사후 서비스가 철저하다.

② 신규 고객 유치를 위해 이벤트가 다양하다.

③ 고객이 물어보기 전에 고객이 원하는 것을 실행한다.

④ 고객이 원하는 것이 이루어질 때까지 노력한다.

> ✔해설 리츠칼튼 호텔은 고객이 무언가를 물어보기 전에 고객이 원하는 것에 먼저 다가가는 것을 서비스 정신으로 삼고 있다. 기존 고객의 데이터베이스를 공유하여 고객이 원하는 서비스를 미리 제공할 수 있는 것이다.

39 다음 중 임파워먼트에 해당하는 가장 적절한 사례는 무엇인가?

① 영업부 팀장 L 씨는 사원 U 씨에게 지난 상반기의 판매 수치를 정리해 오라고 요청하였다. 또한 데이터베이스를 업데이트하고, 회계부서에서 받은 수치를 반영하여 새로운 보고서를 제출하라고 지시하였다.

② 편집부 팀장 K 씨는 사원 S씨에게 지난 3달간의 도서 판매 실적을 정리해 달라고 요청하였다. 또한 신간등록이 되어 있는지 확인 후 업데이트하고, 하반기에 내놓을 새로운 도서의 신간 기획안을 제출하라고 지시하였다.

③ 마케팅팀 팀장 I 씨는 사원 Y 씨에게 상반기 판매 수치를 정리하고 이 수치를 분석하여 하반기 판매 향상에 도움이 될 만한 마케팅 계획을 직접 개발하도록 지시했다.

④ 홍보부 팀장 H 씨는 사원 R 씨에게 지난 2년간의 회사 홍보물 내용을 검토하고 업데이트 할 내용을 정리한 후 보고서로 작성하여 10부를 복사해 놓으라고 지시하였다.

> ✔ 해설 임파워먼트는 권한 위임을 의미한다. 직원들에게 일정 권한을 위임함으로서 훨씬 수월하게 성공의 목표를 이룰 수 있을 뿐 아니라 존경받는 리더로 거듭날 수 있다. 권한 위임을 받은 직원은 자신의 능력을 인정받아 권한을 위임받았다고 인식하는 순간부터 업무효율성이 증가하게 된다.

40 다음은 팀장과 팀원의 대화이다. 다음 상황에서 팀장이 주의해야 할 점으로 옳지 않은 것은?

팀장 : 구체적으로 어떤 업무를 하길 원하는지, 그리고 새로운 업무 목표는 어떻게 이룰 것인지 의견을 듣고 싶습니다.

팀원 : 솔직히 저는 현재 제가 맡고 있는 업무도 벅찬데 새로운 업무를 받은 것에 대해 달갑지 않습니다. 그저 난감할 뿐이죠.

팀장 : 그렇군요. 그 마음 충분히 이해합니다. 하지만 현재 회사 여건상 인력감축은 불가피합니다. 현재의 인원으로 업무를 어떻게 수행할 수 있을지에 대해 우리는 계획을 세워야 합니다. 이에 대해 새로 맡게 될 업무를 검토하고 그것을 어떻게 달성할 수 있을지 집중적으로 얘기해 봅시다.

팀원 : 일단 주어진 업무를 모두 처리하기에는 시간이 너무 부족합니다. 좀 더 다른 방법을 세워야 할 것 같아요.

팀장 : 그렇다면 혹시 그에 대한 다른 대안이 있나요?

팀원 : 기존에 제가 가지고 있던 업무들을 보면 없어도 될 중복된 업무들이 있습니다. 이러한 업무들을 하나로 통합한다면 새로운 업무를 볼 여유가 생길 것 같습니다.

팀장 : 좋습니다. 좀 더 구체적으로 말씀해 주시겠습니까?

팀원 : 우리는 지금까지 너무 고객의 요구를 만족시키기 위해 필요 없는 절차들을 많이 따르고 있었습니다. 이를 간소화할 필요가 있다고 생각합니다.

팀장 : 그렇군요. 어려운 문제에 대해 좋은 해결책을 제시해 줘서 정말 기쁩니다. 그렇다면 지금부터는 새로운 업무를 어떻게 진행시킬지, 그리고 그 업무가 어떤 이점으로 작용할지에 대해 말씀해 주시겠습니까? 지금까지 맡은 업무를 잘 처리하였지만 너무 같은 업무만을 하다보면 도전정신도 없어지고 자극도 받지 못하죠. 이번에 새로 맡게 될 업무를 완벽하게 처리하기 위해 어떤 방법을 활용할 생각입니까?

팀원 : 네. 사실 말씀하신 바와 같이 지금까지 겪어보지 못한 전혀 새로운 업무라 기분이 좋지는 않습니다. 하지만 반면 저는 지금까지 제 업무를 수행하면서 창의적인 능력을 사용해 보지 못했습니다. 이번 업무는 제게 이러한 창의적인 능력을 발휘할 수 있는 기회입니다. 따라서 저는 이번 업무를 통해 좀 더 창의적인 능력을 발휘해 볼 수 있는 경험과 그에 대한 자신감을 얻게 됐다는 점이 가장 큰 이점으로 작용할 것이라 생각됩니다.

팀장 : 정말 훌륭한 생각을 가지고 있군요. 이미 당신은 새로운 기술과 재능을 가지고 있다는 것을 우리에게 보여주고 있습니다.

① 지나치게 많은 정보와 지시를 내려 직원들을 압도한다.

② 어떤 활동을 다루고, 시간은 얼마나 걸리는지 등에 대해 구체적이고 명확하게 밝힌다.

③ 질문과 피드백에 충분한 시간을 할애한다.

④ 직원들의 반응을 이해하고 인정한다.

> **✔해설** 위의 상황은 팀장이 팀원에게 코칭을 하고 있는 상황이다. 따라서 코칭을 할 때 주의해야 할 점으로 옳지 않은 것을 고르면 된다.
>
> ① 지나치게 많은 정보와 지시로 직원들을 압도해서는 안 된다.
>
> ※ 코칭을 할 때 주의해야 할 점
>
> ㉠ 시간을 명확히 알린다.
> ㉡ 목표를 확실히 밝힌다.
> ㉢ 핵심적인 질문으로 효과를 높인다.
> ㉣ 적극적으로 경청한다.
> ㉤ 반응을 이해하고 인정한다.
> ㉥ 직원 스스로 해결책을 찾도록 유도한다.
> ㉦ 코칭과정을 반복한다.
> ㉧ 인정할 만한 일은 확실히 인정한다.
> ㉨ 결과에 대한 후속 작업에 집중한다.

Answer 40.①

출제예상문제

1 다음은 어떤 개념에 대한 설명인가?

> • 하드웨어나 인간에 의해 만들어진 비자연적인 대상, 혹은 그 이상을 의미한다.
> • 노하우(know-how)를 포함한다.
> • 하드웨어를 생산하는 과정이다.
> • 인간의 능력을 확장시키기 위한 하드웨어와 그것의 활용을 뜻한다.
> • 정의 가능한 문제를 해결하기 위해 순서화되고 이해 가능한 노력이다.

① 기술   ② 공유
③ 윤리   ④ 문화

 제시된 설명은 기술에 관한 내용이다.
※ 기술능력이 뛰어난 사람의 특징
  ㉠ 실질적 해결을 필요로 하는 문제를 인식한다.
  ㉡ 인식된 문제를 위한 다양한 해결책을 개발하고 평가한다.
  ㉢ 실제적 문제를 해결하기 위해 지식이나 기타 자원을 선택·최적화시키며 적용한다.
  ㉣ 주어진 한계 속에서 제한된 자원을 가지고 일한다.
  ㉤ 기술적 해결에 대한 효용성을 평가한다.
  ㉥ 여러 상황 속에서 기술의 체계와 도구를 사용하고 배울 수 있다.

2 다음 중 수영이가 기술능력을 습득하기 위해 사용한 방법은?

> 수영이는 복지사회로 들어서면서 교육 영역이 복지 분야로 점차 확대될 것이라고 예상하였다. 따라서 직업 관련 과목인 청소년교육에 대해 배우기 위해 한국방송통신대학교 청소년교육학과에 지원하여 인터넷 강의를 듣고 있다.

① 전문 연수원을 통한 과정 연수   ② E-learning을 활용한 교육
③ 상급학교 진학을 통한 교육   ④ OJT를 활용한 기술교육

✔ 해설 수영이는 청소년교육에 대해 배우고자 한국방송통신대학교 청소년교육학과에서 강의를 듣고 있다. 따라서 ②가 적절한 답이다.

3 다음 중 지속가능한 기술에 관한 설명으로 옳지 않은 것은?

① 이용 가능한 자원과 에너지를 고려하는 기술

② 자원이 사용되고 그것이 재생산되는 비율의 조화를 추구하는 기술

③ 자원의 양을 생각하는 기술

④ 자원이 생산적인 방식으로 사용되는가에 주의를 기울이는 기술

> ✔**해설** 지속가능한 기술
> ㉠ 이용 가능한 자원과 에너지를 고려하는 기술
> ㉡ 자원이 사용되고 그것이 재생산되는 비율의 조화를 추구하는 기술
> ㉢ 자원의 질을 생각하는 기술
> ㉣ 자원이 생산적인 방식으로 사용되는가에 주의를 기울이는 기술

4 다음에서 빈칸에 들어갈 개념은 무엇인가?

> _____은(는) 인공물의 집합체만이 아니라 회사, 투자회사, 법적 제도, 정치, 과학, 자연자원을 모두 포함하는 것이기 때문에, 기술적인 것(the technical)과 사회적인 것(the social)이 결합해서 공존한다.

① 기술적용

② 기술선택

③ 기술혁신

④ 기술시스템

> ✔**해설** 제시된 내용은 기술시스템에 관한 내용이다.
> ※ 기술시스템의 발전 단계…발명·개발·혁신의 단계→기술 이전의 단계→기술 경쟁의 단계→기술 공고화 단계

5 다음 중 기술선택을 위해 우선순위를 결정할 때, 올바른 결정이 아닌 사례는?

① 은지 : 기업 간에 모방이 가능한 기술을 먼저 선택한다.
② 동우 : 제품의 성능이나 원가에 미치는 영향력이 큰 기술을 먼저 선택한다.
③ 주희 : 최신 기술로 진부화 될 가능성이 적은 기술을 먼저 선택한다.
④ 정진 : 기업이 생산하는 제품 및 서비스에 보다 광범위하게 활용할 수 있는 기술을 먼저 선택한다.

> ✔해설 **기술선택을 위한 우선순위 결정**
> • 제품의 성능이나 원가에 미치는 영향력이 큰 기술
> • 기술을 활용한 제품의 매출과 이익 창출 잠재력이 큰 기술
> • 쉽게 구할 수 없는 기술
> • 기업 간에 모방이 어려운 기술
> • 기업이 생산하는 제품 및 서비스에 보다 광범위하게 활용할 수 있는 기술
> • 최신 기술로 진부화 될 가능성이 적은 기술

┃6~7┃ 다음은 어떤 수를 구하는 과정이다. 이를 보고 물음에 답하시오. (단, A와 B는 자연수이다.)

1단계 : A에 10, B에 5를 입력한다.
2단계 : A를 B로 나눈 나머지 값을 A에 저장한다.
3단계 : A와 B를 교환한다.
4단계 : B가 0이면 6단계로 진행한다.
5단계 : B가 0이 아니면 2단계로 진행한다.
6단계 : A에 저장된 수를 출력하고 프로그램을 종료한다.

---

6 과정을 보고 이에 대한 설명으로 옳은 것을 고르시오.

㉠ 출력되는 수는 1이다.
㉡ 5단계는 한 번도 실행되지 않는다.
㉢ 최대공약수를 구하는 알고리즘이다.
㉣ A에 B보다 작은 수를 입력하면 무한 반복된다.

---

① ㉠, ㉡   ② ㉠, ㉢
③ ㉡, ㉢   ④ ㉡, ㉣

㉠ 출력되는 값은 5(A의 값)이다.

㉣ A에 B보다 작은 수를 입력해도 무한 반복되지 않는다.

최대공약수를 구하기 위한 알고리즘을 단계별로 해석하고 이해할 수 있어야 한다. 2단계에서 A는 10을 5로 나눈 나머지인 0이 저장된다. 3단계에서 두 수를 교환하면 A에는 5, B에는 0이 저장된다. 4단계에서 B가 0이기 때문에 바로 6단계로 넘어가서 A에 저장된 5가 출력된다.

7 1단계에서 A에 6, B에 56이 입력되면, 2단계를 몇 번 거쳐야 프로그램이 종료하는가?

① 1번   ② 2번

③ 3번   ④ 4번

	A	B
1단계	6	56
2단계	6	56
3단계	56	6
5 → 2단계	2	6
3단계	6	2
5 → 2단계	0	2
3단계	2	0
4 → 6단계	2출력, 프로그램 종료	

프로그램 종료까지 '2단계'를 3번 반복한다.

8～10 다음 글을 읽고 물음에 답하시오.

신입사원 L 씨는 중요한 회의의 자료를 출력하여 인원수에 맞게 복사를 해두라는 팀장님의 지시를 받았는데 아무리 인쇄버튼을 눌러도 프린터에서는 서류가 나오지 않는다. 이때 서랍 속에서 프린터기의 사용설명서를 찾았다.

〈프린터 인쇄 문제 해결사〉

항목	문제	점검사항	조치사항
A	인쇄 출력 품질이 떨어집니다.	올바른 용지를 사용하고 있습니까?	• 프린터 권장 용지를 사용하면 인쇄 출력 품질이 향상됩니다. • 본 프린터는 ○○용지 또는 ◇◇용지의 사용을 권장합니다.
		프린터기의 상태메뉴에 빨간불이 들어와 있습니까?	• 프린터기의 잉크 노즐이 오염된 신호입니다. • 잉크 노즐을 청소하십시오.
B	문서가 인쇄되지 않습니다.	인쇄 대기열에 오류 문서가 있습니까?	인쇄 대기열의 오류 문서를 취소하십시오.
		네트워크가 제대로 연결되어 있습니까?	컴퓨터와 프린터의 네트워크 연결을 확인하고 연결하십시오.
		프린터기에 용지 또는 토너가 공급되어 있습니까?	프린터기에 용지 또는 토너를 공급하십시오.
C	프린터의 기능이 일부 작동하지 않습니다.	본사에서 제공하는 드라이버를 사용하고 있습니까?	본사의 홈페이지에서 제공하는 프린터 드라이버를 받아 설치하십시오.
D	인쇄 속도가 느립니다.	인쇄 대기열에 오류 문서가 있습니까?	인쇄 대기열의 오류 문서를 취소하십시오.
		인쇄하려는 파일에 많은 메모리가 필요합니까?	하드디스크의 사용 가능한 공간의 양을 늘려 보십시오.

8 신입사원인 L 씨가 확인해야 할 항목은 무엇인가?

① A
② B
③ C
④ D

✔해설 문서가 인쇄되지 않을 경우 B항목을 확인해야 한다.

9 신입사원인 L 씨가 확인하지 않아도 될 사항은 무엇인가?

① 인쇄 대기열에 오류 문서가 있는지 확인한다.
② 네트워크가 제대로 연결되어 있는지 확인한다.
③ 프린터기에 용지나 토너가 제대로 공급되어 있는지 확인한다.
④ 올바른 용지를 사용하고 있는지 확인한다.

✔해설 ④는 인쇄 출력 품질이 떨어졌을 때 확인해야 할 사항이다.

10 다음 중 인쇄가 진행되는데 인쇄 속도가 느릴 경우 신입사원 L 씨가 취할 수 있는 행동으로 적절한 것은?

① 잉크 노즐을 청소한다.
② 프린터 회사에서 제공하는 프린터 드라이버를 다시 설치한다.
③ 인쇄 대기열에 오류 문서가 있는지 확인한다.
④ 용지 또는 토너를 다시 공급한다.

✔해설 인쇄 속도가 느릴 경우
　㉠ 인쇄 대기열의 오류 문서를 취소하도록 한다.
　㉡ 하드디스크의 사용 가능한 공간의 양을 늘려 보도록 한다.

Answer 8.② 9.④ 10.③

11~12 다음은 ISBN 코드와 13자리 번호체계를 설명하는 자료이다. 다음을 보고 물음에 답하시오.

국가번호 　　서명식별번호
↓ 　　　　　 ↓
ISBN 978 － 3 － 16 － 148410 － 0
↑ 　　　　　 ↑ 　　　　　 ↑
접두부 　 발행자번호 　　　 체크기호

〈체크기호 계산법〉

• 1단계 – ISBN 처음 12자리 숫자에 가중치 1과 3을 번갈아 가며 곱한다.
• 2단계 – 각 가중치를 곱한 값들의 합을 계산한다.
• 3단계 – 가중치의 합을 10으로 나눈다.
• 4단계 – 3단계의 나머지 값을 10에서 뺀 값이 체크기호가 된다. 단 나머지가 0인 경우의 체크기호는 0이다.

11 빈칸 'A'에 들어갈 마지막 '체크기호'의 숫자는?

ISBN 938 － 15 － 93347 － 12 － (A)

① 5 　　　　　　　　　　　　　② 6
③ 7 　　　　　　　　　　　　　④ 8

 • 1단계

9	3	8	1	5	9	3	3	4	7	1	2
×1	×3	×1	×3	×1	×3	×1	×3	×1	×3	×1	×3
=9	=9	=8	=3	=5	=27	=3	=9	=4	=21	=1	=6

• 2단계 → 9＋9＋8＋3＋5＋27＋3＋9＋4＋21＋1＋6＝105
• 3단계 → 105÷10＝10…5
• 4단계 → 10－5＝5
따라서 체크기호는 5가 된다.

12 빈칸 'B'에 들어갈 수 없는 숫자는?

ISBN 257-31-20028-(B)-3

① 10

② 52

③ 68

④ 94

✓ 해설
- 4단계 → 10-3=7
- 3단계 → 10으로 나누었을 때 나머지가 7이 되는 수
- 1단계

2	5	7	3	1	2	0	0	2	8	x	y
×1	×3	×1	×3	×1	×3	×1	×3	×1	×3	×1	×3
=2	=15	=7	=9	=1	=6	=0	=0	=2	=24	=x	=$3y$

- 2단계 → $2+15+7+9+1+6+2+24+x+3y=66+x+3y$
① $10 \to 66+1+0=67 \to$ 10으로 나누었을 때 나머지가 7이 되는 수
② $52 \to 66+5+6=77 \to$ 10으로 나누었을 때 나머지가 7이 되는 수
③ $68 \to 66+6+24=96 \to$ 10으로 나누었을 때 나머지가 6이 되는 수
④ $94 \to 66+9+12=87 \to$ 10으로 나누었을 때 나머지가 7이 되는 수

Answer 11.① 12.③

스위치	기능
○	1번, 2번 연산을 순방향으로 1회 진행함
●	3번, 4번 연산을 순방향으로 1회 진행함
◇	1번, 4번 연산을 역방향으로 1회 진행함
◆	2번, 3번 연산을 역방향으로 1회 진행함
□	모든 연산을 순방향으로 1회 진행함
■	모든 연산을 역방향으로 1회 진행함

순방향 : + ▶ − ▶ × ▶ ÷ / 역방향 : ÷ ▶ × ▶ − ▶ +

13 처음 상태에서 스위치를 두 번 눌렀더니 다음과 같이 바뀌었다. 어떤 스위치를 눌렀는가?

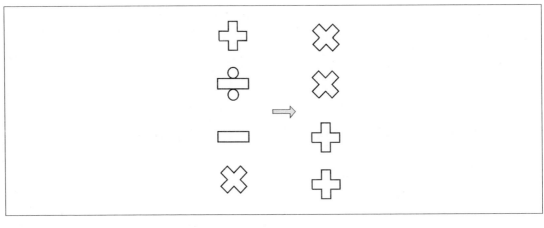

① ○, ■   ② ■, ◇

③ □, ●   ④ ○, ◆

✔해설 ■, ◇을 누르면 다음과 같은 순서로 변화하게 된다.

14 처음 상태에서 스위치를 세 번 눌렀더니 다음과 같이 바뀌었다. 어떤 스위치를 눌렀는가?

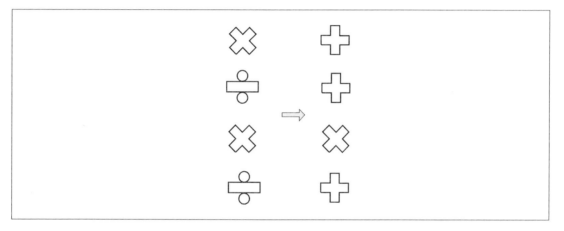

① □, ◆, ○ 　　　　　　　② ●, ■, ◇

③ ◇, □, ● 　　　　　　　④ ○, ●, ◆

✔해설 □, ◆, ○을 누르면 다음과 같은 순서로 변화하게 된다.

Answer 13.② 14.①

15 처음 상태에서 스위치를 세 번 눌렀더니 다음과 같이 바뀌었다. 어떤 스위치를 눌렀는가?

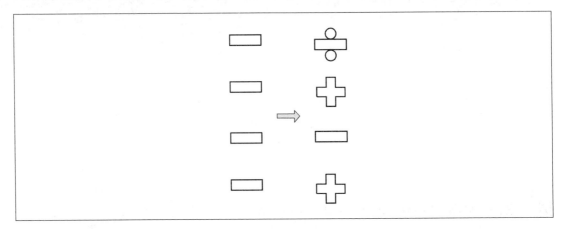

① □, □, ◆   ② ○, ◆, ◇

③ ■, ◇, ●   ④ ■, ●, ◆

✔ 해설 ■, ◇, ●을 누르면 다음과 같은 순서로 변화하게 된다.

16 다음은 장식품 제작 공정을 나타낸 것이다. 이에 대한 설명으로 옳은 것만을 〈보기〉에서 있는 대로 고른 것은? (단, 주어진 조건 이외의 것은 고려하지 않는다)

〈조건〉
• A~E의 모든 공정 활동을 거쳐 제품이 생산되며, 제품 생산은 A 공정부터 시작된다.
• 각 공정은 공정 활동별 한 명의 작업자가 수행하며, 공정 간 부품의 이동 시간은 고려하지 않는다.

〈작업순서〉

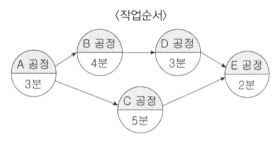

※ →는 작업의 선후 관계를 나타냄.

〈보기〉
㉠ 첫 번째 완제품은 생산 시작 12분 후에 완성된다.
㉡ 제품은 최초 생산 후 매 3분마다 한 개씩 생산될 수 있다.
㉢ C 공정의 소요 시간이 2분 지연되어도 첫 번째 완제품을 생산하는 총소요시간은 변화가 없다.

① ㉠
② ㉡
③ ㉠, ㉢
④ ㉡, ㉢

✔해설 ㉡ 최초 제품 생산 후 4분이 경과하면 두 번째 제품이 생산된다.
A 공정에서 E공정까지 첫 번째 완제품을 생산하는 데 소요되는 시간은 12분이다. C 공정의 소요 시간이 2분 지연되어도 동시에 진행되는 B 공정과 D 공정의 시간이 7분이므로, 총소요시간에는 변화가 없다.

Answer   15.③   16.③

｜17~18｜ 다음은 그래프 구성 명령어 실행 예시이다. 이를 참고하여 다음 물음에 답하시오.

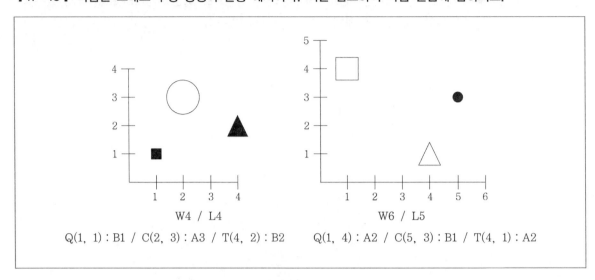

W4 / L4

Q(1, 1) : B1 / C(2, 3) : A3 / T(4, 2) : B2

W6 / L5

Q(1, 4) : A2 / C(5, 3) : B1 / T(4, 1) : A2

17 다음 그래프에 알맞은 명령어는 무엇인가?

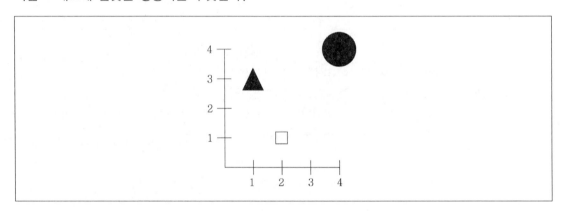

① W4 / L4

　Q(2, 1) : A1 / C(4, 4) : B3 / T(1, 3) : A2

② W4 / L4

　Q(2, 1) : A1 / C(4, 4) : B3 / T(1, 3) : B2

③ W4 / L5

　Q(2, 1) : A1 / C(4, 4) : A3 / T(1, 3) : B2

④ W4 / L5

　Q(2, 1) : B1 / C(4, 4) : B3 / T(1, 3) : B2

W4 / L4

Q(2, 1) : A1 / C(4, 4) : B3 / T(1, 3) : B2

18 W6 / L5 Q(1, 4) : B2 / T(3, 2) : A2 / C(4, 3) : B1의 그래프를 산출할 때, 오류가 발생하여 다음과 같은 그래프가 산출되었다. 다음 중 오류가 발생한 값은?

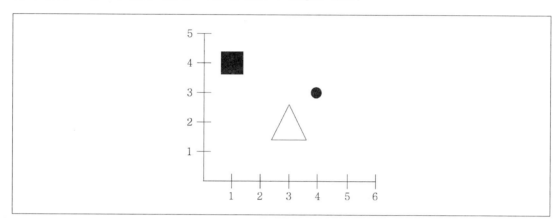

① W6 / L5　　　　　　　　　② Q(1, 4) : B2

③ T(3, 2) : A2　　　　　　　④ C(4, 3) : B1

W6 / L5

Q(1, 4) : B2 / T(3, 2) : A3 / C(4, 3) : B1

┃19~20┃ 다음은 그래프 구성 명령어 실행 예시이다. 이를 참고하여 다음 물음에 답하시오.

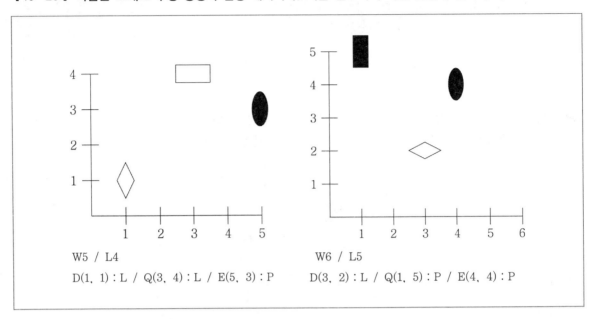

W5 / L4
D(1, 1) : L / Q(3, 4) : L / E(5, 3) : P

W6 / L5
D(3, 2) : L / Q(1, 5) : P / E(4, 4) : P

19 다음 그래프에 알맞은 명령어는 무엇인가?

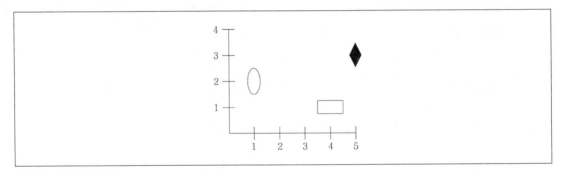

① W4 / L4

  D(5, 3) : P / Q(4, 1) : L / E(1, 2) : L

② W4 / L4

  D(5, 3) : P / Q(4, 1) : P / E(1, 2) : L

③ W5 / L4

  D(5, 3) : P / Q(4, 1) : L / E(1, 2) : L

④ W5 / L4

  D(5, 3) : P / Q(4, 1) : P / E(1, 2) : L

W5 / L4
D(5, 3) : P / Q(4, 1) : L / E(1, 2) : L

20 W5 / L5 D(3, 2) : P / Q(4, 4) : L / E(1, 3) : P의 그래프를 산출할 때, 오류가 발생하여 다음과 같은 그래프가 산출되었다. 다음 중 오류가 발생한 값은?

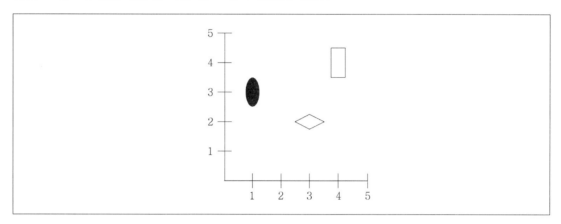

① W5 / L5

② D(3, 2) : P

③ Q(4, 4) : L

④ E(1, 3) : P

W5/L5
D(3, 2) : L / Q(4, 4) : L / E(1, 3) : P

| 21~22 | 다음 표를 참고하여 질문에 답하시오.

스위치	기능
♤	1번과 2번 기계를 180도 회전함
♠	1번과 3번 기계를 180도 회전함
♡	2번과 3번 기계를 180도 회전함
♥	3번과 4번 기계를 180도 회전함

21 처음 상태에서 스위치를 두 번 눌렀더니 화살표 모양과 같은 상태로 바뀌었다. 어떤 스위치를 눌렀는가?

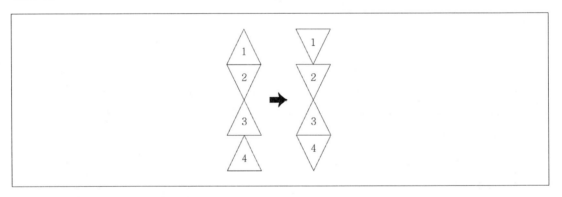

① ♠ ♥
② ♤ ♡
③ ♤ ♠
④ ♡ ♥

✔ 해설 ㉠ 1번과 3번 기계를 180도 회전시킨다.
　　　　㉡ 3번과 4번 기계를 180도 회전시킨다.

22 처음 상태에서 스위치를 한 번 눌렀더니 화살표 모양과 같은 상태로 바뀌었다. 어떤 스위치를 눌렀는가?

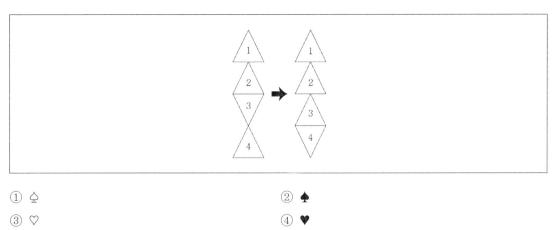

① ♤

② ♠

③ ♡

④ ♥

✔해설 3번과 4번 기계를 180도 회전시키면 된다.

┃23~25┃ 다음 표를 참고하여 물음에 답하시오.

스위치	기능
♤	1번과 2번 기계를 오른쪽으로 180도 회전시킨다.
♠	1번과 3번 기계를 오른쪽으로 180도 회전시킨다.
♡	2번과 3번 기계를 오른쪽으로 180도 회전시킨다.
♥	3번과 4번 기계를 오른쪽으로 180도 회전시킨다.
♧	1번 기계와 4번 기계의 작동상태를 다른 상태로 바꾼다. (운전→정지, 정지→운전)
♣	2번 기계와 3번 기계의 작동상태를 다른 상태로 바꾼다. (운전→정지, 정지→운전)
◉	모든 기계의 작동상태를 다른 상태로 바꾼다. (운전→정지, 정지→운전)
	△=운전, ▲=정지

23 처음 상태에서 스위치를 세 번 눌렀더니 화살표 모양과 같은 상태로 바뀌었다. 어떤 스위치를 눌렀는가?

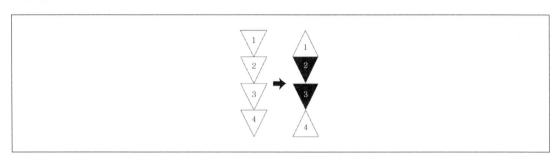

① ♧ ♡ ♧
② ♠ ♥ ♣
③ ♧ ♥ ♧
④ ♠ ♡ ♣

✔해설 ㉠ 1번 기계와 3번 기계를 오른쪽으로 180도 회전시킨다.
㉡ 3번 기계와 4번 기계를 오른쪽으로 180도 회전시킨다.
㉢ 2번 기계와 3번 기계의 작동상태를 다른 상태로 바꾼다.
(운전→정지, 정지→운전)

24 처음 상태에서 스위치를 세 번 눌렀더니 화살표 모양과 같은 상태로 바뀌었다. 어떤 스위치를 눌렀는가?

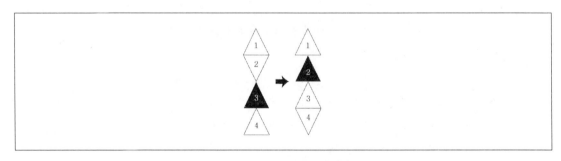

① ♧ ♠ ♣
② ♡ ♥ ♧
③ ♡ ♥ ♣
④ ♠ ♥ ♣

✔해설 ㉠ 2번 기계와 3번 기계를 오른쪽 방향으로 180도 회전시킨다.
㉡ 3번 기계와 4번 기계를 오른쪽 방향으로 180도 회전시킨다.
㉢ 2번 기계와 3번 기계의 작동상태를 다른 상태로 바꾼다.
(운전→정지, 정지→운전)

25 처음 상태에서 스위치를 세 번 눌렀더니 화살표 모양과 같은 상태로 바뀌었다. 어떤 스위치를 눌렀는가?

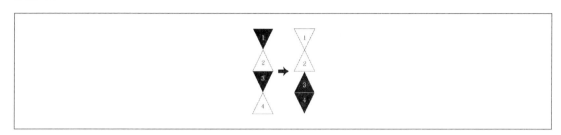

① ◉ ♡ ♧

② ♡ ♧ ♥

③ ♥ ♧ ♣

④ ♥ ◉ ♣

> **해설** ㉠ 3번 기계와 4번 기계를 오른쪽으로 180도 회전한다.
> ㉡ 모든 기계의 작동상태를 다른 상태로 바꾼다.(운전 → 정지, 정지 → 운전)
> ㉢ 2번 기계와 3번 기계의 작동상태를 다른 상태로 바꾼다.(운전 → 정지, 정지 → 운전)

26 MS Excel의 워크시트에 다음과 같이 사원별 수주량과 판매금액, 그리고 수주량과 판매금액의 합계가 입력되어 있다. 이때 C열에는 전체 수주량 대비 각 사원 수주량의 비율을, E열에는 전체 판매금액 대비 각 사원 판매금액의 비율을 넣으려고 한다. 이를 위해 C2열에 수식을 입력한 다음에 이를 C열과 E열의 나머지 셀에 복사하여 사용한다면, C2셀에 입력할 내용으로 옳은 것은?

	A	B	C	D	E
1	사원	수주량	비율	판매금액	비율
2	김경수	78		8,000,000	
3	홍서범	56		7,500,000	
4	이만호	93		13,000,000	
5	나경석	34		10,000,000	
6	최진주	80		8,000,000	
7	합계	341		46,500,000	

① =B2/B7*100

② =B2/B7*100

③ =B2/$B7*100

④ =B2/B$7*100

> **해설**
> • 각 사원 수주량 비율 : $\dfrac{각\ 사원\ 수주량}{수주량\ 합계}$ → B7
> • 각 사원 판매금액 비율 : $\dfrac{각\ 사원\ 판매금액}{판매금액\ 합계}$ → D7
> • 수주량 합계를 판매금액 합계에서 복사하여 사용하므로 수주량 합계는 행 고정(B$7)이 필요하다.

Answer 23.② 24.③ 25.④ 26.④

27 다음은 선풍기 매뉴얼의 경고/주의에 대한 사항들이다. 적절하지 않은 것은 무엇인가?

[경고]

- 회전 중 안전망 속으로 손가락이나 물건(젓가락, 볼펜 등)을 절대로 넣지 마십시오.
- 선풍기를 밀폐된 곳이나 가까운 곳에서 강한 바람으로 사용하지 마십시오.
- 사용 전원이 잘못 연결된 경우에는 모터 소손은 물론 인명 피해의 염려까지 있습니다.
- 안전과 절전을 목적으로 작동 후 2시간이 경과하면 자동으로 전원이 OFF되므로 이점 주의해 주십시오.
- 온도가 높은 곳(40°C 이상), 낮은 곳(5°C 이하)이나 화기의 근처에서는 사용하지 마십시오.
- 습기가 있는 장소(습도 80% 이상), 물 묻은 손, 먼지가 많은 장소 등에서는 사용하지 마십시오.
- 안전망 위에 수건, 옷 등을 걸어 놓지 마십시오.
- 날개, 안전망을 조립하기 전에 높이조절 버튼을 누르지 마십시오.

[주의]

- 손상된 전원코드나 전원플러그를 사용하지 마시고 훼손, 변형되지 않도록 하세요.
- 콘센트의 투입구가 헐거울 때에는 사용하지 마세요.
- 전원코드가 파손된 경우, 고객서비스 센터에서 수리를 받으세요.
- 선풍기의 안전망을 느슨하게 조립하면 위험하오니 견고하고 정확하게 조립하여 사용하십시오.
- 제품을 분해(사용 설명서 상의 분해, 조립 이외 및 임의로 개조하지 마십시오), 청소 시에는 중성세제 또는 깨끗한 물 이외의 화학용제(벤젠, 신나 등) 및 금속재질의 솔, 철수세미, 연마제 등으로 세척하지 마세요.
- 몸이 불편하신 분, 지체 장애가 있으신 분은 제품 사용 시, 안전사고가 발생하지 않도록 주위의 도움을 받아 제품을 사용하여 주십시오.
- 제품은 어린이가 닿지 않는 곳에 보관하여 주십시오.
- 어린이나 노약자의 경우 수면 시 회전 및 타이머, 설정기능 사용을 권해드립니다.
- 바닥이 고르지 않거나 경사진 곳에서는 사용하지 마십시오.

---

① 선풍기를 밀폐된 공간에서 강한 바람으로 사용하지 않는다.

② 전원 코드가 손상된 경우, 고객서비스 센터에서 수리를 받는다.

③ 안전망 위에 수건이나 옷을 걸어두어 먼지가 쌓이는 것을 방지한다.

④ 화학용제(벤젠, 신나 등)로 선풍기를 세척하지 않는다.

> ✔해설 ③ 안전망 위에 수건이나 옷을 걸어두면 공기 흐름이 차단될 뿐만 아니라 화재 위험이 있을 수 있다.
> ① 선풍기를 밀폐된 곳이나 가까운 곳에서 강한 바람으로 사용하지 마십시오.
> ② 전원코드가 파손된 경우, 고객서비스 센터에서 수리를 받으세요.
> ④ 화학용제(벤젠, 신나 등) 및 금속재질의 솔, 철수세미, 연마제 등으로 세척하지 마세요.

28 다음은 어느 해의 산업재해로 인한 사망사고 건수이다. 다음 중 산업재해 사망건수에 가장 큰 영향을 끼치는 산업재해의 기본적 원인은?

〈표〉 20XX년도 산업재해 사망사고 원인별 분석

산업재해 발생원인	건수
작업준비 불충분	162
유해 · 위험작업 교육 불충분	76
건물 · 기계 · 장치의 설계 불량	61
안전 지식의 불충분	46
안전관리 조직의 결함	45
생산 공정의 부적당	43

① 기술적 원인
② 교육적 원인
③ 작업 관리상 원인
④ 불안전한 상태

✔해설 주어진 발생원인 중 가장 많은 수를 차지한 기본적 원인은 작업 관리상 원인[안전관리 조직의 결함 (45), 작업준비 불충분(162)]이다.

※ 산업재해의 기본적 원인
  ㉠ 교육적 원인 : 안전 지식의 불충분, 안전 수칙의 오해, 경험이나 훈련의 불충분, 작업관리자의 작업 방법의 교육 불충분, 유해 · 위험 작업 교육 불충분 등
  ㉡ 기술적 원인 : 건물 · 기계 장치의 설계 불량, 구조물의 불안정, 재료의 부적합, 생산 공정의 부적당, 점검 · 정비 · 보존의 불량 등
  ㉢ 작업 관리상 원인 : 안전 관리 조직의 결함, 안전 수칙 미제정, 작업 준비 불충분, 인원 배치 및 작업 지시 부적당 등
※ 산업재해의 직접적 원인
  ㉠ 불안전한 행동 : 위험 장소 접근, 안전장치 기능 제거, 보호 장비의 미착용 및 잘못된 사용, 운전 중인 기계의 속도 조작, 기계 · 기구의 잘못된 사용, 위험물 취급 부주의, 불안전한 상태 방치, 불안전한 자세와 동작, 감독 및 연락 잘못
  ㉡ 불안전한 상태 : 시설물 자체 결함, 전기 시설물의 누전, 구조물의 불안정, 소방기구의 미확보, 안전 보호 장치 결함, 복장 · 보호구의 결함, 시설물의 배치 및 장소 불량, 작업 환경 결함, 생산 공정의 결함, 경계 표시 설비의 결함 등

29 다음은 벤치마킹 프로세스를 도식화한 자료이다. ㈎와 ㈏에 들어갈 말이 순서대로 올바르게 짝지어 진 것은 어느 것인가?

1단계 : 계획 단계	㈎
2단계 : 자료 수집 단계	벤치마킹 프로세스의 자료수집 단계에서는 내부 데이터 수집, 자료 및 문헌 조사, 외부 데이터 수집이 포함된다.
3단계 : ㈏	데이터 분석, 근본 원인 분석, 결과 예측, 동인 판단 등의 업무를 수행하여야 한다. 이 단계의 목적은 벤치마킹 수행을 위해 개선 가능한 프로세스 동인들을 확인하기 위한 것이다.
4단계 : 개선 단계	개선 단계의 궁극적인 목표는 자사의 핵심 프로세스를 개선함으로써 벤치마킹결과를 현실화 시키자는 것이다. 이 단계에서는 벤치마킹 연구를 통해 얻은 정보를 활용함으로써 향상된 프로세스를 조직에 적응시켜 지속적인 향상을 유도하여야 한다.

① 벤치마킹 대상에 대한 적격성 심사, 자료이용 단계
② 벤치마킹의 필요성 재확인, 비교 단계
③ 실행 가능 여부의 면밀한 검토, 원인 도출 단계
④ 벤치마킹 파트너 선정에 필요한 요구조건 작성, 분석 단계

> ✔해설 벤치마킹의 4단계 절차는 1단계 계획 단계, 2단계 자료수집 단계, 3단계 분석 단계, 4단계 개선 단계로 이루어진다.
> 계획 단계에서는 기업은 반드시 자사의 핵심 성공요인, 핵심 프로세스, 핵심 역량 등을 파악해야 하고, 벤치마킹 되어야 할 프로세스는 문서화 되어야 하고 특성이 기술되어져야 한다. 그리고 벤치마킹 파트너 선정에 필요한 요구조건도 작성되어야 한다.

30 매뉴얼 작성을 위한 방법으로 옳지 않은 것은?

① 내용이 정확해야 한다.
② 작성자가 알기 쉬운 문장으로 써야 한다.
③ 사용자에 대한 심리적 배려가 있어야 한다.
④ 찾고자 하는 정보를 쉽게 찾을 수 있어야 한다.

> ✔해설 ② 사용자가 알기 쉬운 문장으로 써야 한다.

31 연말 조직개편에 의해 J기업에는 새롭게 사장직속으로 지속가능개발TF팀이 신설되었다. 입사 1년차인 Y 씨가 작성한 지속가능개발 기술에 대한 메모로 옳지 않은 것은?

① 현재 욕구를 충족시키지만, 동시에 후속 세대의 욕구 충족을 침해하지 않는 발전

② 이용 가능한 자원과 에너지를 고려하고 자원의 질을 생각하는 발전

③ 자원이 생산적인 방식으로 사용되는 가에 주의를 기울이는 기술

④ 환경오염에 대한 평가방식을 사전평가 방식에서 사후 처리방식으로 변경

> ✔해설 지속가능개발이란 환경보호와 경제적 발전이 반드시 갈등 관계에 있는 것만은 아니라는 취지아래 경제적 활력, 사회적 평등, 환경의 보존을 동시에 충족시키는 발전을 의미한다. 이를 위해서는 오염 이후에 회복하는 사후 처리방식에서 제조 공정에서부터 미리 친환경 여부를 살피는 사전평가 방식으로 환경에 대한 고려를 한 단계 높이는 방식으로 변화해야 한다.

32 기술혁신 과정 중 프로젝트 관리 과정에서 필요한 자질과 능력으로 옳은 것은?

① 추상화와 개념화 능력

② 아이디어의 응용에 관심

③ 업무 수행 방법에 대한 지식

④ 원만한 대인 관계 능력

> ✔해설 ① 아이디어 창안 과정에서 필요하다.
> ② 챔피언 과정에서 필요하다.
> ④ 정보 수문장 과정에서 필요하다.

하드 디스크 교환하기
1. 데이터 백업하기
2. 하드 디스크 교환하기
3. 시스템 소프트웨어 재설치하기
4. 백업한 데이터를 PS4에 복사하기

※ 주의사항
• 하드 디스크를 교환하실 때는 AC 전원 코드의 플러그를 콘센트에서 빼 주십시오. 또한 어린이의 손이 닿지 않는 곳에서 해 주십시오. 나사 등의 부품을 실수로 삼킬 위험이 있습니다.
• 본 기기를 사용한 직후에는 본체 내부가 뜨거워져 있습니다. 잠시 그대로 두어 내부열을 식힌 후 작업을 시작해 주십시오.
• 부품 사이에 손가락이 끼거나, 부품의 모서리에 손이나 손가락이 다치지 않도록 충분히 주의해 주십시오.
• 전원을 켤 때는 반드시 HDD 베이 커버를 고정해 주십시오. HDD 베이 커버가 분리되어 있으면 본체 내부 온도 상승의 원인이 됩니다.
• 하드 디스크는 충격이나 진동, 먼지에 약하므로 주의해서 다루어 주십시오.
– 진동이 있거나 불안정한 장소에서 사용하거나 강한 충격을 가하지 마십시오.
– 내부에 물이나 이물질이 들어가지 않게 하십시오.
– 하드 디스크의 단자부를 손으로 만지거나 이물질을 넣지 마십시오. 하드 디스크 고장 및 데이터 파손의 원인이 됩니다.
– 하드 디스크 근처에 시계 등의 정밀기기나 마그네틱 카드 등을 두지 마십시오. 기기 고장이나 마그네틱 카드 손상의 원인이 됩니다.
– 위에 물건을 얹지 마십시오.
– 고온다습하거나 직사광선이 비추는 장소에 두지 마십시오.
• 나사를 조이거나 풀 때는 나사의 크기에 맞는 드라이버를 사용해 주십시오. 사이즈가 맞지 않으면 나사 머리의 홈이 마모되는 경우가 있습니다.
• 데이터는 정기적으로 백업해 두시기를 권장합니다. 어떤 원인으로 데이터가 소실/파손된 경우, 데이터를 복구/복원할 수 없습니다. 데이터가 소실/피손되어도 당사는 일절 책임을 지지 않습니다. 이 점 양해해 주십시오.
• 시스템 소프트웨어를 설치 중에는 PS4의 전원을 끄거나 USB저장장치를 빼지 마십시오. 설치가 도중에 중단되면 고장의 원인이 됩니다.
• 시스템 소프트웨어 설치중에는 본체의 전원 버튼 및 컨트롤러의 PS 버튼이 기능하지 않게 됩니다.

게임의 저장 데이터 백업하기

PS4에 저장된 게임의 저장 데이터를 USB 저장장치에 복사할 수 있습니다. 필요에 따라 백업해 주십시오.

1. 본체에 USB 저장장치를 연결합니다.
2. 기능 영역에서 설정을 선택합니다.
3. 애플리케이션 저장 데이터 관리 → 본체 스트리지의 저장 데이터 → USB 저장장치에 복사하기를 선택합니다.
4. 타이틀을 선택합니다.
5. 복사할 저장 데이터의 체크 박스에 체크 표시를 한 후 복사를 선택합니다.

33 다음 중 하드 디스크를 교환할 경우 제일 먼저 행해야 할 행동은 무엇인가?

① 데이터 백업하기
② 하드 디스크 교환하기
③ 시스템 소프트웨어 재설치하기
④ 백업한 데이터를 PS4에 복사하기

✔해설 가장 먼저 데이터를 백업하여야 한다.

34 하드 디스크 교환 시 주의사항으로 옳지 않은 것은?

① 하드 디스크를 교환할 때에는 AC 전원 코드의 플러그를 콘센트에서 빼야 한다.
② 내부에 물이나 이물질이 들어가지 않게 하여야 한다.
③ 나사를 조이거나 풀 때는 나사의 크기에 상관없이 십자 드라이버를 사용해야 한다.
④ 시스템 소프트웨어를 설치 중에는 PS4의 전원을 끄거나 USB저장장치를 빼면 안 된다.

✔해설 나사를 조이거나 풀 때는 나사의 크기에 맞는 드라이버를 사용해야 한다. 사이즈가 맞지 않으면 나사 머리의 홈이 마모되는 경우가 발생하기 때문이다.

35 게임의 저장 데이터 백업하는 방법으로 옳지 않은 것은?

① 본체에 USB 저장장치를 연결하여야 한다.

② 기능 영역에서 설정을 선택하도록 한다.

③ 애플리케이션 저장 데이터 관리 → 본체 스트리지의 저장 데이터 → USB 저장장치에 복사하기를 선택한다.

④ 타이틀을 선택하면 바로 복사가 시작된다.

> ✔해설 타이틀을 선택한 후 복사할 저장 데이터의 체크 박스에 체크 표시를 한 후 복사를 선택하면 복사가 시작된다.

36 다음은 A사가 실시한 벤치마킹 방법에 대한 글이다. 다음에서 나타난 벤치마킹의 두 가지 유형을 알맞게 나열한 것은?

> A사는 선진화된 외국의 관리 노하우를 습득하기 위해, 지역 주민에 대한 서비스 개선을 최우선 과제로 삼고 미국 甲지역의 관리 실태를 벤치마킹하기로 결정하였다. 이를 위해 A사 실무 담당자들이 대대적인 출장 방문을 계획하였고, 이와 함께 현지 주민의 만족도를 알아보기 위해 설문조사 TF팀을 구성하여 파견하였다.

① 내부 벤치마킹, 비경쟁적 벤치마킹   ② 경쟁적 벤치마킹, 글로벌 벤치마킹

③ 비경쟁적 벤치마킹, 글로벌 벤치마킹   ④ 내부 벤치마킹, 경쟁적 벤치마킹

> ✔해설 벤치마킹은 비교대상에 따라 내부 벤치마킹, 경쟁적 벤치마킹, 비경쟁적 벤치마킹, 글로벌 벤치마킹으로 나눌 수 있으며, 주어진 사례는 고객을 직접적으로 공유하는 경쟁기업을 대상으로 하지 않았다는 점에서 비경쟁적 벤치마킹이며, 프로세스에 있어 외국의 우수한 성과를 보유한 동일업종의 비경쟁적 기업을 대상으로 하였다는 점에서 글로벌 벤치마킹으로 구분할 수 있다.

37 다음의 사례에서 알 수 있는 기술의 발전상은?

> 산업혁명 당시 증기기관은 광산에서 더 많은 석탄을 캐내기 위해서(광산 갱도에 고인 물을 더 효율적으로 퍼내기 위해서) 개발되었고 그 용도에 사용되었다. 증기기관이 광산에 응용되면서 석탄 생산이 늘었고, 공장은 수력 대신 석탄과 증기기관을 동력원으로 이용했다. 이제 광산과 도시의 공장을 연결해서 석탄을 수송하기 위한 새로운 운송 기술이 필요해졌으며, 철도는 이러한 필요를 충족시킨 기술이었다.

① 기술 시스템
② 기술 혁명
③ 기술 혁신
④ 기술 융합

✔해설 주어진 글에서는 각 시기별 산업을 이끈 기술이 시대의 변천에 따라 유기적인 연관을 맺으며 다음 기술로 이어지는 현상을 엿볼 수 있다. 이렇듯, 각기 다른 분야의 기술이 연결되어 하나의 시스템화 된 기술을 만든다는 점은 '기술 시스템'의 가장 큰 특징이라 할 수 있다.

┃38~40┃ 다음 글을 읽고 물음에 답하시오.

압력밥솥으로 맛있는 밥짓기

쌀은 계량컵으로! 물은 내솥눈금으로 정확히!	• 쌀은 반드시 계량컵을 사용하여 정확히 계량합니다.(시중에 유통되고 있는 쌀통은 제품에 따라 쌀의 양이 다소 차이가 날 수도 있습니다.) • 물의 양은 내솥을 평평한 곳에 놓고 내솥의 물 높이에 맞춥니다.	쌀의 양과 물의 양이 맞지 않으면 밥이 퍼석하거나 설익거나 질게 될 수가 있습니다.
쌀은 보관방법이 중요!	• 쌀은 가급적이면 소량으로 구입하여 통풍이 잘되고 직사광선이 없는 서늘한 곳에 쌀의 수분이 잘 증발되지 않도록 보관합니다. • 쌀을 개봉한 지 오래되어 말라 있는 경우는 물을 반눈금 정도 더 넣고 취사를 하면 좋습니다.	쌀이 많이 말라 있는 경우는 계량을 정확히 하더라도 밥이 퍼석할 수가 있습니다.
예약 취사 시간은 짧을수록 좋습니다!	쌀이 많이 말라 있는 경우는 가급적 예약취사를 피하시고 물을 반눈금 정도 더 넣고 취사합니다.	• 10시간 이상 예약취사하거나 말라있는 쌀을 예약취사할 경우는 밥이 퍼석하거나 설익을 수가 있으며 심한 경우는 층밥이 될 수도 있습니다. • 예약 설정 시간이 길어질수록 멜라노이징 현상이 증가할 수 있습니다.
보온시간은 짧을수록 좋습니다!	보온은 12시간 이내로 하는 것이 좋습니다.	장시간 보온을 하게되면 밥색깔이 변하거나 밥에서 냄새가 날 수도 있습니다.
제품은 깨끗하게	청소를 자주 하십시오. 특히, 뚜껑부에 이물질이 묻어 있지 않도록 자주 닦아 주십시오.	청소를 자주 하지 않으면 세균이 번식하여 보온시 밥에서 냄새가 날 수 있습니다.

고장 신고 전에 확인하십시오.

Answer 35.④ 36.③ 37.①

상태	확인사항	조치사항
밥이 되지 않을 때	[취사/쾌속]버튼을 눌렀습니까?	원하는 메뉴 선택 후 반드시 [취사/쾌속] 버튼을 1회 눌러 화면에 '취사 중' 문구가 표시되는지 확인하십시오.
밥이 설익거나 퍼석할 때 또는 층밥이 될 때	계량컵을 사용하셨습니까?	쌀의 양을 계량컵을 사용하여 정확히 계량하여 주십시오. 쌀을 계량컵의 윗면 기준하여 평평하게 맞추면 1인분에 해당됩니다.
	물 조절은 정확히 하셨습니까?	물 조절을 정확히 하십시오. 바닥이 평평한 곳에 내솥을 올려 놓고 내솥에 표시된 눈금에 맞춰 물의 양을 조절하십시오. 내솥에 표시된 눈금을 쌀과 물을 함께 부었을 때의 물눈금을 표시합니다.
콩(잡곡/현미)이 설익을 때	콩(잡곡/현미)이 너무 마르지 않았습니까?	콩(현미/잡곡)을 불리거나 삶아서 잡곡메뉴에서 취사를 하십시오. 잡곡의 종류에 따라 설익을 수도 있습니다.
밥이 너무 질거나 된밥일 때	물 조절은 정확히 하셨습니까?	물 조절을 정확히 하십시오. 바닥이 평평한 곳에 내솥을 올려 놓고 내솥에 표시된 눈금에 맞춰 물의 양을 조절하십시오. 내솥에 표시된 눈금은 쌀과 물을 함께 부었을 때의 물눈금을 표시합니다.
취사 도중 밥물이 넘칠 때	계량컵을 사용하셨습니까?	쌀의 양을 계량컵을 사용하여 정확히 계량하여 주십시오. 쌀을 계량컵의 윗면 기준으로 평평하게 맞추면 1인분에 해당됩니다.
밥이 심하게 눌을 때	온도감지기, 내솥 외면에 밥알이 심하게 눌어 붙어 있거나 이물질이 있지는 않습니까?	온도감지기, 내솥외면의 이물질을 제거하여 주십시오.
보온 중 냄새가 날 때	12시간 이상 보온하였거나 너무 적은 밥을 보온하지 않았습니까?	보온시간은 가능한 12시간 이내로 하십시오.
보온 중 보온경과 시간 표시가 깜빡일 때	보온 후 24시간이 경과하지 않았습니까?	보온 24시간이 경과하면 보온이 장시간 경과 되었음을 알리는 기능입니다.
뚜껑 사이로 증기가 누설되거나 '삐'하는 휘파람 소리가 날 때	패킹에 이물질(밥알 등)이 묻어 있지 않습니까?	패킹을 행주나 부드러운 헝겊으로 깨끗이 닦은 후 사용하십시오.
취사 또는 요리 중 [취소]버튼이 눌러지지 않을 때	내솥의 내부가 뜨겁지 않습니까?	취사 또는 요리 중 부득이 하게 취소할 경우 내솥 내부 온도가 높으면 안전을 위해 [취소]버튼을 1초간 눌러야 취사 또는 요리가 취소됩니다.
LCD화면에 아무것도 나타나지 않고, 상태 LED에 보라색이 점등될 때	LCD 통신에 이상이 있을 때 나타납니다.	전원을 차단한 후 고객상담실로 문의하십시오.
취사나 보온시 이상한 소음이 날 때	취사 및 보온 중 '찌'하는 소리가 납니까?	취사 및 보온 중 '찌'하는 소리는 IH 압력밥솥이 동작될 때 나는 소리입니다. 정상입니다.

38 다음 중 보온의 적정시간은 얼마인가?

① 8시간

② 12시간

③ 18시간

④ 24시간

> ✔해설 보온은 12시간 이내로 하는 것이 좋습니다.

39 다음 중 압력밥솥을 이용하여 맛있는 밥짓기 방법이 아닌 것은?

① 쌀과 물은 계량컵을 사용하여 눈금에 정확히 맞춘다.

② 쌀은 가급적이면 소량으로 구입하여 통풍이 잘되고 직사광선이 없는 서늘한 곳에 쌀의 수분이 잘 증발되지 않도록 보관한다.

③ 쌀이 많이 말라 있는 경우는 가급적 예약취사를 피하고 물을 반눈금 정도 너 넣고 취사한다.

④ 뚜껑부에 이물질이 묻어 있지 않도록 자주 닦아 주도록 한다.

> ✔해설 쌀은 반드시 계량컵을 사용하여 정확히 계량하여 넣으며, 물의 양은 내솥을 평평한 곳에 놓고 내솥의 물 높이에 맞춘다.

40 취사 또는 요리 중 [취소]버튼이 눌러지지 않을 때의 조치사항으로 옳은 것은?

① 패킹을 행주나 부드러운 헝겊으로 깨끗이 닦은 후 사용한다.

② 쌀의 양을 계량컵을 사용하여 정확히 계량하여 사용한다.

③ [취소]버튼을 1초간 눌러 준다.

④ 전원을 차단한 후 고객상담실로 문의한다.

> ✔해설 취사 또는 요리 중 부득이 하게 취소할 경우 내솥 내부 온도가 높으면 안전을 위해 [취소]버튼을 1초간 눌러야 취사 또는 요리가 취소된다.

Answer 38.② 39.① 40.③

출제예상문제

┃1~5┃ 다음 ( ) 안에 들어갈 숫자로 알맞은 것을 고르시오.

1.

| 3   5   8   13   21   34   ( )   89 |

① 45   ② 55

③ 65   ④ 75

> ✔ 해설 앞의 두 항을 더한 결과가 다음 항의 값이 되는 피보나치 수열이다.
> 21 + 34 = 55, 34 + 55 = 89이므로 빈칸에 들어갈 수는 55가 된다.

2.

| 6   7   9   13   21   37   ( ) |

① 69   ② 68

③ 67   ④ 66

> ✔ 해설 각 항에서의 증가폭이 +1, +2, +4, +8, +16이다. 각각 2^0, 2^1, 2^2, 2^3, 2^4이므로 다음 항에서는 2^5 (= 32)만큼 증가할 것을 알 수 있다. 따라서 37 + 32 = 69가 된다.

3.

| 1   2   −1   8   ( )   62 |

① −20   ② 20

③ 19   ④ −19

> ✔ 해설 처음의 숫자에 3^0, -3^1, 3^2, -3^3, 3^4이 더해지고 있다.

4.

10	10	20	$\dfrac{20}{3}$	$\dfrac{80}{3}$	( )	32

① $\dfrac{8}{3}$　　　　　　　　　　　　② $\dfrac{11}{3}$

③ $\dfrac{14}{3}$　　　　　　　　　　　　④ $\dfrac{16}{3}$

✔해설 $\div 1$, $\times 2$, $\div 3$, $\times 4$, $\div 5$, $\times 6$ …의 규칙을 갖는다.

5.

2	3	5	5	11	9	23	( )

① 11　　　　　　　　　　　　② 13

③ 15　　　　　　　　　　　　④ 17

✔해설 홀수 번째는 $\times 2+1$, 짝수 번째는 $\times 2-1$의 규칙을 갖는다.
따라서 $9 \times 2 - 1 = 17$

6. 바구니에 4개의 당첨 제비를 포함한 10개의 제비가 들어있다. 이 중에서 갑이 먼저 한 개를 뽑고, 다음에 을이 한 개의 제비를 뽑는다고 할 때, 을이 당첨제비를 뽑을 확률은? (단, 한 번 뽑은 제비는 바구니에 다시 넣지 않는다.)

① 0.2　　　　　　　　　　　　② 0.3

③ 0.4　　　　　　　　　　　　④ 0.5

✔해설 갑이 당첨제비를 뽑고, 을도 당첨제비를 뽑을 확률 $\dfrac{4}{10} \times \dfrac{3}{9} = \dfrac{12}{90}$

갑은 당첨제비를 뽑지 못하고, 을만 당첨제비를 뽑을 확률 $\dfrac{6}{10} \times \dfrac{4}{9} = \dfrac{24}{90}$

따라서 을이 당첨제비를 뽑을 확률은 $\dfrac{12}{90} + \dfrac{24}{90} = \dfrac{36}{90} = \dfrac{4}{10} = 0.4$

Answer 1.② 2.① 3.④ 4.④ 5.④ 6.③

7. 시온이가 책을 펼쳐서 나온 두 면의 쪽수의 곱이 506이라면, 시온이가 펼친 두 면 중 한 면의 쪽수가 될 수 있는 것은?

① 19

② 21

③ 23

④ 25

✔해설 펼쳤을 때 나온 왼쪽의 쪽수를 x라 하면, 오른쪽의 쪽수는 $x+1$이 된다.

$x \times (x+1) = 506$

$x^2 + x = 506$

$x^2 + x - 506 = 0$

$(x-22)(x+23) = 0$

∴ $x = 22$

펼친 두 면의 쪽수는 각각 22, 23가 된다.

8. 10개의 공 중 빨간 공이 3개 들어 있다. 영희와 철수 두 사람이 차례로 한 개씩 공을 꺼낼 때 두 사람 중 한 사람만이 빨간 공을 꺼낼 확률을 구하면? (단, 꺼낸 공은 다시 넣지 않는다.)

① $\dfrac{2}{5}$

② $\dfrac{7}{15}$

③ $\dfrac{8}{15}$

④ $\dfrac{3}{5}$

✔해설 영희가 빨간 공을 꺼내고 철수가 빨간 공을 꺼내지 않을 확률 : $\dfrac{3}{10} \times \dfrac{7}{9} = \dfrac{21}{90}$

영희가 빨간 공을 꺼내지 않고 철수가 빨간 공을 꺼낼 확률 : $\dfrac{7}{10} \times \dfrac{3}{9} = \dfrac{21}{90}$

두 확률을 더하면 $\dfrac{42}{90} = \dfrac{7}{15}$

9. 배를 타고 길이가 10km인 강을 거슬러 올라가는 데 1시간, 내려오는 데 30분이 걸렸다. 이 강에 종이배를 띄운다면 이 종이배가 1km를 떠내려가는데 몇 분이 걸리는가? (단, 배와 강물의 속력은 일정하고, 종이배는 바람 등의 외부의 영향을 받지 않는다.)

① 10분
② 12분
③ 14분
④ 16분

✔ 해설 배의 속력을 x, 강물의 속력을 y라 하면 거슬러 올라가는 데 걸리는 시간은 $\dfrac{10}{x-y}=1$이 되고, 내려오는 데 걸리는 시간은 $\dfrac{10}{x+y}=0.5$가 된다. 따라서 두 방정식을 연립하면 $x=3y$가 되므로 식에 적용하면 $x=15, y=5$가 된다. 따라서 종이배가 1km를 떠내려가는 데 시간 $=\dfrac{거리}{속력}=\dfrac{1km}{5km/h}=0.2h=12$분이 걸린다.

10. 정아와 민주가 계단에서 가위바위보를 하는데, 이긴 사람은 2계단을 올라가고, 진 사람은 1계단을 내려간다고 한다. 두 사람이 가위바위보를 하여 처음보다 정아는 14계단, 민주는 5계단을 올라갔을 때, 민주는 몇 번 이겼는가? (단, 비기는 경우는 없다.)

① 7회
② 8회
③ 10회
④ 11회

✔ 해설 정아가 이긴 횟수를 x, 민주가 이긴 횟수를 y라 하면
$$\begin{cases} 2x-y=14 \\ 2y-x=5 \end{cases}$$
$3y=24 \Rightarrow y=8$
따라서 민주가 이긴 횟수는 8회이다.

11. 40cm 높이의 수조 A와 30cm 높이의 수조 B에 물이 가득 차있다. 수조 A의 물 높이는 분당 0.6cm씩 감소되고 있고, 수조 B에서도 물이 감소되고 있다. 두 수조의 물 높이가 같아지는 것이 25분 후라고 할 때, 수조 B의 물 높이는 분당 몇 cm씩 감소되고 있는가?

① 0.1cm

② 0.15cm

③ 0.2cm

④ 0.25cm

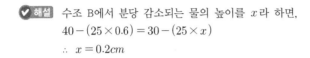 수조 B에서 분당 감소되는 물의 높이를 x라 하면,

$40 - (25 \times 0.6) = 30 - (25 \times x)$

∴ $x = 0.2cm$

12. 지수가 낮잠을 자는 동안 엄마가 집에서 마트로 외출을 했다. 곧바로 잠에서 깬 지수는 엄마가 출발하고 10분 후 엄마의 뒤를 따라 마트로 출발했다. 엄마는 매분 100m의 속도로 걷고, 지수는 매분 150m의 속도로 걷는다면 지수는 몇 분 만에 엄마를 만나게 되는가?

① 10분

② 20분

③ 30분

④ 40분

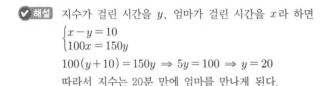 지수가 걸린 시간을 y, 엄마가 걸린 시간을 x라 하면

$\begin{cases} x - y = 10 \\ 100x = 150y \end{cases}$

$100(y + 10) = 150y \Rightarrow 5y = 100 \Rightarrow y = 20$

따라서 지수는 20분 만에 엄마를 만나게 된다.

13. 소금 40g으로 5%의 소금물을 만들었다. 이 소금물에 새로운 소금물 40g을 넣었더니 농도가 7%가 되었다. 이때 넣은 소금물의 농도는?

① 41%

② 43%

③ 45%

④ 47%

✔ 해설 처음 소금의 양이 40g, 농도가 5%이므로 소금물의 양을 x라 하면 $\frac{40}{x} \times 100 = 5 \cdots x = 800$이 된다.

여기에 첨가한 소금물 속 소금의 양을 y라 하면 최종 소금물의 농도가 7이므로

$\frac{40 + y}{800 + 40} \times 100 = 7 \cdots y = 18.8$이 된다. 따라서 추가한 소금물의 농도는 $\frac{18.8}{40} \times 100 = 47\%$가 된다.

14. 유리는 자신이 운영하는 커피숍에서 커피 1잔에 원가의 3할 정도의 이익을 덧붙여서 판매를 하고 있다. 오전의 경우에는 타임할인을 적용해 450원을 할인해 판매하는데 이때 원가의 15% 정도의 이익이 발생한다고 한다. 만약 커피 70잔을 오전에 판매하였을 시에 이익금을 계산하면?

① 27,352원   ② 28,435원

③ 30,091원   ④ 31,500원

✔해설 커피 한 잔의 원가를 x라 하면,

$1.3x - 450 = 1.15x$

$0.15x = 450$

$= 3,000$

∴ 커피 70잔을 팔았을 때의 총 이익금은 $3,000 \times \dfrac{15}{100} \times 70 = 31,500$원이 된다.

15. A,B,C 세 사람이 작업을 완료하는 데 소요된 시간을 모두 합하면 600분이다. A는 B보다 2배의 시간이 소요되었고, C는 A보다 1/3시간이 덜 소요되었다. 이때 A, B, C가 작업을 완료하는 데 소요된 시간은 몇 분인가?

① A : 232분, B : 116분, C : 252분   ② A : 248분, B : 124분, C : 228분

③ A : 250분, B : 125분, C : 225분   ④ A : 260분, B : 130분, C : 210분

✔해설 A는 B보다 2배의 시간이 소요되었다. → A = 2B

C는 A보다 1/3시간(20분)이 덜 소요되었다. → C = A − 20

총합 600분 → A + B + C = 600

A = 2B

C = A − 20 = 2B − 20

A + B + C = 600

(2B) + B + (2B − 20) = 600

5B − 20 = 600

5B = 620

B = 124

A = 2B = 2 × 124 = 248

C = A − 20 = 248 − 20 = 228

16. 다음 표는 각국의 연구비에 대한 부담원과 사용 조직을 제시한 것이다. 알맞은 것은?

(단위 : 억 엔)

부담원	사용 조직 \ 국가	일본	미국	독일	프랑스	영국
정부	정부	8,827	33,400	6,590	7,227	4,278
	산업	1,028	71,300	4,526	3,646	3,888
	대학	10,921	28,860	7,115	4,424	4,222
산업	정부	707	0	393	52	472
	산업	81,161	145,000	34,771	11,867	16,799
	대학	458	2,300	575	58	322

① 독일 정부가 부담하는 연구비는 미국 정부가 부담하는 연구비의 약 반이다.

② 정부부담 연구비 중에서 산업의 사용 비율이 가장 높은 것은 프랑스이다.

③ 산업이 부담하는 연구비를 산업 자신이 사용하는 비율이 가장 높은 것은 프랑스이다.

④ 미국의 대학이 사용하는 연구비는 일본의 대학이 사용하는 연구비의 약 두 배이다.

 해설 ① 독일 정부가 부담하는 연구비 : $6,590 + 4,526 + 7,115 = 18,231$

　　　　미국 정부가 부담하는 연구비 : $33,400 + 71,300 + 28,860 = 133,560$

　　② 정부부담 연구비 중에서 산업의 사용 비율이 가장 높은 것은 미국이며, 가장 낮은 것은 일본이다.

　　④ 미국 대학이 사용하는 연구비 : $28,860 + 2,300 = 31,160$

　　　　일본 대학이 사용하는 연구비 : $10,921 + 458 = 11,379$

|17~18| 다음 두 자료는 일제강점기 중 1930~1936년 소작쟁의 현황에 관한 자료이다. 두 표를 보고 물음에 답하시오.

〈표1〉 소작쟁의 참여인원

(단위 : 명)

연도 구분	1930	1931	1932	1933	1934	1935	1936
지주	860	1,045	359	1,693	6,090	22,842	29,673
마름	0	0	0	586	1,767	3,958	3,262
소작인	12,151	9,237	4,327	8,058	14,597	32,219	39,518
전체	13,011	10,282	4,686	10,337	22,454	59,019	72,453

〈표2〉 지역별 소작쟁의 발생건수

(단위 : 건)

연도 지역	1930	1931	1932	1933	1934	1935	1936
강원도	4	1	6	4	92	734	2,677
경기도	95	54	24	119	321	1,873	1,299
경상도	230	92	59	300	1,182	5,633	7,040
전라도	240	224	110	1,263	5,022	11,065	7,712
충청도	139	315	92	232	678	3,714	8,136
평안도	5	1	0	16	68	1,311	1,733
함경도	0	0	0	2	3	263	404
황해도	13	10	14	41	178	1,241	947
전국	726	697	305	1,977	7,544	25,834	29,948

Answer 16.③

17. 위의 두 표에 관한 설명으로 옳지 않은 것은?

① 1932년부터 지주의 소작쟁의 참여인원은 매년 증가하고 있다.

② 전국 소작쟁의 발생건수에서 강원도 소작쟁의 발생건수가 차지하는 비중은 1933년보다 1934년에 증가했다.

③ 충청도의 1936년 소작쟁의 발생건수는 전년도의 두 배 이상이다.

④ 1930년에 비해 1931년에 소작쟁의 발생건수가 증가한 지역은 없다.

✔해설 ④ 1930년에 비해 1931년에 소작쟁의 발생건수가 증가한 지역은 충청도 한 곳 뿐이다.

18. 위의 두 표에서 전국 소작쟁의 발생 건당 참여인원이 가장 많은 해는?

① 1930년   ② 1933년
③ 1934년   ④ 1935년

✔해설 ① 1930년 : $\dfrac{13,011}{726} = 17.92$

② 1933년 : $\dfrac{10,337}{1,977} = 5.22$

③ 1934년 : $\dfrac{22,454}{7,544} = 2.97$

④ 1935년 : $\dfrac{59,019}{25,834} = 2.28$

19. 甲이 지원한 기업의 하반기 필기전형 합격 기준은 70점이다. 정답일 경우 4점을 취하며, 오답일 경우 2점이 감점된다. 총 30문항이며, 전부 다 풀었다고 가정할 때 합격하기 위한 최소 문항은 몇 개인가?

① 20   ② 21
③ 22   ④ 23

✔해설 합격하기 위한 최소 문항을 x라고 했을 때,
$4x - 2(30 - x) \geq 70 = x \geq 21.7$
따라서 합격하기 위한 최소문항은 22문항이다.

20. 다음 그림에 대한 설명으로 가장 옳은 것은?

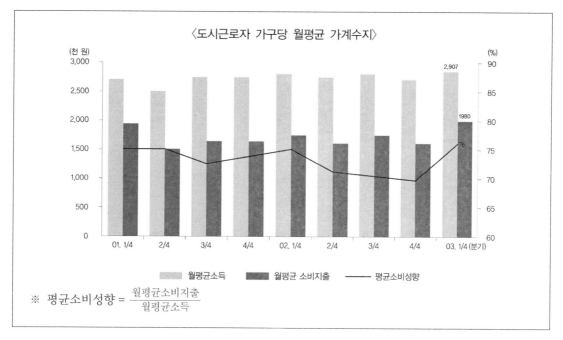

① 소득이 증가할수록 소비지출도 소득에 비례하여 증가하였다.

② 매년 1/4분기에는 동일 연도 다른 분기에 비해 소득에서 더 많은 부분을 소비하였다.

③ 우리나라 도시 근로자 가구는 대개 소득의 75 ~ 80% 정도를 지출하고 있다.

④ 월평균 소득과 평균소비성향은 서로 반비례적인 관계를 보인다.

> ✔해설 ① 소득의 증가와 소비지출의 증가가 반드시 일치하지는 않는다.
> ③ 우리나라 도시 근로자 가구는 대개 소득의 70 ~ 76% 정도를 지출하고 있다.
> ④ 월평균 소득과 평균소비성향은 서로 반비례적인 관계를 보이지 않는다.

Answer 17.④ 18.① 19.③ 20.②

▎21~22 ▎ 다음 표는 1885~1892년 동안 조선의 대청·대일 무역규모를 나타낸 자료이다. 다음 표를 보고 물음에 답하시오.

(단위 : 달러)

연도	조선의 수출액		조선의 수입액	
	대청	대일	대청	대일
1885	9,479	377,775	313,342	1,377,392
1886	15,977	488,041	455,015	2,064,353
1887	18,873	783,752	742,661	2,080,787
1888	71,946	758,238	860,328	2,196,115
1889	109,789	1,122,276	1,101,585	2,299,118
1890	70,922	3,475,098	1,660,075	3,086,897
1891	136,464	3,219,887	2,148,294	3,226,468
1892	149,861	2,271,628	2,055,555	2,555,675

※ 무역수시=수출액−수입액

21. 위의 표에 대한 설명으로 옳지 않은 것은?

① 1889년 조선의 대청 수출액은 수입액보다 적었다.

② 1887년 조선의 대일 수출액은 1885년의 대일 수출액의 2배 이상이다.

③ 1885~1892년 동안 조선의 대일 수입액은 매년 증가하고 있다.

④ 1885~1892년 동안 매년 조선의 대일 수출액은 대청 수출액의 10배 이상이다.

✔해설 ③ 1892년 조선의 대일 수입액은 전년에 비해 감소하였다.

22. 1890년 조선의 대일 무역수지를 구하면?

① 378,201 ② 388,201

③ 398,210 ④ 387,201

✔해설 3,475,098−3,086,897=388,201

┃23~24┃ 다음 〈표〉는 이용부문별 프린터 판매 및 매출 현황이다. 다음을 보고 물음에 답하시오.

(단위 : 대, 백만달러)

이용부문	판매대수	매출액
정부	317,593	122.7
교육	190,301	41.0
일반 가정	1,092,452	121.2
자영업	704,415	165.5
소규모 기업	759,294	270.6
중규모 기업	457,886	207.9
대규모 기업	415,620	231.4
계	3,937,561	1,160.3

※ 시장가격 $= \dfrac{\text{매출액}}{\text{판매대수}}$

23. 위의 표에 대한 설명으로 옳지 않은 것은?

① 판매대수가 가장 많은 부문은 일반 가정 부문이다.

② 판매대수 총계에서 정부의 판매대수가 차지하는 비중은 10% 이하이다.

③ 판매대수가 많은 부문일수록 매출액도 크다.

④ 판매대수가 가장 적은 부문은 교육 부문이다.

　✔**해설** ③ 일반 가정 부문은 정부 부문보다 판매대수가 많지만 매출액은 더 적다.

24. 위의 표에서 교육 부문의 시장가격은 약 얼마인가? (단, 소수점 이하는 절사한다.)

① 200달러　　　　　　　　　　② 215달러

③ 230달러　　　　　　　　　　④ 245달러

　✔**해설** $\dfrac{41,000,000}{190,301} = 215.44$

| 25~26 | 甲기업은 연말마다 각 팀의 팀장들이 팀원들의 업무수행능력을 평가한다. 다음 지재사업팀 팀원들의 업무수행능력 평가표를 보고 이어지는 물음에 답하시오.

1. 평가항목

가. 업무성과

나. 업무역량

다. 조직역량

라. 구성원 평가

※ 각 영역별로 40%, 30%, 20%, 10%의 가중치를 적용하여 최종 점수를 산출한다.

2. 지재사업팀 팀원 영역별 평가점수

구분	업무성과	업무역량	조직역량	구성원 평가	당해 해외 출장 경험
한**	70	70	80	90	O
정**	60	70	90	90	X
유**	80	90	70	70	O
강**	90	80	60	80	O
엄**	70	80	70	80	X
양**	60	70	90	70	O

25. 최종 점수가 동일할 경우 '당해 해외 출장 경험'을 기준으로 최고점자를 선별한다고 할 때, 지재사업팀 최고점자는 누구인가?

① 한**

② 엄**

③ 유**

④ 양**

> **✓ 해설** 팀원들의 최종 점수는 다음과 같다.
>
> | 구분 | 업무성과 | 업무역량 | 조직역량 | 구성원 평가 | 최종 점수 |
> |------|----------|----------|----------|-------------|-----------|
> | 한** | 28 | 21 | 16 | 9 | 74 |
> | 정** | 24 | 21 | 18 | 9 | 72 |
> | 유** | 32 | 27 | 14 | 7 | 80 |
> | 강** | 36 | 24 | 12 | 8 | 80 |
> | 엄** | 28 | 24 | 14 | 8 | 74 |
> | 양** | 24 | 21 | 18 | 7 | 70 |
>
> 이때 한**, 엄**의 최종 점수 및 업무역량 점수가 동일하므로 당해 해외 출장 경험을 기준으로 하여 한**가 팀 내 최고점자가 된다.

26. 지재사업팀 팀원들의 최종 점수로 평균, 표준편차를 구했을 때 옳은 것은? (단, 소수점 둘째 자리에서 반올림한다.)

	평균	표준편차
①	74	$\sqrt{28.3}$
②	75	$\sqrt{28.3}$
③	76	$\sqrt{26.3}$
④	77	$\sqrt{26.3}$

✔ 해설 ㉠ 평균값

(전체 관찰값의 합) ÷ (전체 관찰값의 수)

= (74+72+80+80+74+70) ÷ 6

= 75

㉡ 표준편차

분산 = $\dfrac{(편차)^2 총합}{변량수}$, 표준편차 = $\sqrt{분산}$

= $\dfrac{(-1)^2 + (-3)^2 + 10^2 + 10^2 + (-1)^2 + (-5)^2}{6}$

= 28.3

= $\sqrt{28.3}$

27. 다음은 IT기획부 직원 15명의 초과 근무를 조사하여 나타낸 도수분포표다. 초과 근무 시간의 평균이 18시간이고 분산을 구하시오.

초과 근무 시간	도수(명)
12	2
14	1
16	4
18	3
20	4
합계	15

① 5   ② 7

③ 8   ④ 11

✔ 해설

초과 근무 시간	편차	편차2	도수(명)
12	−6	36	2
14	−4	16	1
16	−2	4	4
18	0	0	3
20	2	4	4

$$분산 = \frac{(편차)^2 총합}{변량수}, \quad 즉 \ 분산 = \frac{(편차)^2 \times (도수)의 총합}{(도수)의 총합} 이므로$$

$$= \frac{36 \times 2 + 16 \times 1 + 4 \times 4 + 0 \times 3 + 4 \times 4}{15}$$

$$= 8$$

28. 다음 표는 2020 ～ 2022년 동안 국립공원 내 사찰의 문화재 관람료에 관한 자료이다. 다음 자료에 대한 설명으로 옳지 않은 것은?

(단위 : 원)

국립공원	사찰	2020년	2021년	2022년
지리산	쌍계사	1,800	1,800	1,800
	화엄사	2,200	3,000	3,000
	천은사	1,600	1,600	1,600
	연곡사	1,600	2,000	2,000
경주	불국사	0	0	4,000
	석굴암	0	0	4,000
	기림사	0	0	3,000
계룡산	동학사	1,600	2,000	2,000
	갑사	1,600	2,000	2,000
	신원사	1,600	2,000	2,000
한려해상	보리암	1,000	1,000	1,000
설악산	신흥사	1,800	2,500	2,500
	백담사	1,600	0	0
속리산	법주사	2,200	3,000	3,000
내장산	내장사	1,600	2,000	2,000
	백양사	1,800	2,500	2,500
가야산	해인사	1,900	2,000	2,000
덕유산	백련사	1,600	0	0
	안국사	1,600	0	0
오대산	월정사	1,800	2,500	2,500
주왕산	대전사	1,600	2,000	2,000
치악산	구룡사	1,600	2,000	2,000
소백산	희방사	1,600	2,000	2,000
월출산	도갑사	1,400	2,000	2,000
변산반도	내소사	1,600	2,000	2,000

① 2022년에 관람료 인상폭이 가장 큰 국립공원은 경주이다.

② 2022년 관람료가 2,000원인 사찰은 11곳이다.

③ 2021년 무료로 관람할 수 있는 사찰은 6곳이다.

④ 3년 내내 동일한 관람료를 받고 있는 사찰은 4곳뿐이다.

✅해설 3년 내내 동일한 관람료를 받고 있는 사찰은 쌍계사, 천은사, 보리암 3곳뿐이다.

29. 다음은 2013 ~ 2022년 5개 자연재해 유형별 피해금액에 관한 자료이다. 이에 대한 설명으로 옳은 것만을 모두 고른 것은?

〈5개 자연재해 유형별 피해금액〉

(단위 : 억 원)

유형＼연도	2013	2014	2015	2016	2017	2018	2019	2020	2021	2022
태풍	3,416	1,385	118	1,609	9	0	1,725	2,183	8,765	17
호우	2,150	3,520	19,063	435	581	2,549	1,808	5,276	384	1,581
대설	6,739	5,500	52	74	36	128	663	480	204	113
강풍	0	93	140	69	11	70	2	0	267	9
풍랑	0	0	57	331	0	241	70	3	0	0
전체	12,305	10,498	19,430	2,518	637	2,988	4,268	7,942	9,620	1,720

⊙ 2013 ~ 2022년 강풍 피해금액 합계는 풍랑 피해금액 합계보다 적다.
ⓛ 2021년 태풍 피해금액은 2021년 5개 자연재해 유형 전체 피해금액의 90% 이상이다.
ⓒ 피해금액이 매년 10억 원보다 큰 자연재해 유형은 호우 뿐이다.
ⓔ 피해금액이 큰 자연재해 유형부터 순서대로 나열하면 2019년과 2020년의 순서는 동일하다.

① ⊙ⓛ   ② ⊙ⓒ

③ ⓒⓔ   ④ ⊙ⓛⓔ

✔ **해설** ⊙ 주어진 기간 동안 강풍 피해금액과 풍랑 피해금액의 합계를 각각 계산하여 비교하기 보다는 소거법을 이용하여 비교하는 것이 좋다. 비슷한 크기의 값들을 서로 비교하여 소거한 뒤 남은 값들의 크기를 비교해주는 것으로 2018년 강풍과 2019년 풍랑 피해금액이 70억 원으로 동일하고 2014, 2015, 2017년 강풍 피해금액의 합 244억 원과 2018년 풍랑 피해금액 241억 원이 비슷하다. 또한 2016, 2021년 강풍 피해금액의 합 336억 원과 2016년 풍랑 피해금액 331억 원이 비슷하다. 이 값들을 소거한 뒤 남은 값들을 비교해보면 강풍 피해금액의 합계가 풍랑 피해금액의 합계보다 더 작다는 것을 알 수 있다.

ⓛ 2021년 태풍 피해금액이 2021년 5개 자연재해 유형 전체 피해금액의 90% 이상이라는 것은 즉, 태풍을 제외한 나머지 4개 유형 피해금액의 합이 전체 피해금액의 10% 미만이라는 것을 의미한다. 2021년 태풍을 제외한 나머지 4개 유형 피해금액의 합을 계산하면 전체 피해금액의 10% 밖에 미치지 못함을 알 수 있다.

ⓒ 피해금액이 매년 10억 원보다 큰 자연재해 유형은 호우, 대설이 있다.

ⓔ 피해금액이 큰 자연재해 유형부터 순서대로 나열하면 2019년 호우, 태풍, 대설, 풍랑, 강풍이며 이 순서는 2020년의 순서와 동일하다.

30. 다음은 어떤 회사 직원들의 인사이동에 따른 4개 지점별 직원 이동 현황을 나타낸 자료이다. 다음 자료를 참고할 때, ㈎와 ㈏에 들어갈 수치로 알맞은 것은?

〈인사이동에 따른 지점별 직원 이동 현황〉

(단위 : 명)

이동 후 \ 이동 전	A	B	C	D
A	—	24	11	28
B	17	—	31	23
C	33	14	—	10
D	12	9	17	—

〈지점 별 직원 현황〉

(단위 : 명)

지점 \ 시기	인사이동 전	인사이동 후
A	345	㈎
B	419	㈏
C	263	261
D	372	349

① 346, 443

② 344, 441

③ 346, 395

④ 313, 402

 해설 • A지점에서 다른 지점으로 이동한 사람 : 17＋33＋12＝62
다른 지점에서 A지점으로 이동한 사람 : 24＋11＋28＝63
인사이동 후 345－62＋63＝346
• B지점에서 다른 지점으로 이동한 사람 : 24＋14＋9＝47
다른 지점에서 B지점으로 이동한 사람 : 17＋31＋23＝71
인사이동 후 419－47＋71＝443

Answer 29.④ 30.①

31. 다음은 학생들의 시험성적에 관한 자료이다. 순위산정방식을 이용하여 순위를 산정할 경우 옳은 설명만으로 바르게 짝지어진 것은?

〈학생들의 시험성적〉

(단위 : 점)

학생＼과목	국어	영어	수학	과학
미연	75	85	90	97
수정	82	83	79	81
대현	95	75	75	85
상민	89	70	91	90

〈순위산정방식〉
- A방식 : 4개 과목의 총점이 높은 학생부터 순서대로 1, 2, 3, 4위로 하되, 4개 과목의 총점이 동일한 학생의 경우 국어 성적이 높은 학생을 높은 순위로 한다.
- B방식 : 과목별 등수의 합이 작은 학생부터 순서대로 1, 2, 3, 4위로 하되, 과목별 등수의 합이 동일한 학생의 경우 A방식에 따라 산정한 순위가 높은 학생을 높은 순위로 한다.
- C방식 : 80점 이상인 과목의 수가 많은 학생부터 순서대로 1, 2, 3, 4위로 하되, 80점 이상인 과목의 수가 동일한 학생의 경우 A방식에 따라 산정한 순위가 높은 학생은 높은 순위로 한다.

㉠ A방식과 B방식으로 산정한 대현의 순위는 동일하다.
㉡ C방식으로 산정한 상민의 순위는 2위이다.
㉢ 상민의 과학점수만 95점으로 변경된다면, B방식으로 산정한 미연의 순위는 2위가 된다.

① ㉠
② ㉡
③ ㉢
④ ㉠㉡

✔ 해설 A방식

구분	미연	수정	대현	상민
총점	347	325	330	340
순위	1	4	3	2

B방식

구분	미연	수정	대현	상민
등수의 합	8	12	11	9
순위	1	4	3	2

C방식

구분	미연	수정	대현	상민
80점 이상 과목 수	3	3	2	3
순위	1	3	4	2

Answer 31.④

32. 서원이는 20XX년 1월 전액 현금으로만 다음 표와 같이 지출하였다. 만약 서원이가 20XX년 1월에 A ~ C 신용카드 중 하나만을 발급받아 할인 전 금액이 표와 동일하도록 그 카드로만 지출하였다면 신용가드별 할인혜택에 근거한 할인 후 예상청구액이 가장 적은 카드부터 순서대로 바르게 나열한 것은?

〈20XX년 1월 지출내역〉

(단위 : 만 원)

분류	세부항목		금액	합계
교통비	버스 · 지하철 요금		8	20
	택시 요금		2	
	KTX 요금		10	
식비	외식비	평일	10	30
		주말	5	
	카페 지출액		5	
	식료품 구입비	대형마트	5	
		재래시장	5	
의류구입비	온라인		15	30
	오프라인		15	
여가 및 자기계발비	영화관람료(1만원/회×2회)		2	30
	도서구입비 (2만원/권×1권, 1만5천원/권×2권, 1만원/권×3권)		8	
	학원 수강료		20	

〈신용카드별 할인혜택〉

○ A 신용카드
• 버스, 지하철, KTX 요금 20% 할인(단, 할인액의 한도는 월 2만 원)
• 외식비 주말 결제액 5% 할인
• 학원 수강료 15% 할인
• 최대 총 할인한도액은 없음
• 연회비 1만 5천 원이 발급 시 부과되어 합산됨

○ B 신용카드

• 버스, 지하철, KTX 요금 10% 할인(단, 할인액의 한도는 월 1만 원)

• 온라인 의류구입비 10% 할인

• 도서구입비 권당 3천 원 할인(단, 권당 가격이 1만 2천 원 이상인 경우에만 적용)

• 최대 총 할인한도액은 월 3만 원

• 연회비 없음

○ C 신용카드

• 버스, 지하철, 택시 요금 10% 할인(단, 할인액의 한도는 월 1만 원)

• 카페 지출액 10% 할인

• 재래시장 식료품 구입비 10% 할인

• 영화관람료 회당 2천 원 할인(월 최대 2회)

• 최대 총 할인한도액은 월 4만 원

• 연회비 없음

※ 할부나 부분청구는 없으며, A ~ C 신용카드는 매달 1일부터 말일까지의 사용분에 대하여 익월 청구됨

① A − B − C

② A − C − B

③ B − A − C

④ B − C − A

✔해설 할인내역을 정리하면
• A 신용카드
−교통비 20,000원
−외식비 2,500원
−학원수강료 30,000원
−할인합계 52,500원 − 연회비 15,000원＝37,500원
• B 신용카드
−교통비 10,000원
−온라인 의류구입비 15,000원
−도서구입비 9,000원
−할인합계 30,000원
• C 신용카드
−교통비 10,000원
−카페 지출액 5,000원
−재래시장 식료품 구입비 5,000원
−영화관람료 4,000원
−할인합계 24,000원

Answer 32.①

33. 다음은 '갑'국의 2008 ~ 2021년 알코올 관련 질환 사망자 수에 대한 자료이다. 이에 대한 설명으로 옳은 것은?

(단위 : 명)

연도 \ 구분	남성		여성		전체	
	사망자 수	인구 10만 명당 사망자 수	사망자 수	인구 10만 명당 사망자 수	사망자 수	인구 10만 명당 사망자 수
2008	2,542	10.7	156	0.7	2,698	5.9
2009	2,870	11.9	199	0.8	3,069	6.3
2010	3,807	15.8	299	1.2	4,106	8.4
2011	4,400	18.2	340	1.4	4,740	9.8
2012	4,674	19.2	374	1.5	5,048	10.2
2013	4,289	17.6	387	1.6	4,676	9.6
2014	4,107	16.8	383	1.6	4,490	9.3
2015	4,305	17.5	396	1.6	4,701	9.5
2016	4,243	17.1	400	1.6	4,643	9.3
2017	4,010	16.1	420	1.7	4,430	8.9
2018	4,111	16.5	424	1.7	( )	9.1
2019	3,996	15.9	497	2.0	4,493	9.0
2020	4,075	16.2	474	1.9	( )	9.1
2021	3,955	15.6	521	2.1	4,476	8.9

※ 인구 10만 명당 사망자 수는 소수점 아래 둘째 자리에서 반올림한 값이다.

① 2018년과 2020년의 전체 사망자 수는 같다.

② 여성 사망자 수는 매년 증가한다.

③ 매년 남성 인구 10만 명당 사망자 수는 여성 인구 10만 명당 사망자 수의 8배 이상이다.

④ 남성 인구 10만 명당 사망자 수가 가장 많은 해의 전년대비 남성 사망자 수 증가율은 5% 이상이다.

> ✔해설 ① 2018년 전체 사망자 수는 $4,111 + 424 = 4,535$명이고, 2020년 전체 사망자 수는 $4,075 + 474 = 4,549$명이다.
> ② 2014년과 2020년에는 전년대비 감소하였다.
> ③ 2019년과 2021년에는 각각 7.95배, 7.43배 차이가 난다.
> ④ 남성 인구 10만 명당 사망자 수가 가장 많은 해는 2012년으로 전년대비 사망자 수 증가율은 6.2%이다.
> ※ 전년대비 증가율 = (후년 ÷ 전년 − 1) × 100(%)

34. 다음은 문화산업부문 예산에 관한 자료이다. 다음 중 (라)의 값을 구하면?

분야	예산(억 원)	비율(%)
출판	(가)	(다)
영상	40.85	19
게임	51.6	24
광고	(나)	31
저작권	23.65	11
총합	(라)	100

① 185 ② 195
③ 205 ④ 215

✔해설 ㉠ 영상 분야의 예산은 40.85(억 원), 비율은 19(%)이므로, 40.85 : 19 =(가) : (다)
　　　• (다)=100-(19+24+31+11)=15%
　　　• 40.85×15=19×(가),　　∴ 출판 분야의 예산 (가) = 32.25(억 원)
　　㉡ 위와 동일하게 광고 분야의 예산을 구하면, 40.85 : 19 = (나) : 31
　　　• 40.85×31=19×(나),　　∴ 광고 분야의 예산 (나)=66.65(억 원)
　　㉢ 예산의 총합 (라)는 32.25+40.85+51.6+66.65+23.65=215(억 원)

35. 다음은 어느 보험회사의 보험계약 현황에 관한 표이다. 이에 대한 설명으로 옳지 않은 것은?

(단위 : 건, 억 원)

구분	2021년		2020년	
	건수	금액	건수	금액
개인보험	5,852,844	1,288,847	5,868,027	1,225,968
생존보험	1,485,908	392,222	1,428,422	368,731
사망보험	3,204,140	604,558	3,241,308	561,046
생사혼합	1,162,792	292,068	1,198,297	296,191
단체보험	0	0	0	0
단체보장	0	0	0	0
단체저축	0	0	0	0
소계	5,852,844	1,288,847	5,868,027	1,225,968

※ 건수는 보유계약의 건수임

※ 금액은 주계약 및 특약의 보험가입금액임

① 2020년과 2021년에 단체보험 보유계약의 건수는 0건이다.

② 2021년은 2020년에 비해 개인보험 보유계약 건수가 감소하였다.

③ 2021년은 2020년에 비해 개인보험 보험가입금액은 증가하였다.

④ 2021년 개인보험 보험가입금액에서 생존보험 금액이 차지하는 비중은 30% 미만이다.

 ④ $\dfrac{392,222}{1,288,847} \times 100 = 30.43\%$

따라서 30%를 초과한다.

36. 다음은 어느 재단의 연도별 재무 현황이다. 다음 중 자산부채비율이 가장 높은 해는?

(단위 : 억 원, %)

연도＼구분	2018	2019	2020	2021
자산	31,303	56,898	77,823	91,464
부채	20,379	47,295	67,708	83,754
재단채	12,500	37,611	59,105	74,751
기타	7,879	9,684	8,603	9,003
자본	10,924	9,603	10,115	7,711

※ 자산부채비율(%) $= \dfrac{\text{자산}}{\text{부채}} \times 100$

① 2018년

② 2019년

③ 2020년

④ 2021년

✔ 해설 ① 2018년 : $\dfrac{31,303}{20,379} \times 100 = 153.6$

② 2019년 : $\dfrac{56,898}{47,295} \times 100 = 120.3$

③ 2020년 : $\dfrac{77,823}{67,708} \times 100 = 114.9$

④ 2021년 : $\dfrac{91,464}{83,754} \times 100 = 109.2$

Answer 35.④ 36.①

37. 다음은 A사의 연간 실적 내역이다. 이에 대한 설명으로 옳지 않은 것은?

연간 실적 요약

구분	2024	2023	2022	2021	2020	2019	2018	2017
매출액	16,789	18,912	17,658	15,435	13,224	10,585	10,002	9,086
영업이익	−1,086	1,475	1,356	1,104	1,568	2,210	2,083	1,894
세전이익	1,107	2,089	1,908	1,856	1,842	1,758	1,502	1,305
당기 순이익	845	2,156	1,845	1,687	1,085	1,568	1,435	1,258

※ 당기순이익 증가율 = (금년도당기순이익−전년도당기순이익) ÷ 전년도당기순이익 × 100

① 영업이익이 가장 많은 연도는 2019년이다.
② 2017년도부터 5년간 세전이익이 증가하였다.
③ 2020년도부터 매출액은 꾸준히 증가하였다.
④ 당기순이익 증가율은 2018년도가 2021년도보다 낮다.

✅**해설** 매출액은 2017년도부터 꾸준히 증가하다 2024년도에 감소하였다.

38. 다음 자료는 럭키 전자의 TV 광고모델 후보 4명에 대한 것이다. 제시된 〈조건〉을 바탕으로 광고 모델을 선정할 때 총 광고효과가 가장 큰 모델은?

〈모델별 1년 계약금 및 광고 1회당 광고 효과〉

(단위 : 만 원)

모델	계약금	1회당 광고효과	
		수익 증대	브랜드 가치 증대
A	1,000	100	100
B	600	60	100
C	700	60	110
D	800	50	140

〈조건〉

• 광고효과는 수익 증대 효과와 브랜드 가치 증대 효과로만 구성된다.

 총 광고효과 = 1회당 광고효과 × 1년 광고횟수

 1회당 광고효과 = 1회당 수익 증대 효과 + 1회당 브랜드 가치 증대 효과

• 1회당 광고비는 20만 원으로 고정되어 있다.

 $1년\ 광고횟수 = \dfrac{1년\ 광고비}{1회당\ 광고비}$

• 1년 광고비는 3,000만 원(고정값)에서 1년 계약금을 뺀 금액이다.

 1년 광고비 = 3,000만 원 − 1년 계약금

※ 광고는 TV를 통해서만 1년 내에 모두 방송됨

① A   ② B

③ C   ④ D

해설 제시된 〈조건〉에 따르면 총 광고효과 = (1회당 수익 증대 효과 + 1회당 브랜드 가치 증대 효과) × (3,000−1년 계약금) / 20이다.

① A : (100 + 100) × 2,000 / 20 = 20,000(만 원)

② B : (60 + 100) × 2,400 / 20 = 19,200(만 원)

③ C : (60 + 110) × 2,300 / 20 = 19,550(만 원)

④ D : (50 + 140) × 2,200 / 20 = 20,900(만 원)

따라서 총 광고 효과가 가장 큰 모델은 'D'이다.

Answer 37.③ 38.④

┃39~40┃ 다음 A국, B국의 경제활동인구를 나타낸 자료를 보고 이어지는 물음에 답하시오.

〈20xx년 A국과 B국의 경제활동인구〉

(단위 : 천 명, %)

구분	계	A국	B국
15세 이상 인구	51,307	( )	24,967
취업자	25,613	10,641	14972
실업자	889	421	( )
경제활동참가율	( )	70.5	81.6
실업률	( )	( )	4.2

※ 1) 경제활동참가율 = 경제활동 참가자 수/15세 이상 인구 × 100

2) 경제활동 참가자 = 취업자 + 실업자

3) 실업률 = 실업자 수/경제활동 참가자 수 × 100

4) 경제활동참가율과 실업률은 소수점 둘째 자리에서 반올림한다.

39. A국의 실업자 수는 15세 이상 인구의 몇 %인지 구하시오. (단, 소수점 둘째 자리에서 반올림한다.)

① 1.6%

② 1.7%

③ 2.1%

④ 2.2%

✔해설 A국 15세 이상 인구는 26,340명으로 A국 실업자 수(421명)의 약 1.6%다.

40. 전체 인구의 경제활동참가율은 전체 인구 실업률의 몇 배인지 구하시오. (단, 소수 첫째 자리에서 반올림한다.)

① 12배

② 13배

③ 14배

④ 15배

✔해설 경제활동 참가자 = 26,502(명)으로, 경제활동참가율은 51.7(%)이 된다. 따라서 전체 인구 실업률은 3.4(%)이므로, 전체 인구의 경제활동참가율은 전체 인구 실업률의 약 15배이다.

출제예상문제

1 다음과 관련된 개념은 무엇인가?

> 조직이 지속되게 되면서 조직구성원들 간에 공유되는 생활양식이나 가치로 조직구성원들의 사고와 행동에 영향을 미치며 일체감과 정체성을 부여하고 조직이 안정적으로 유지되게 한다. 최근 조직문화에 대한 중요성이 부각되면서 긍정적인 방향으로 조성하기 위한 경영층의 노력이 이루어지고 있다.

① 조직문화   ② 조직위계
③ 조직목표   ④ 조직구조

✔ **해설** 조직체제 구성요소

　㉠ 조직목표 : 조직이 달성하려는 장래의 상태로 조직이 존재하는 정당성과 합법성을 제공한다. 전체 조직의 성과, 자원, 시장, 인력개발, 혁신과 변화, 생산성에 대한 목표가 포함된다.

　㉡ 조직구조 : 조직 내의 부문 사이에 형성된 관계로 조직목표를 달성하기 위한 조직구성원들의 상호작용을 보여준다. 조직구조는 결정권의 집중정도, 명령계통, 최고경영자의 통제, 규칙과 규제의 정도에 따라 달라지며 구성원들의 업무나 권한이 분명하게 정의된 기계적 조직과 의사결정권이 하부구성원들에게 많이 위임되고 업무가 고정적이지 않은 유기적 조직으로 구분될 수 있다. 조직의 구성은 조직도를 통해 쉽게 파악할 수 있는데, 이는 구성원들의 임무, 수행하는 과업, 일하는 장소 등을 파악하는데 용이하다.

　㉢ 조직문화 : 조직이 지속되게 되면서 조직구성원들 간에 공유되는 생활양식이나 가치로 조직구성원들의 사고와 행동에 영향을 미치며 일체감과 정체성을 부여하고 조직이 안정적으로 유지되게 한다. 최근 조직문화에 대한 중요성이 부각되면서 긍정적인 방향으로 조성하기 위한 경영층의 노력이 이루어지고 있다.

　㉣ 조직의 규칙과 규정 : 조직의 목표나 전략에 따라 수립되어 조직구성원들의 활동범위를 제약하고 일관성을 부여하는 기능을 하는 것으로 인사규정, 총무규정, 회계규정 등이 있다. 특히 조직이 구성원들의 행동을 관리하기 위하여 규칙이나 절차에 의존하고 있는 공식화 정도에 따라 조직의 구조가 결정되기도 한다.

Answer 39.① 40.④ / 1.①

2 다음의 빈칸에 들어갈 말을 순서대로 나열한 것은?

> 조직의 (㉠)은/는 조직 내의 부문 사이에 형성된 관계로 조직목표를 달성하기 위한 조직구성원들의 상호작용을 보여준다. 이는 결정권의 집중정도, 명령계통, 최고 경영자의 통제, 규칙과 규제의 정도에 따라 달라지며 구성원들의 업무나 권한이 분명하게 정의된 기계적 조직과 의사결정권이 하부구성원들에게 많이 위임되고 업무가 고정적이지 않은 유기적 조직으로 구분될 수 있다. (㉡)은/는 이를 쉽게 파악할 수 있다. 구성원들의 임무, 수행하는 과업, 일하는 장소 등을 파악하는데 용이하다. 한편 조직이 지속되게 되면 조직구성원들 간 생활양식이나 가치를 공유하게 되는데 이를 조직의 (㉢)라고 한다. 이는 조직구성원들의 사고와 행동에 영향을 미치며 일체감과 정체성을 부여하고 조직이 (㉣)으로 유지되게 한다. 최근 이에 대한 중요성이 부각되면서 긍정적인 방향으로 조성하기 위한 경영층의 노력이 이루어지고 있다.

	㉠	㉡	㉢	㉣
①	구조	조직도	문화	안정적
②	목표	비전	규정	체계적
③	미션	핵심가치	구조	혁신적
④	직급	규정	비전	단계적

✅ **해설** 조직은 목적과 목표를 가지고 있으며, 이를 달성하기 위해 다양한 조직구조를 사용한다. 이렇게 조직이 형성되고 발전되면 조직구성원들이 공유하는 가치관, 신념, 규범 등의 조직문화가 형성되게 된다. 또한 조직의 효율성을 높이기 위해서 규칙과 규정을 제정하고 업무를 분화한다. 본 문항은 한 조직의 구성원으로서 조직의 구조와 목적, 체제 구성요소, 규칙, 규정 등 자신이 속한 조직의 체제를 제대로 이해하고 있는지에 대해 묻는 문항이다.

※ 조직체제 구성요소
  ㉠ 조직목표 : 조직이 달성하려는 장래의 상태로 조직이 존재하는 정당성과 합법성을 제공한다. 전체 조직의 성과, 자원, 시장, 인력개발, 혁신과 변화, 생산성에 대한 목표가 포함된다.
  ㉡ 조직구조 : 조직 내의 부문 사이에 형성된 관계로 조직목표를 달성하기 위한 조직구성원들의 상호작용을 보여준다. 조직구조는 결정권의 집중정도, 명령계통, 최고경영자의 통제, 규칙과 규제의 정도에 따라 달라지며 구성원들의 업무나 권한이 분명하게 정의된 기계적 조직과 의사결정권이 하부구성원들에게 많이 위임되고 업무가 고정적이지 않은 유기적 조직으로 구분될 수 있다. 조직의 구성은 조직도를 통해 쉽게 파악할 수 있는데, 이는 구성원들의 임무, 수행하는 과업, 일하는 장소 등을 파악하는데 용이하다.
  ㉢ 조직문화 : 조직이 지속되게 되면서 조직구성원들 간에 공유되는 생활양식이나 가치로 조직구성원들의 사고와 행동에 영향을 미치며 일체감과 정체성을 부여하고 조직이 안정적으로 유지되게 한다. 최근 조직문화에 대한 중요성이 부각되면서 긍정적인 방향으로 조성하기 위한 경영층의 노력이 이루어지고 있다.
  ㉣ 조직의 규칙과 규정 : 조직의 목표나 전략에 따라 수립되어 조직구성원들의 활동범위를 제약하고 일관성을 부여하는 기능을 하는 것으로 인사규정, 총무규정, 회계규정 등이 있다. 특히 조직이 구성원들의 행동을 관리하기 위하여 규칙이나 절차에 의존하고 있는 공식화 정도에 따라 조직의 구조가 결정되기도 한다.

3 다음 글을 읽고 진성이가 소속된 부서로 알맞은 것은?

> 진성이가 소속된 부서는 매주 월요일마다 직원들이 모여 경영계획에 대한 회의를 한다. 이번 안건은 최근 문제가 된 중장기 사업계획으로, 이를 종합하여 조정을 하거나 적절하게 예산수립을 하기 위해 의견을 공유하는 자리가 되었다. 더불어 오후에는 기존의 사업의 손익을 추정하여 관리 및 분석을 통한 결과를 부장님께 보고하기로 하였다.

① 총무부 ② 인사부
③ 기획부 ④ 회계부

✔ 해설 제시된 글은 기획부의 업무에 해당한다.

※ 업무의 종류
  ㉠ 총무부 : 주주총회 및 이사회개최 관련 업무, 의전 및 비서업무, 집기비품 및 소모품의 구입과 관리, 사무실 임차 및 관리, 차량 및 통신시설의 운영, 국내외 출장 업무 협조, 복리후생 업무, 법률자문과 소송관리, 사내외 홍보 광고업무
  ㉡ 인사부 : 조직기구의 개편 및 조정, 업무분장 및 조정, 인력수급계획 및 관리, 직무 및 정원의 조정 종합, 노사관리, 평가관리, 상벌관리, 인사발령, 교육체계 수립 및 관리, 임금제도, 복리후생제도 및 지원업무, 복무관리, 퇴직관리
  ㉢ 기획부 : 경영계획 및 전략 수립, 전사기획업무 종합 및 조정, 중장기 사업계획의 종합 및 조정, 경영정보 조사 및 기획보고, 경영진단업무, 종합예산수립 및 실적관리, 단기사업계획 종합 및 조정, 사업계획, 손익추정, 실적관리 및 분석
  ㉣ 회계부 : 회계제도의 유지 및 관리, 재무상태 및 경영실적 보고, 결산 관련 업무, 재무제표 분석 및 보고, 법인세, 부가가치세, 국세 지방세 업무자문 및 지원, 보험가입 및 보상업무, 고정자산 관련 업무
  ㉤ 영업부 : 판매 계획, 판매예산의 편성, 시장조사, 광고 선전, 견적 및 계약, 제조지시서의 발행, 외상매출금의 청구 및 회수, 제품의 재고 조절, 거래처로부터의 불만처리, 제품의 애프터서비스, 판매원가 및 판매가격의 조사 검토

Answer 2.① 3.③

4 김 대리는 의류 인터넷쇼핑몰 서비스팀에 근무 중으로 최근 불만 및 반품 접수가 증가하고 있어 이와 관련하여 회의를 진행하였다. 아래의 회의록을 보고 알 수 있는 내용인 것을 고르시오.

회의록

❏ 회의일시 : 20xx년 2월 13일
❏ 회의장소 : 웰니스빌딩 3층 303호 소회의장
❏ 부   서 : 물류팀, 개발팀, 서비스팀
❏ 참 석 자 : 물류팀 팀장, 과장, 개발팀 팀장, 과장, 서비스팀 팀장, 과장
❏ 회의 안건
　제품 의류에 염료 얼룩으로 인한 고객 불만반품에 따른 원인조사 및 대책방안
❏ 회의 내용
　주문폭주로 인한 물량증가로 염료가 덜 마른 부직포 포장지를 사용하여 제품인 의류에 염색 얼룩이 묻은 것으로 추측
❏ 의결 사항
　[물류팀]
　컬러 부직포로 제품포장 하였던 기존방식에서 내부비닐포장 및 염료를 사용하지 않는 부직포로 2중 포장, 외부 종이상자 포장으로 교체
　[서비스팀]
　- 주문물량이 급격히 증가했던 일주일 동안 포장된 제품 전격 회수
　- 제품을 구매한 고객에 사과문 발송 및 100% 환불 보상 공지
　[개발팀]
　포장 재질 및 부직포 염료 유해성분 조사

---

① 마케팅팀은 해당 브랜드의 전 제품을 회수 및 100% 환불 보상할 것을 공지한다.
② 일주일 전부터 주문량이 증가했다.
③ 주문량이 많아 염료가 덜 마른 부직포 포장지를 사용한 것이 문제 발생의 원인으로 추측된다.
④ 개발팀에서 제품을 전격 회수해 포장재 및 인쇄된 잉크의 유해성분을 조사하기로 했다.

> **✔해설** ① 서비스팀은 주문폭주 일주일 동안 포장된 제품을 전격 회수와 제품을 구매한 고객에 사과문 발송 및 100% 환불 보상을 공지한다.
> ② 주문량이 증가한 날짜는 회의록만으로 알 수 없다.
> ④ 서비스팀에서 제품을 전격 회수하고, 개발팀에서 유해성분을 조사하기로 했다.

5 기업 내부의 경영활동이 중 유형이 다른 것은?

① 인사관리

② 생산관리

③ 재무관리

④ 마케팅관리

> ✔해설 경영활동 유형
>   ㉠ 외부경영활동
>   • 외부에서 조직의 효과성을 높이기 위해 이루어지는 활동(대외적 이윤추구활동)
>   • 마케팅관리 등
>   ㉡ 내부경영활동
>   • 내부에서의 인적 · 물적 자원 및 생산기술 관리
>   • 인사관리, 재무관리, 생산관리 등

6 어느 날 진수는 직장선배로부터 '직장 내에서 서열과 직위를 고려한 소개의 순서'를 정리하라는 요청을 받았다. 진수는 다음의 내용처럼 정리하고 직장선배에게 보여 주었다. 하지만 직장선배는 세 가지 항목이 틀렸다고 지적하였다. 지적을 받은 세 가지 항목은 무엇인가?

> ㉠ 연소자를 연장자보다 먼저 소개한다.
> ㉡ 같은 회사 관계자를 타 회사 관계자에게 먼저 소개한다.
> ㉢ 상급자를 하급자에게 먼저 소개한다.
> ㉣ 동료임원을 고객, 방문객에게 먼저 소개한다.
> ㉤ 임원을 비임원에게 먼저 소개한다.
> ㉥ 되도록 성과 이름을 동시에 말한다.
> ㉦ 상대방이 항상 사용하는 경우라면 Dr, 등의 칭호를 함께 언급한다.
> ㉧ 과거 정부 고관일지라도, 전직인 경우 호칭사용은 결례이다.

① ㉠㉡㉥

② ㉢㉤㉧

③ ㉣㉤㉥

④ ㉣㉤㉧

> ✔해설 하급자를 상급자에게 먼저 소개해 주는 것이 일반적이며, 비임원을 임원에게 먼저 소개하여야 한다. 또한 정부 고관의 직급명은 퇴직한 경우라고 사용하는 것이 관례이다.

Answer 4.③ 5.④ 6.②

7 다음은 기업용 소프트웨어를 개발·판매하는 A기업의 조직도와 사내 업무협조전이다. 주어진 업무협조전의 발신부서와 수신부서로 가장 적절한 것은?

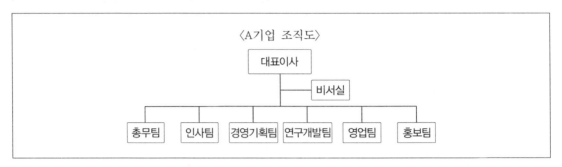

〈A기업 조직도〉

대표이사 ─ 비서실

총무팀 | 인사팀 | 경영기획팀 | 연구개발팀 | 영업팀 | 홍보팀

업무협조전

제목 : 콘텐츠 개발에 따른 적극적 영업 마케팅 협조

내용 : 20xx년 경영기획팀의 요청으로 저희 팀에서 제작하기 시작한 업무매니저 "한방에" 소프트웨어가 모두 제작 완료되었습니다. 하여 해당 소프트웨어 5종에 관한 적극적인 마케팅을 부탁드립니다.

"한방에"는 거래처관리 소프트웨어, 직원/급여관리 소프트웨어, 매입/매출관리 소프트웨어, 증명서 발급관리 소프트웨어, 거래/견적/세금관리 소프트웨어로 각 분야별 영업을 진행하시면 될 것 같습니다.

특히나 직원/급여관리 소프트웨어는 회사 직원과 급여를 통합적으로 관리할 수 있는 프로그램으로 중소기업에서도 보편적으로 이용할 수 있도록 설계되어 있기 때문에 적극적인 영업 마케팅이 더해졌을 때 큰 이익을 낼 수 있을 거라 예상됩니다.

해당 5개의 프로그램의 이용 매뉴얼과 설명서를 첨부해드리오니 담당자분들께서는 이를 숙지하시고 영업에 효율성을 가지시기 바랍니다.

첨부 : 업무매니저 "한방에" 매뉴얼 및 설명서

	발신	수신
①	경영기획팀	홍보팀
②	연구개발팀	영업팀
③	총무팀	인사팀
④	영업팀	연구개발팀

✔해설 발신부서는 소프트웨어를 제작하는 팀이므로 연구개발팀이고, 발신부서는 수신부서에게 신제품 개발에 대한 대략적인 내용과 함께 영업 마케팅에 대한 당부를 하고 있으므로 수신부서는 영업팀이 가장 적절하다.

8 '경영참가제도'는 노사협의제, 이윤분배제, 종업원지주제 등의 형태로 나타난다. 다음에 제시된 항목 중, 이러한 경영참가제도가 발전하게 된 배경으로 보기 어려운 두 가지가 알맞게 짝지어진 것은?

> ㉠ 근로자들의 경영참가 욕구 증대
> ㉡ 노동조합을 적대적 존재로서가 아니라 파트너로서 역할을 인정하게 된 사용자 측의 변화
> ㉢ 노동조합의 다양한 기능의 점진적 축소
> ㉣ 기술혁신과 생산성 향상
> ㉤ 근로자의 자발적, 능동적 참여가 사기와 만족도를 높이고 생산성 향상에 기여하게 된다는 의식이 확산됨
> ㉥ 노사 양측의 조직규모가 축소됨에 따라 기업의 사회적 책임의식이 약해짐

① ㉠㉢
② ㉡㉥
③ ㉢㉥
④ ㉣㉥

✔해설 ㉢ 노동조합의 기능이 다양하게 확대됨에 따라 근로자의 경영참가를 자연스럽게 받아들일 수밖에 없는 사회 전반적인 분위기 확산도 경영참가제도의 발전 배경으로 볼 수 있다.
㉥ 노사 양측의 조직규모는 지속적으로 거대화 되었으며, 이에 따른 사회적 책임이 증대되었고 노사 관계가 국민경제에 미치는 영향이 커짐으로 인해 분쟁을 가능한 한 회피하고 평화적으로 해결하기 위한 필요성도 경영참가제도를 발전시킨 배경으로 볼 수 있다.
㉣ 기술혁신은 인력의 절감효과를 가져와 격렬한 노사분쟁을 유발하고 생산성 향상에 오히려 역효과를 초래하게 되어, 결국 이러한 문제 해결을 위해 노사 간의 충분한 대화가 필요해지며 이런 대화의 장을 마련하기 위한 방안으로 경영참가제도가 발전하였다고 볼 수 있다.

9 다음과 같은 팀장의 지시를 받은 오 대리가 업무를 처리하기 위해 들러야 하는 조직의 명칭이 순서대로 올바르게 나열된 것은?

> "오 대리, 갑자기 본부장님의 급한 지시 사항을 처리해야 하는데, 나 좀 도와줄 수 있겠나? 어제 사장님께 보고 드릴 자료를 완성했는데, 자네가 혹시 오류나 수정 사항이 있는지를 좀 확인해 주고 남 비서에게 전달을 좀 해 주게. 그리고 모레 있을 바이어 미팅은 대형 계약 성사를 위해 매우 중요한 일이 될 테니 계약서 초안 검토 작업이 어느 정도 되고 있는지도 한 번 알아봐 주게. 오는 길에 바이어 픽업 관련 배차 현황도 다시 한 번 확인해 주고, 다음 주 선적해야 할 물량 통관 작업에는 문제없는 지 확인해서 박 과장에게 알려줘야 하네. 실수 없도록 잘 좀 부탁하네."

① 총무팀, 회계팀, 인사팀, 법무팀

② 자금팀, 기획팀, 인사팀, 회계팀

③ 기획팀, 총무팀, 홍보팀, 물류팀

④ 비서실, 법무팀, 총무팀, 물류팀

✔해설 오 대리가 들러야 하는 조직과 업무 내용은 다음과 같이 정리할 수 있다.
보고 서류 전달 – 비서실
계약서 검토 확인 – 법무팀
배차 현황 확인 – 총무팀
통관 작업 확인 – 물류팀

10 경영전략의 유형으로 흔히 차별화, 원가 우위, 집중화 전략을 꼽을 수 있다. 다음에 제시된 내용들 중, 차별화 전략의 특징으로 볼 수 없는 설명을 모두 고른 것은?

> ㉠ 브랜드 강화를 위한 광고비용이 증가할 수 있다.
> ㉡ 견고한 유통망은 제품 차별화와 관계가 없다.
> ㉢ 차별화로 인한 규모의 경제 활용에 제약이 있을 수 있다.
> ㉣ 신규기업 진입에 대한 효과적인 억제가 어렵다.
> ㉤ 제품에 대한 소비자의 선호체계가 확연히 구분될 경우 효과적인 차별화가 가능하다.

① ㉠㉡   ② ㉡㉣

③ ㉡㉢   ④ ㉣㉤

✔해설 ㉡ 강력하고 견고한 유통망이 있을 경우, 고객을 세분화하여 제품 차별화 전략을 활용할 수 있다.
㉣ 차별화를 이루게 되면 경험과 노하우에 따른 더욱 특화된 제품이나 서비스가 제공되므로 신규기업 진입에 대한 효과적인 억제가 가능하게 된다.
㉠㉢ 차별화에는 많은 비용이 소요되므로 반드시 비용측면을 고려해야 하며 일정 부분의 경영상 제약이 생길 수 있다.
㉤ 지역별, 연령별, 성별 특성 등의 선호체계 구분이 뚜렷할 경우 맞춤형 전략 수립이 용이하다.

11 A가 회사 명의로 B의 결혼 축의금 50만 원을 지급하려고 할 때 A가 작성한 결재 방식은?

〈결재규정〉

- 결재를 받으려면 업무에 대해서는 최고결재권자(대표이사)를 포함한 이하 직책자의 결재를 받아야 한다.
- '전결'이라 함은 회사의 경영활동이나 관리활동을 수행함에 있어 의사결정이나 판단을 요하는 일에 대하여 최고결재권자의 결재를 생략하고, 자신의 책임 하에 최종적으로 의사결정이나 판단을 하는 행위를 말한다.
- 전결사항에 대해서도 위임 받은 자를 포함한 이하 직책자의 결재를 받아야 한다.
- 표시내용 : 결재를 올리는 자는 최고결재권자로부터 전결사항을 위임 받은 자가 있는 경우 결재란에 전결이라고 표시하고 최종 결재권자에 위임 받은 자를 표시한다. 다만, 결재가 불필요한 직책자의 결재란은 상황대각선으로 표시한다.
- 최고결재권자의 결재사항 및 최고결재권자로부터 위임된 전결사항은 다음의 표에 따른다.

구분	내용	금액기준	결재서류	팀장	본부장	대표이사
접대비	거래처 식대, 경조사비 등	20만 원 이하	접대비지출품의서 지출결의서	● ■		
		30만 원 이하			● ■	
		30만 원 초과				● ■
교통비	국내 출장비	30만 원 이하	출장계획서 출장비신청서	● ■		
		50만 원 이하		●	■	
		50만 원 초과		●		■
	해외 출장비			●		■
소모품비	사무용품		지출결의서	■		
	문서, 전산소모품					■
	기타 소모품	20만 원 이하		■		
		30만 원 이하			■	
		30만 원 초과				■
교육 훈련비	사내외 교육		기안서 지출결의서	●		■
법인카드	법인카드 사용	50만 원 이하	법인카드신청서	■		
		100만 원 이하			■	
		100만 원 초과				■

● : 기안서, 출장계획서, 접대비지출품의서

■ : 지출결의서, 세금계산서, 발행요청서, 각종 신청서

①

접대비지출품의서

결 재	담당	팀장	본부장	최종 결재
	L			팀장

②

접대비지출품의서

결 재	담당	팀장	본부장	최종 결재
	L		전결	본부장

③

지출결의서

결 재	담당	팀장	본부장	최종 결재
	L		전결	대표이사

④

지출결의서

결 재	담당	팀장	본부장	최종 결재
	L	전결		대표이사

✔ 해설 경조사비는 접대비에 해당하므로 접대비지출품의서나 지출결의서를 작성하고 30만 원을 초과하였으므로 결재권자는 대표이사에게 있다. 또한 누구에게도 전결되지 않았다.

12 다음은 전화를 걸 때의 상황을 나타낸 것이다. 이 중 잘못된 표현의 단계를 고르면?

ㄱ 전화를 걸기 전에 필요한 자료는 미리 손앞에 정리
- 상대의 소속, 직책, 성명, 전화번호 숙지
- 용건의 내용을 간단히 메모
- 필요한 서류자료, 메모지, 필기구 준비

ㄴ 상대가 나오면 본인의 소속 및 이름을 먼저 밝힌다.

ㄷ 상대를 확인한다.
- 상대방이 이름을 말하지 않을 경우 내 쪽에서 확인
- 본인이 받을 경우 인사를 하면서 안부를 묻고
- 부재 시일 경우 – 부재이유를 간단히 묻고 메모를 부탁하거나 전화를 다시 하겠다는 등의 약속을 한다.

ㄹ 용건을 전달한다.

---

① ㄱ 전화를 건 목적에 맞게 용건을 메모한다.

② ㄴ 인사 및 자신을 밝힌다.

③ ㄷ 상대를 확인한 후 통화가능 여부를 확인한다.

④ ㄹ 전화를 하게 된 용건을 상대가 이해할 수 있도록 시간에 구애받지 않고 자세하게 설명한다.

> ✔해설 전화는 상대의 목소리만으로 전달되는 것이므로 상대가 현재 어떠한 상태인지를 알 수 없으며, 업무상의 전화통화가 많을 수 있으므로 용건은 간결하면서도 정확하게 전달해야 한다.

13 다음 중 직무 스트레스의 관리방안으로 적절하지 않은 것은?

① 역할분석

② 사회적 미지원

③ 목표설정

④ 경력개발

> ✔해설 직무 스트레스의 관리방안
> ㄱ 목표설정(Goal Setting)
> ㄴ 역할분석(Role Analysis)
> ㄷ 직무재설계(Job Redesign)
> ㄹ 참여적 관리(Participative Management)
> ㅁ 사회적 지원(Social Support)
> ㅂ 경력개발(Career Development)
> ㅅ 유동적 작업일정 계획 및 탄력적 근무 시간제(Flexible Work Schedule)
> ㅇ 의사소통의 원활화 및 구성원 지원 프로그램

14 다음 조직몰입에 관련한 내용으로 가장 거리가 먼 것은?

① 정서적 몰입은 현재의 조직을 떠나 타 조직으로 이동할 때 발생하는 비용 때문에 현 조직에서의 구성원으로서 자격을 지속적으로 유지하려는 심리적 상태에 따른 몰입의 차원이다.

② 조직몰입은 직무만족과 같이 주관적 개념이다.

③ 개인의 조직에 대한 태도가 조직몰입이며 직무만족에 의해 조직몰입이 증대되어진다.

④ 조직몰입은 조직에 대해 원하는 것과 실제 얻는 것과의 비교로 나타난다.

✔해설 정서적 몰입은 조직 구성원이 조직에 대해 정서적 애착 및 일체감을 가지고 동일시하는 몰입 차원이다.
※ 조직몰입의 종류
  ㉠ 지속적 몰입: 현 조직을 떠나 다른 조직으로 이동할 때 발생하는 비용 때문에 현 조직에서의 구성원으로서 자격을 지속적으로 유지하려는 심리적 상태에 따른 몰입 차원을 의미한다.
  ㉡ 규범적 몰입: 종업원의 조직에 머물러 있어야 한다는 의무감에 기초한 몰입의 차원을 의미한다.
  ㉢ 정서적 몰입: 조직 구성원이 조직에 대해 정서적 애착과 일체감을 가지고 동일시하는 몰입 차원이다.

15 다음은 악수에 대한 내용이다. 악수의 사례를 읽고 이를 분석한 내용으로 바르지 않은 것을 고르면?

국내에서도 번역 출간된 초오신타의 '세계의 인사법'이란 책에는 여러 나라 여러 민족의 다양한 인사법이 나온다. 포옹, 가벼운 키스, 서로 코를 맞대는 뉴질랜드 마오리족의 인사에서부터 반가움의 표시로 상대방의 발에 침을 뱉는 아프리카 키유크족의 인사까지 우리 관점에서 보면 기상천외한 인사법이 참으로 많다. 인사는 반가움을 표시하는 형식화되고 관습화된 행위다.

나라마다 문화마다 독특한 형식의 인사가 많지만 전 세계적으로 통용되는 가장 보편적인 인사법을 꼽으라면 역시 악수일 것이다. 악수는 원래 신(神)이 지상의 통치자에게 권력을 넘겨주는 의식에서 유래했다고 한다. 이것은 이집트어의 '주다'라는 동사에 잘 나타나 있는데, 상형문자로 쓰면 손을 내민 모양이 된다고 한다.

먼저 악수할 때는 반갑게 인사말을 건네며 적극적인 자세로 서로 손을 잡고 흔든다. 이 악수는 신체적 접촉으로 이루어지는 적극적이고 활달한 인사이므로 만약 지나치게 손을 흔든다거나, 힘 없이 손끝만 살짝 쥐고 흔드는 시늉만 한다면 상대방은 몹시 불쾌해질 수 있다. 서양에서는 이런 행동을 "죽은 물고기 꼬리를 잡고 흔든다"고 말하며 모욕적인 행동으로 간주한다. 군대 내에서는 상관과 악수할 때 손에 힘을 빼라는 예법이 있다. 그것은 군대 내에서만 적용되는 악수법이니 외부인과 악수할 때에는 연하자라도 약간의 에너지를 주고 흔들면 된다. 다만, 연장자보다 힘을 덜 주면 되는 것이다.

원래 악수는 허리를 펴고 한 손으로 당당하게 나누는 인사다. 서양에서는 대통령이나 왕족을 대하는 경우에만 머리를 살짝 숙여 충성을 표시하는 데 반해, 우리나라에서는 지나치게 허리를 굽혀 악수를 하는 장면이 많이 보이는데 이는 세계적으로 통용되는 정통 악수법의 관점에서는 옳지 않다. 우리나라의 악수는 서양과 달리 절과 악수의 혼합형처럼 쓰이고 있으므로 웃어른이나 상사와 악수를 나눌 때는 왼손으로 오른쪽 팔을 받치고 고개를 약간 숙인 채 악수를 하는 것이 좋다. 그렇더라도 지나치게 허리까지 굽힌다면, 보기에도 좋지 않을뿐더러 마치 아부하는 것처럼 보일 수도 있으므로 이런 모습은 보이지 않도록 한다.

악수는 여성이 남성에게 먼저 청하는 것이 에티켓이며, 같은 맥락으로 연장자가 연소자에게, 상급자가 하급자에게 청하는 것이 옳은 방법이다. 때론 장난기 많은 사람들 중에 악수를 나누며 손가락으로 장난을 치는 사람들도 있는데, 세계화의 시대에 이런 모습은 사라져야겠다.

① 악수할 때에는 허리를 꼿꼿이 세워 대등하게 악수를 해야 한다.
② 웃어른의 뜻에 의해 악수, 또는 황송하다고 생각해서 허리를 많이 굽히거나 또는 두 손으로 감싸는 것은 상당히 매너 있는 행위이다.
③ 악수 시에는 손윗사람(연장자)이 손아랫사람에게 손을 내민다.
④ 여성이 남성에게 손을 내민다.

✔해설 웃어른의 뜻에 의해 악수, 또는 황송하다고 생각해서 두 손으로 감싸는 것은 좋지 않다. 악수는 대등하게 서로를 존중하는 것인데, 이는 오히려 상대에 대해서 비굴해 보일 수 있기 때문이다.

16 다음은 J발전사의 조직 업무 내용 일부를 나열한 자료이다. 다음에 나열된 업무 내용 중 관리 조직의 일반적인 업무 특성 상 인재개발실(팀) 또는 인사부(팀)의 업무라고 보기 어려운 것을 모두 고른 것은 무엇인가?

㈎ 해외 전력사 교환근무 관련 업무
㈏ 임직원 출장비, 여비관련 업무
㈐ 상벌, 대·내외 포상관리 업무
㈑ 조경 및 조경시설물 유지보수
㈒ 교육원(한전 인재개발원, 발전교육원) 지원 업무

---

① ㈏, ㈑
② ㈏, ㈐
③ ㈎, ㈏
④ ㈎, ㈐

✔해설 임직원 출장비, 여비관련 업무와 조경 및 조경시설물 유지보수 등의 업무는 일반적으로 총무부(팀) 또는 업무지원부(팀)의 고유 업무 영역으로 볼 수 있다. 제시된 것 이외의 대표적인 인사 및 인재개발 업무 영역으로는 채용, 배치, 승진, 교육, 퇴직 등 인사관리와 인사평가, 급여, 복리후생 관련 업무 등이 있다.

17 다음의 성공한 경영사례를 읽고 직장동료와 나눈 대화로 적절하지 않은 것은?

> A약국은 '상담약국', '랜드마크 약국', '디지털 약국', '약사 본질의 강화'를 실천하여 환자들에게 차별화된 서비스와 고객 만족을 제공하고 있다. 황 약사는 '상담약국'을 통해 약사의 전문성을 발휘하는 복약지도의 중요성을 강조하였고, 주 약사는 '랜드마크 약국'을 구현하기 위해 약국의 인테리어, 홍보, 고객 관리, 직원 매뉴얼 등을 체계적으로 개선하였다. 김 약사는 디지털 기술을 활용하여 고객 관리와 소통을 최적화하고, 허 약사는 약사의 본질적인 역할에 집중하며 고객 친화적인 환경을 조성하고 약사 직능의 성취감을 강조하였다. A약국은 이를 통해 환자에게 맞춤형 서비스를 제공하며, 환자와의 신뢰를 구축하고 차별화된 경쟁력을 강화하고 있다.

① "A약국은 상담약국을 실천하며, 환자들에게 더 나은 복약지도를 제공하고 있군."
② "A약국의 랜드마크 약국 전략은 매우 흥미롭지만 작은 약국에는 적용하기 어려울 것 같아."
③ "디지털 기술을 활용한 고객 관리와 소통은 정말 중요하지. 나도 디지털 기술을 더 배우고 싶어."
④ "고객을 위해 좀 더 자동화된 시스템을 도입하면 복약지도를 더 효율적으로 할 수 있을 것 같아."

✔ 해설 A약국의 '상담약국' 전략과 상반되는 내용이다. 황 약사는 복약지도에서 약사의 전문성을 강조하며, 자동화보다는 약사의 직접적인 개입과 맞춤형 상담을 중요하게 여긴다. 따라서 복약지도에 자동화 시스템을 도입하는 것은 A약국의 전략과 맞지 않다고 볼 수 있다.

18 다음 그림과 같은 두 개의 조직도 (A), (B)의 특징을 적절하게 설명한 것은 어느 것인가? (전체 인원수는 같다고 가정한다.)

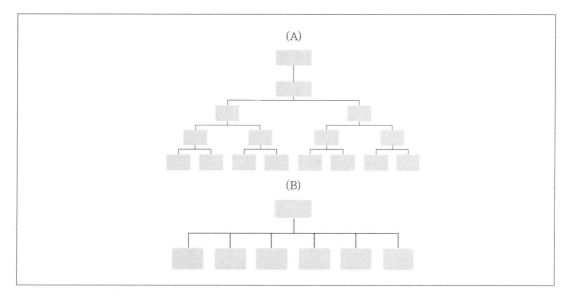

① (B)는 결재 단계가 많아 신속한 의사결정이 (A)보다 어렵다.
② (A)는 중간 관리자층이 얇아 다양한 검증을 거친 의견 수렴이 (B)보다 어렵다.
③ (A)보다 (B)는 소집단만의 조직문화가 형성될 수 있어 조직 간 경쟁체제를 유지할 수 있다.
④ (B)는 회사가 안정적이거나 일상적인 기술, 조직의 내부 효율성을 중요시하며 기업의 규모가 작을 때에는 주로 볼 수 있는 기능적인 구조이다.

✔해설 환경이 안정적이거나 일상적인 기술, 조직의 내부 효율성을 중요시하며 기업의 규모가 작을 때에는 업무의 내용이 유사하고 관련성이 있는 것들을 결합해서 (B)와 같이 기능적 조직구조 형태를 이룬다. 반면, 급변하는 환경변화에 효과적으로 대응하고 제품, 지역, 고객별 차이에 신속하게 적응하기 위해서는 (A)와 같이 분권화된 의사결정이 가능한 사업별 조직구조 형태를 이룰 필요가 있다. 사업별 조직구조는 개별 제품, 서비스, 제품그룹, 주요 프로젝트나 프로그램 등에 따라 조직화된다. 즉, 그림과 같이 제품에 따라 조직이 구성되고 각 사업별 구조 아래 생산, 판매, 회계 등의 역할이 이루어진다.

Answer 17.④ 18.④

19 다음은 관리조직의 일반적인 업무내용을 나타내는 표이다. 다음 표를 참고할 때, C대리가 〈보기〉와 같은 업무를 처리하기 위하여 연관되어 있는 팀만으로 나열된 것은 어느 것인가?

부서명	업무내용
총무팀	집기비품 및 소모품의 구입과 관리, 사무실 임차 및 관리, 차량 및 통신시설의 운영, 국내외 출장 업무 협조, 사내외 홍보 광고업무, 회의실 및 사무 공간 관리, 사내·외 행사 주관
인사팀	조직기구의 개편 및 조정, 업무분장 및 조정, 인력수급계획 및 관리, 노사관리, 평가관리, 상벌관리, 인사발령, 교육체계 수립 및 관리, 임금제도, 복리후생제도 및 지원업무, 복무관리, 퇴직관리
기획팀	경영계획 및 전략 수립, 전사기획업무 종합 및 조정, 경영정보 조사 및 기획보고, 경영진 단업무, 종합예산수립 및 실적관리, 단기사업계획 종합 및 조정, 사업계획, 손익추정, 실적관리 및 분석
외환팀	수출입 외화자금 회수, 외환 자산 관리 및 투자, 수출 물량 해상 보험 업무, 직원 외환업무 관련 교육 프로그램 시행, 영업활동에 따른 환차손익 관리 및 손실 최소화 방안 강구
회계팀	회계제도의 유지 및 관리, 재무상태 및 경영실적 보고, 결산 관련 업무, 재무제표 분석 및 보고, 법인세, 부가가치세, 국세 지방세 업무자문 및 지원, 보험가입 및 보상업무, 고정자산 관련 업무

〈보기〉

C대리는 오늘 매우 바쁜 하루를 보내야 한다. 항공사의 파업으로 비행 일정이 아직 정해지지 않아 이틀 후로 예정된 출장이 확정되지 않고 있다. 일정 확정 통보를 받는 즉시 지사와 연락을 취해 현지 거래처와의 미팅 일정을 논의해야 한다. 또한, 지난 주 퇴직한 선배사원의 퇴직금 정산 내역을 확인하여 이메일로 자료를 전해주기로 하였다. 오후에는 3/4분기 사업계획 관련 전산입력 담당자 회의에 참석하여야 하며, 이를 위해 회의 전 전년도 실적 관련 자료를 입수해 확인해 두어야 한다.

① 인사팀, 기획팀, 외환팀

② 총무팀, 기획팀, 회계팀

③ 총무팀, 인사팀, 외환팀, 회계팀

④ 총무팀, 인사팀, 기획팀, 회계팀

> **해설** 출장을 위한 항공 일정 확인 및 확정 업무는 총무팀의 협조가 필요하며, 퇴직자의 퇴직금 정산 내역은 인사팀의 협조가 필요하다. 사업계획 관련 회의는 기획팀에서 주관하는 회의가 될 것이며, 전년도 실적 자료를 입수하는 것은 회계팀에 요청하거나 회계팀의 확인 작업을 거쳐야 공식적인 자료로 간주될 수 있을 것이다. 따라서 총무팀, 인사팀, 기획팀, 회계팀과의 업무 협조가 예상되는 상황이며, 외환팀과의 업무 협조는 '오늘' 예정되어 있다고 볼 수 없다.

20 경영참가는 경영자의 권한인 의사결정 과정에 근로자 또는 노동조합이 참여하는 것을 말한다. 다음 중 경영참가 제도의 특징으로 보기 어려운 것은 어느 것인가?

① 근로자들의 참여권한이 점차 확대되면 노사 간 서로 의견을 교환하여 토론하며 협의하는 단계를 거친다. 이 단계에서 이루어진 협의결과에 대한 시행은 경영자들에게 달려있다.

② 근로자와 경영자가 공동으로 결정하고 결과에 대하여 공동의 책임을 지는 결정참가 단계에서는 경영자의 일방적인 경영권은 인정되지 않는다.

③ 경영참가는 본래 경영자와 근로자의 공동 권한인 의사결정과정에 근로자 또는 노동조합이 참여하는 것이다.

④ 제대로 운영되지 못할 경우 경영자의 고유한 권리인 경영권을 약화시키고, 오히려 경영참가 제도를 통해 분배문제를 해결함으로써 노동조합의 단체교섭 기능이 약화될 수 있다.

✔ 해설 경영참가는 경영자의 고유 권한(경영자와 근로자의 공동 권한이 아닌)인 의사결정과정에 근로자 또는 노동조합이 참여하는 것이다. 경영참가의 초기단계에서는 경영자 층이 경영 관련 정보를 근로자에게 제공하고 근로자들은 의견만을 제출하는 정보참가 단계를 가진다. 정보참가 단계보다 근로자들의 참여권한이 확대되면 노사 간 서로 의견을 교환하여 토론하며 협의하는 협의참가 단계를 거친다. 다만 이 단계에서 이루어진 협의결과에 대한 시행은 경영자들에게 달려있다. 마지막은 근로자와 경영자가 공동으로 결정하고 결과에 대하여 공동의 책임을 지는 결정참가 단계이다. 이 단계에서는 경영자의 일방적 경영권은 인정되지 않는다. 경영능력이 부족한 근로자가 경영에 참여할 경우 의사결정이 늦어지고 합리적으로 일어날 수 없으며, 대표로 참여하는 근로자가 조합원들의 권익을 지속적으로 보장할 수 있는가도 문제가 된다. 또한 경영자의 고유한 권리인 경영권을 약화시키고, 오히려 경영참가제도를 통해 분배문제를 해결함으로써 노동조합의 단체교섭 기능이 약화될 수 있다.

21 조직의 경영전략과 관련된 다음의 신문 기사에서 밑줄 친 '이 제도'가 말하는 것은 무엇인가?

중국 민성증권 보고서에 따르면 이미 올 6월 현재 상장국유기업 39곳이 실시 중인 것으로 나타났다. 이 가운데 종업원의 우리사주 보유 비율이 전체 지분의 2%를 넘는 곳은 14곳이었다. 아직까지는 도입 속도가 느린 편이지만 향후 제도 확대와 기업 참여가 가속화되고 종업원의 지분보유 비율도 높아질 것으로 예상된다. 분야도 일반 경쟁 산업에서 통신·철도교통·비철금속 등 비경쟁산업으로 확대될 것으로 전망된다.

중국 정부는 종업원이 주식을 보유함으로써 경영 효율을 높이고 기업혁신에 기여할 수 있을 것으로 내다보고 있다. 남수중 공주대 교수는 이와 관련된 리포트에서 "중국에서 <u>이 제도</u>의 시행은 국유기업 개혁의 성공과 밀접하게 관련돼 있다"면서 "국유기업의 지배구조 개선에도 유리한 작용을 할 것으로 기대되며 국유기업 개혁 과정에서 발생할 가능성이 높은 경영층과 노동자들의 대립도 완화할 수 있을 것"이라고 분석했다.

① 스톡옵션제　　　　　　　　　② 노동주제
③ 노사협의회제　　　　　　　　④ 종업원지주제

✔해설　조직의 구성원들이 경영에 참여하는 것을 경영참가제도라 한다. 경영참가제도는 조직의 경영에 참가하는 공동의사결정제도와 노사협의회제도, 이윤에 참가하는 이윤분배제도, 자본에 참가하는 종업원지주제도 및 노동주제도 등이 있다. 종업원지주제란 회사의 경영방침과 관계법령을 통해 특별한 편의를 제공, 종업원들이 자기회사 주식을 취득하고 보유하는 제도를 말한다.

22 H사의 생산 제품은 다음과 같은 특징을 가지고 있다. 이 경우 H사가 취할 수 있는 경영전략으로 가장 적절한 것은 어느 것인가?

- 제품 생산 노하우가 공개되어 있다.
- 특별한 기술력이 요구되지 않는다.
- 대중들에게 널리 보급되어 있다.
- 지속적으로 사용해야 하는 소모품이다.
- 생산 방식과 공정이 심플하다.
- 특정 계층의 구분 없이 동일한 제품이 쓰인다.
- 다수의 소규모 업체들이 경쟁하며 브랜드의 중요성이 거의 없다.

① 집중화 전략   ② 원가우위 전략
③ 모방 전략   ④ 차별화 전략

✔해설 제품의 생산 기술력이 공개되어 있고 특별한 노하우가 필요하지 않다는 점, 브랜드 이미지나 생산업체의 우수성 등이 중요한 마케팅 요소로 작용되지 않는다는 점 등으로 인해 기술적 차별화를 이루기 어려우며, 모든 대중들에게 계층 구분 없이 같은 제품이 보급되어 쓰이고 있는 소모품이라는 점 등으로 인해 일부 특정 시장을 겨냥한 집중화 전략도 적절하다고 볼 수 없다. 이 경우, 원자재 구매력 향상이나 유통 단계 효율화 등을 통한 원가우위 전략이 효과적이라고 볼 수 있다.

23 다음 사례에서와 같은 조직 문화의 긍정적인 기능이라고 보기 어려운 것은 어느 것인가?

> 영업3팀은 팀원 모두가 야구광이다. 신 부장은 아들이 고교 야구선수라서 프로 선수를 꿈꾸는 아들을 위해 야구광이 되었다. 남 차장은 큰 딸이 프로야구 D팀의 한 선수를 너무 좋아하여 주말에 딸과 야구장을 가려면 자신부터 야구팬이 되지 않을 수 없다. 이 대리는 고등학교 때까지 야구 선수 생활을 했었고, 요즘 젊은 친구답지 않게 승현 씨는 야구를 게임보다 좋아한다. 영업3팀 직원들의 취향이 이렇다 보니 팀 여기저기엔 야구 관련 장식품들이 쉽게 눈에 띄고, 점심시간과 티타임에 나누는 대화는 온통 야구 이야기이다. 다른 부서에서는 우스갯소리로 야구를 좋아하지 않으면 아예 영업3팀 근처에 얼씬거릴 생각도 말라고 할 정도다.
>
> 부서 회식이나 단합대회를 야구장에서 하는 것은 물론이고 주말에도 식사 내기, 입장권 내기 등으로 직원들은 거의 매일 야구에 묻혀 산다. 영업3팀은 현재 인사처 자료에 의하면 사내에서 부서 이동률이 가장 낮은 조직이다.

① 구성원들에게 일체감과 정체성을 부여한다.
② 조직이 변해야 할 시기에 일치단결된 모습을 보여준다.
③ 조직의 몰입도를 높여준다.
④ 조직의 안정성을 가져온다.

✔해설 조직문화는 조직의 방향을 결정하고 존속하게 하는데 중요한 요인이지만, 개성 있고 강한 조직 문화는 다양한 조직구성원들의 의견을 받아들일 수 없거나, 조직이 변화해야 할 시기에 장애요인으로 작용하기도 한다.

24 숙박업소 J사장은 미숙한 경영전략으로 주변 경쟁업소에 점점 뒤쳐지게 되어 매출은 곤두박질 쳤고 이에 따라 직원들은 더 이상 근무할 수 없게 되었다. 경영전략 차원에서 볼 때, J사장이 시도했어야 하는 차별화 전략으로 추천하기에 적절하지 않은 것은 어느 것인가?

① 경쟁업소들보다 가격을 낮춰 고객을 유치한다.
② 새로운 객실 인테리어를 통해 신선감을 갖춘다.
③ 주차장 이용 시 무료세차 및 워셔액 지급 등 추가 서비스를 제공한다.
④ 직원들의 복지를 위해 휴게 시설을 확충한다.

✔해설 차별화 전략은 조직이 생산품이나 서비스를 차별화하여 고객에게 가치가 있고 독특하게 인식되도록 하는 전략이다. 차별화 전략을 활용하기 위해서는 연구개발이나 광고를 통하여 기술, 품질, 서비스, 브랜드 이미지를 개선할 필요가 있다. 직원들의 복지를 위해 휴게 시설을 확충하는 것은 넓은 의미에서 고객에 대한 서비스 질의 향상을 도모하는 방안일 수 있으나 차별화된 가치를 서비스하는 일과 직접적인 연관이 있다고 볼 수는 없다.

팀	주요 업무	필요 자질
영업관리	영업전략 수립, 단위조직 손익관리, 영업 인력 관리 및 지원	마케팅/유통/회계지식, 대외 섭외력, 분석력
생산관리	원가/재고/외주 관리, 생산계획 수립	제조공정/회계/통계/제품 지식, 분석력, 계산력
생산기술	공정/시설 관리, 품질 안정화, 생산 검증, 생산력 향상	기계/전기 지식, 창의력, 논리력, 분석력
연구개발	신제품 개발, 제품 개선, 원재료 분석 및 기초 연구	연구 분야 전문지식, 외국어 능력, 기획력, 시장분석력, 창의/집중력
기획	중장기 경영전략 수립, 경영정보 수집 및 분석, 투자사 관리, 손익 분석	재무/회계/경제/경영 지식, 창의력, 분석력, 전략적 사고
영업(국내/해외)	신시장 및 신규고객 발굴, 네트워크 구축, 거래선 관리	제품지식, 협상력, 프리젠테이션 능력, 정보력, 도전정신
마케팅	시장조사, 마케팅 전략수립, 성과 관리, 브랜드 관리	마케팅/제품/통계지식, 분석력, 통찰력, 의사결정력
총무	자산관리, 문서관리, 의전 및 비서, 행사 업무, 환경 등 위생관리	책임감, 협조성, 대외 섭외력, 부동산 및 보험 등 일반지식
인사/교육	채용, 승진, 평가, 보상, 교육, 인재개발	조직구성 및 노사 이해력, 교육학 지식, 객관성, 사회성
홍보/광고	홍보, 광고, 언론/사내 PR, 커뮤니케이션	창의력, 문장력, 기획력, 매체의 이해

25 위의 업무 분장표를 참고할 때, 창의력과 분석력을 겸비한 경영학도인 신입사원이 배치되기에 가장 적합한 팀은 다음 중 어느 것인가?

① 연구개발팀   ② 홍보/광고팀

③ 마케팅팀   ④ 기획팀

✔해설 경영전략을 수립하고 각종 경영정보를 수집/분석하는 업무를 하는 기획팀에서 요구되는 자질은 재무/회계/경제/경영 지식, 창의력, 분석력, 전략적 사고 등이다.

Answer 23.② 24.④ 25.④

26 다음 중 해당 팀 자체의 업무보다 타 팀 및 전사적인 업무 활동에 도움을 주는 업무가 주된 역할인 팀으로 묶인 것은 어느 것인가?

① 총무팀, 마케팅팀

② 생산기술팀, 영업팀

③ 홍보/광고팀, 연구개발팀

④ 홍보/광고팀, 총무팀

> ✔해설 지원본부의 역할은 생산이나 영업 등 자체의 활동보다 출장이나 교육 등 타 팀이나 전사 공통의 업무 활동에 있어 해당 조직 자체적인 역량으로 해결하기 어렵거나 곤란한 업무를 원활히 지원해 주는 일이 주된 업무 내용이 된다. 제시된 팀은 지원본부(기획, 총무, 인사/교육, 홍보/광고), 사업본부(마케팅, 영업, 영업관리), 생산본부(생산관리, 생산기술, 연구개발) 등으로 구분하여 볼 수 있다.

27 다음과 같은 업무 태도와 행위들 중, 효과적으로 업무를 수행하는 데 방해하는 요인이 내포되어 있다고 볼 수 있는 것은 어느 것인가?

① 메신저나 사적인 전화는 시간을 정하여 그것을 넘기지 않도록 한다.

② 다른 사람들과 무조건적인 대화 단절보다는 선별적으로 시간을 할애하는 것이 바람직하다.

③ 출근 전부터 이미 도착해 수십 통씩 쌓여 있는 이메일에 빠짐없이 답하는 일을 우선 처리한다.

④ 외부 방문이나 거래처 내방 등은 사전에 약속해 두어 계획에 의해 진행될 수 있게 한다.

> ✔해설 어느 조직이라도 조직의 업무를 방해하는 요인이 자연스럽게 생겨나게 된다. 전화, 방문, 인터넷, 메신저, 갈등관리, 스트레스 등이 대표적인 형태의 업무 방해요인이다. 업무를 효과적으로 수행하기 위해서는 방해요인에는 어떤 것이 있는지 알아야 한다. 특히, 방해요인들을 잘 활용하면 오히려 도움이 되는 경우도 있으므로 이를 효과적으로 통제하고 관리할 필요가 있다. 반드시 모든 이메일에 즉각적으로 대답할 필요는 없으며, 선별을 하고 시간을 정해 계획대로 처리한다면 보다 효과적이고 생산적인 시간 내에 많은 이메일을 관리할 수 있다.

28 다음 중 '조직의 구분'에 대한 설명으로 옳지 않은 것은?

① 대학이나 병원 등은 비영리조직이다.

② 가족 소유의 상점은 소규모 조직이다.

③ 코카콜라와 같은 기업은 대규모 영리조직이다.

④ 종교단체는 비공식 비영리조직이다.

> ✔해설 공식조직은 조직의 구조, 기능, 규정 등이 조직화되어 있는 조직을 의미하며, 비공식조직은 개인들의 협동과 상호작용에 따라 형성된 자발적인 집단 조직이다. 또한 영리성을 기준으로 영리조직과 비영리조직으로 구분되며, 규모에 의해 대규모 조직과 소규모 조직으로 구분할 수 있다. ④ 종교단체는 영리를 추구하지 않으므로 비영리조직을 볼 수 있으나, 구조, 기능, 규정을 갖춘 공식조직으로 분류된다.

29 다음 글의 빈칸에 들어갈 적절한 말은 어느 것인가?

> 하나의 조직이 조직의 목적을 달성하기 위해서는 이를 관리, 운영하는 활동이 요구된다. 이러한 활동은 조직이 수립한 목적을 달성하기 위하여 계획을 세우고 실행하고 그 결과를 평가하는 과정이다. 직업인은 조직의 한 구성원으로서 자신이 속한 조직이 어떻게 운영되고 있으며, 어떤 방향으로 흘러가고 있는지, 현재 운영체제의 문제는 무엇이고 생산성을 높이기 위해 어떻게 개선되어야 하는지 등을 이해하고 자신의 업무 영역에 맞게 적용하는 (   )이 요구된다.

① 체제이해능력

② 경영이해능력

③ 업무이해능력

④ 자기개발능력

> ✔해설 경영은 한마디로 조직의 목적을 달성하기 위한 전략, 관리, 운영활동이다. 즉, 경영은 경영의 대상인 조직과 조직의 목적, 경영의 내용인 전략, 관리, 운영으로 이루어진다. 과거에는 경영(administration)을 단순히 관리(management)라고 생각하였다. 관리는 투입되는 자원을 최소화하거나 주어진 자원을 이용하여 추구하는 목표를 최대한 달성하기 위한 활동이다.

Answer 26.④ 27.③ 28.④ 29.②

30 다음 중 밑줄 친 (가)와 (나)에 대한 설명으로 적절하지 않은 것은?

> 조직 내에서는 (가)개인이 단독으로 의사결정을 내리는 경우도 있지만 집단이 의사결정을 하기도 한다. 조직에서 여러 문제가 발생하면 직업인은 의사결정과정에 참여하게 된다. 이때 조직의 의사결정은 (나)집단적으로 이루어지는 경우가 많으며, 여러 가지 제약요건이 존재하기 때문에 조직의 의사결정에 적합한 과정을 거쳐야 한다. 조직의 의사결정은 개인의 의사결정에 비해 복잡하고 불확실하다. 따라서 대부분 기존의 결정을 조금씩 수정해 나가는 방향으로 이루어진다.

① (가)는 의사결정을 신속히 내릴 수 있다.
② (가)는 결정된 사항에 대하여 조직 구성원이 수월하게 수용하지 않을 수도 있다.
③ (나)는 (가)보다 효과적인 결정을 내릴 확률이 높다.
④ (나)는 의사소통 기회가 저해될 수 있다.

✔해설 집단의사결정은 한 사람이 가진 지식보다 집단이 가지고 있는 지식과 정보가 더 많아 효과적인 결정을 할 수 있다. 또한 다양한 집단구성원이 갖고 있는 능력은 각기 다르므로 각자 다른 시각으로 문제를 바라봄에 따라 다양한 견해를 가지고 접근할 수 있다. 집단의사결정을 할 경우 결정된 사항에 대하여 의사결정에 참여한 사람들이 해결책을 수월하게 수용하고, 의사소통의 기회도 향상되는 장점이 있다. 반면에 의견이 불일치하는 경우 의사결정을 내리는 데 시간이 많이 소요되며, 특정 구성원들에 의해 의사결정이 독점될 가능성이 있다.

31 다음 〈보기〉와 같은 조직문화의 형태와 그 특징에 대한 설명 중 적절한 것만을 모두 고른 것은?

> 〈보기〉
> (가) 위계를 지향하는 조직문화는 조직원 개개인의 능력과 개성을 존중한다.
> (나) 과업을 지향하는 조직문화는 업무 수행의 효율성을 강조한다.
> (다) 혁신을 지향하는 조직문화는 조직의 유연성과 외부 환경에의 적응에 초점을 둔다.
> (라) 관계를 지향하는 조직문화는 구성원들의 상호 신뢰와 인화 단결을 중요시한다.

① (나), (다), (라)   ② (가), (다), (라)
③ (가), (나), (라)   ④ (가), (나), (다)

✔해설 (가) 위계를 강조하는 조직문화 하에서는 조직 내부의 안정적이고 지속적인 통합, 조정을 바탕으로 일사불란한 조직 운영의 효율성을 추구하게 되는 특징이 있다. 조직원 개개인의 능력과 개성을 존중하는 모습은 혁신과 관계를 지향하는 조직문화에서 찾아볼 수 있는 특징이다.

32 다음과 같은 전결사항에 관한 사내 규정을 보고 내린 판단으로 적절하지 않은 것은?

<table>
<tr><td colspan="5" style="text-align:center">〈전결규정〉</td></tr>
<tr><td rowspan="2">업무내용</td><td colspan="4" style="text-align:center">결재권자</td></tr>
<tr><td>사장</td><td>부사장</td><td>본부장</td><td>팀장</td></tr>
<tr><td>주간업무보고</td><td></td><td></td><td></td><td>○</td></tr>
<tr><td>팀장급 인수인계</td><td></td><td>○</td><td></td><td></td></tr>
<tr><td>백만 불 이상 예산집행</td><td>○</td><td></td><td></td><td></td></tr>
<tr><td>백만 불 이하 예산집행</td><td></td><td>○</td><td></td><td></td></tr>
<tr><td>이사회 위원 위촉</td><td>○</td><td></td><td></td><td></td></tr>
<tr><td>임직원 해외 출장</td><td>○(임원)</td><td></td><td>○(직원)</td><td></td></tr>
<tr><td>임직원 휴가</td><td>○(임원)</td><td></td><td>○(직원)</td><td></td></tr>
<tr><td>노조관련 협의사항</td><td></td><td>○</td><td></td><td></td></tr>
</table>

☞ 결재권자가 출장, 휴가 등 사유로 부재중일 경우에는 결재권자의 차상급 직위자의 전결사항
   으로 하되, 반드시 결재권자의 업무 복귀 후 후결로 보완한다.

① 팀장의 휴가는 본부장의 결재를 얻어야 한다.

② 강 대리는 계약 관련 해외 출장을 위하여 본부장의 결재를 얻어야 한다.

③ 최 이사와 노 과장의 동반 해외 출장 보고서는 본부장이 최종 결재권자이다.

④ 예산집행 결재는 금액에 따라 결재권자가 달라진다.

✔ 해설   ③ 최 이사와 노 과장의 동반 해외 출장 보고서는 최 이사가 임원이므로 사장이 최종 결재권자가 되
           어야 하는 보고서가 된다.
        ① 직원의 휴가는 본부장이 최종 결재권자이다.
        ② 직원의 해외 출장은 본부장이 최종 결재권자이다.
        ④ 백만 불을 기준으로 결재권자가 달라진다.

33 다음 '갑' 기업과 '을' 기업에 대한 설명 중 적절하지 않은 것은?

> '갑' 기업은 다양한 사외 기관, 단체들과의 상호 교류 등 업무가 잦아 관련 업무를 전담하는 조직이 갖춰져 있다. 전담 조직의 인원이 바뀌는 일은 가끔 있지만, 상설 조직이 있어 매번 발생하는 유사 업무를 효율적으로 수행한다.
>
> '을' 기업은 사내 당구 동호회가 구성되어 있어 동호회에 가입한 직원들은 정기적으로 당구장을 찾아 쌓인 스트레스를 풀곤 한다. 가입과 탈퇴가 자유로우며 당구를 좋아하는 직원은 누구든 참여가 가능하다. 당구 동호회에 가입한 직원은 직급이 아닌 당구 실력으로만 평가 받으며, 언제 어디서 당구를 즐기든 상사의 지시를 받지 않아도 된다.

① '갑' 기업의 상설 조직은 의도적으로 만들어진 집단이다.
② '갑' 기업 상설 조직의 임무는 보통 명확하지 않고 즉흥적인 성격을 띤다.
③ '을' 기업 당구 동호회는 공식적인 임무 이외에 다양한 요구들에 의해 구성되는 경우가 많다.
④ '갑' 기업 상설 조직의 구성원은 인위적으로 참여한다.

> ✔해설 '갑' 기업의 상설 조직은 공식적, '을' 기업의 당구 동호회는 비공식석 집단이다. 공식적인 집단은 조직의 공식적인 목표를 추구하기 위해 조직에서 의도적으로 만든 집단이다. 따라서 공식적인 집단의 목표나 임무는 비교적 명확하게 규정되어 있으며, 여기에 참여하는 구성원들도 인위적으로 결정되는 경우가 많다.

34 다음 조직의 경영자에 대한 정의를 참고할 때, 경영자의 역할로 적절하지 않은 것은?

> 조직의 경영자는 조직의 전략, 관리 및 운영활동을 주관하며, 조직구성원들과 의사결정을 통해 조직이 나아갈 방향을 제시하고 조직의 유지와 발전에 대해 책임을 지는 사람이며, 조직의 변화 방향을 설정하는 리더이며, 조직구성원들이 조직의 목표에 부합된 활동을 할 수 있도록 이를 결합시키고 관리하는 관리자이다.

① 대외 협상을 주도하기 위한 자문위원을 선발한다.
② 외부환경 변화를 주시하며 조직의 변화 방향을 설정한다.
③ 우수한 인재를 뽑기 위한 구체적이고 개선된 채용 기준을 마련한다.
④ 미래전략을 연구하기 위해 기획조정실과의 회의를 주도한다.

> ✔해설 우수한 인재를 채용하고자 하는 등의 기본 방침을 설정하는 일은 조직 경영자로서의 역할이라 할 수 있으나, 그에 따른 구체적인 채용 기준을 마련하는 일은 해당 산하 조직의 역할이라고 보아야 한다.

35 다음 설명의 빈칸에 들어갈 말이 순서대로 바르게 짝지어진 것은?

> ( )은(는) 상대 기업의 경영권을 획득하는 것이고, ( )은(는) 두 개 이상의 기업이 결합하여 법률적으로 하나의 기업이 되는 것이다. 최근에는 금융적 관련을 맺거나 또는 전략적인 관계까지 포함시켜 보다 넓은 개념으로 사용되고 있다. 기업은 이를 통해서 시장 지배력을 확대하고 경영을 다각화시킬 수 있으며 사업 간 시너지 효과 등을 거둘 수 있다. 이러한 개념이 발전하게 된 배경은 기업가 정신에 입각한 사회 공헌 실현 등 경영 전략적 측면에서 찾을 수 있다. 그러나 대상 기업의 대주주와 협상·협의를 통해 지분을 넘겨받는 형태를 취하는 우호적인 방식이 있는 반면 기존 대주주와의 협의 없이 기업 지배권을 탈취하는 적대적인 방식도 있다.

① 인수, 제휴
② 인수, 합작
③ 인수, 합병
④ 합병, 인수

✔해설 제시문은 기업 인수와 합병 즉, M&A의 의미와 기업에게 주는 의미를 간략하게 설명하는 글이다. 기업 입장에서 M&A는 기업의 외적 성장을 위한 발전전략으로 이해된다. 따라서 M&A는 외부적인 경영자원을 활용하여 기업의 성장을 도모하는 가장 적절한 방안으로 볼 수 있는 것이다. '인수'는 상대 기업을 인수받아 인수하는 기업의 일부로 예속하게 되는 것이며, '합병'은 두 기업을 하나로 합친다는 의미를 갖는다. 두 가지 모두 기업 경영권의 변화가 있는 것으로, 제휴나 합작 등과는 다른 개념이다.

36 경영전략 추진과정을 순서대로 바르게 나열한 것은?

① 환경분석→경영전략 도출→전략목표 설정→경영전략 실행→평가 및 피드백
② 환경분석→전략목표 설정→경영전략 도출→경영전략 실행→평가 및 피드백
③ 전략목표 설정→환경분석→경영전략 도출→경영전략 실행→평가 및 피드백
④ 전략목표 설정→경영전략 도출→환경분석→경영전략 실행→평가 및 피드백

✔해설 경영전략 추진과정은 전략목표 설정→환경분석→경영전략 도출→경영전략 실행→평가 및 피드백 순이다.

Answer 33.② 34.③ 35.③ 36.③

▌37-38 ▌ 다음은 인사부에서 각 부서에 발행한 업무지시문이다. 업무지시문을 보고 물음에 답하시오.

업무지시문(업무협조전 사용에 대한 지시)

수신 : 전 부서장님들께

참조 :

제목 : 업무협조전 사용에 대한 지시문

　업무 수행에 노고가 많으십니다.

　부서 간의 원활한 업무진행을 위하여 다음과 같이 업무협조전을 사용하도록 결정하였습니다. 업무 효율화를 도모하고자 업무협조전을 사용하도록 권장하는 것이니 본사의 지시에 따라주시기 바랍니다. 궁금하신 점은 　⑦　담당자(내선: 012)에게 문의해주시기 바랍니다.

-다음-

1. 목적
　　(1) 업무협조전 이용의 미비로 인한 부서 간 업무 차질 해소
　　(2) 발신부서와 수신부서 간의 명확한 책임소재 규명
　　(3) 부서 간의 원활한 의견교환을 통한 업무 효율화 추구
　　(4) 부서 간의 업무 절차와 내용에 대한 근거확보
2. 부서 내의 적극적인 사용권장을 통해 업무협조전이 사내에 정착될 수 있도록 부탁드립니다.
3. 첨부된 업무협조전 양식을 사용하시기 바랍니다.
4. 기타 : 문서관리규정을 회사사규에 등재할 예정이오니 업무에 참고하시기 바랍니다.

20xx년 12월 10일

S통상

⑦ 장 ○○○ 배상

---

37 다음 중 빈칸 ⑦에 들어갈 부서로 가장 적절한 것은?

① 총무부　　　　　　　　　　② 기획부

③ 인사부　　　　　　　　　　④ 영업부

　✔해설　조직기구의 업무분장 및 조절 등에 관한 사항은 인사부에서 관리한다.

38 업무협조전에 대한 설명으로 옳지 않은 것은?

① 부서 간의 책임소재가 분명해진다.

② 업무 협업 시 높아진 효율성을 기대할 수 있다.

③ 업무 절차와 내용에 대한 근거를 확보할 수 있다.

④ 부서별로 자유로운 양식의 업무협조전을 사용할 수 있다.

✔해설 업무지시문에 첨부된 업무협조전 양식을 사용하여야 한다.

39 다음의 내용을 보고 윤리경영 특성으로 옳지 않은 것은?

○○홈쇼핑은 14일 서울 본사에서 '윤리경영 세미나'를 개최했다고 15일 밝혔다. ○○홈쇼핑은 지난 8월 국내 민간기업 최초로 한국투명성기구와 '청렴경영 협약을 맺고 ○○홈쇼핑의 반부패 청렴시스템 구축, 청렴도 향상·윤리경영 문화 정착을 위한 교육, 경영투명성과 윤리성 확보를 위한 활동 등을 함께 추진하기도 했다. 이번 '윤리강령 세미나'에서는 A 대학교 경영학과 교수가 '윤리경영의 원칙과 필요성'을, 한국투명성기구 상임정책위원이 '사례를 통해 본 윤리경영의 방향'을 주제로 강의를 진행했다. A 대학교 경영학과 교수는 윤리경영을 통해 혁신이 이뤄지고 기업의 재무성과가 높아진 실제 연구 사례를 들며 윤리경영의 필요성에 대해 강조했으며, "○○홈쇼핑이 잘못된 관행을 타파하고 올바르게 사업을 진행해 나가 윤리적으로 모범이 되는 기업으로 거듭나길 바란다"고 말했다. 또 상임정책위원은 윤리적인 기업으로 꼽히는 해외 기업 경영 사례를 자세히 설명하고 "윤리경영을 위해 기업의 운영과정을 투명하게 공개하는 것이 중요하다"고 강조했다. 강연을 마친 후에는 개인 비리를 막을 수 있는 조직의 대응방안 등 윤리적인 기업으로 거듭나는 방법에 대한 질의응답이 이어졌다. ○○홈쇼핑 CSR동반성장위원장은 "투명하고 공정한 기업으로 거듭나기 위한 방법에 대해 늘 고민하고 있다"며, "강연을 통해 얻은 내용들을 내부적으로 잘 반영해 진정성 있는 변화의 모습을 보여 드리겠다"고 말했다.

① 윤리경영은 경영상의 관리지침이다.

② 윤리경영은 경영활동의 규범을 제시해준다.

③ 윤리경영은 응용윤리이다.

④ 윤리경영은 경영의사결정의 도덕적 가치기준이다.

40 다음 기사를 읽고 밑줄 친 부분에 관련한 설명으로 틀린 것은?

甲시 문화산업진흥재단의 A 사무총장과 B 비엔날레부장, C 문화예술부장, D 문화산업부장, E 경영지원부장 등 4명의 집단 사표로 지역사회에 충격을 안겨준 이번 사태는 출범 초기부터 안고 있던 정치적 행태와 조직문화의 병폐가 더 이상 갈 곳을 잃고 폭발하고만 것이라는 지적이다. 甲시 문화재단은 선거캠프 보은인사, 지역 인사의 인척 등 복잡한 인적 구성으로 인해 조직 안의 세력이 갈리고 불신이 깊게 자리 잡다 보니 한 부서에서 일어나는 작은 일까지 굴절된 시각으로 확대 해석하는 일들이 빈번하게 발생하면서 구성원들의 사기저하와 불만이 팽배한 상태였다. 문화재단의 한 직원은 "그동안 지역의 문화예술발전을 위해 정부 공모사업 유치와 다양한 문화행사를 펼쳤지만, 업무 외에 접하는 서로 간의 불신과 음해가 많은 상처와 회의감을 줬다"며 "실제로 이런 <u>조직문화</u>에 지치고 염증을 느껴 재단을 떠난 사람들도 많고, 지금도 업무보다 사람에 시달리는 게 더 힘들다"고 토로했다. 이와 함께 甲시장이 취임하면서 강조하고 있는 경제활성화를 초점에 둔 '문화예술의 산업화'가 이번 사태의 한 원인이 됐다는 지적도 있다. 전임 시장은 '향유하는 문화'를 지향한 반면, 현 甲시장은 '수익 창출 문화산업'에 방점을 찍고 있다. 임기만료를 앞두고 시행한 A 사무총장의 목표관리 평가와 최근 단행한 전 부서장의 순환인사도 연임을 염두에 두고 현 시장의 문화예술정책 기조를 받들기 위한 것임은 다 알고 있던 터였다. 이러한 A 사무총장의 행보는 50대 초반의 전문가가 2년만 일하고 떠나기는 개인적으로나 업무적으로나 아쉬움이 클 거라는 동조 의견과 의욕은 좋으나 포용력과 리더십이 부족하다는 양면적인 평가를 받아왔다. A 사무총장은 그동안의 국제행사의 성공적 개최는 물론 20XX년 지역문화브랜드 최우수상 수상, 20XX년 동아시아 문화도시 선정 등 의욕적인 활동을 벌였으나 밀어붙이기식 업무 추진이 내부 직원들의 불만을 샀다. A 사무총장은 그동안 시청의 고위직이 맡았던 기존의 관례를 깨고 전임 시장 시절 처음으로 외부 공모를 통해 임명된 인사다. 그렇기 때문에 A 사무총장 본인도 휴가를 반납하면서 까지 열정적으로 일하며 '첫 외부인사로서 새로운 신화'를 쓰고자 했으나, 결국 재단이 출범 초기부터 안고 있던 고질적 병폐에 백기를 들었다는 해석도 가능하다. 아무튼 재단을 진두지휘하는 수장과 실무 부서장들의 전원 사표라는 초유 사태는 시민들에게 큰 실망감을 안겨주고 있으며, 甲시 문화재단의 이미지를 대내외적으로 크게 실추시키고 있다.

이번 사태를 기점으로 정치색과 행정을 벗어나 좀 더 창의적으로 일할 수 있는 조직혁신과 업무에만 매진할 수 있는 인적 쇄신 등 대대적 수술이 필요하다.

① 조직구성원들의 고유 가치에도 동기부여를 함으로써 종업원들의 조직에 대한 근로의욕 및 조직에 대한 몰입도를 낮출 수 있는 역할을 수행한다.

② 하나의 조직 구성원들이 공유하는 가치와 신념 및 이념, 관습, 전통, 규범 등을 통합한 개념이다.

③ 조직문화의 기능은 그 역할이 강할수록, 기업 조직의 활동에 있어서 통일된 지각을 형성하게 해 줌으로써 조직 내 통제에 긍정적인 역할을 할 수가 있다.

④ 조직 구성원들에게 정보의 탐색 및 그에 따른 해석과 축적, 전달 등을 쉽게 할 수 있으므로, 그들 구성원들에게 공통의 의사결정기준을 제공해주는 역할을 한다.

> ✔ 해설 조직구성원들의 고유 가치에도 동기부여를 함으로써 종업원들의 조직에 대한 근로의욕 및 조직에 대한 몰입도를 높일 수 있는 역할을 수행한다.

Answer 40.①

가볍게! 빠르게! 확인하는 용어사전 시리즈

가볍게! 빠르게! 한눈에 보는
시사용어
사전 1228

상식연구소 편저

◆ 공기업 / 언론사 / 기업체 / 공무원 채용대비에 필요한 시사용어 수록
◆ 분야별 구성으로 최신·중요 시사용어 총 1228개 수록
◆ 자가진단 TEST 및 십자말 풀이, 파트별 실력 점검퀴즈로 이해도와 용용력 강화
◆ 한눈에 확인할 수 있는 시리즈 상식들 통해 폭넓은 지식 확장

가볍게! 빠르게! 한눈에 보는
경제용어
사전 1050

상식연구소 편저

◆ 금융권 / 공기업 / 언론사 / 기업체 / 공무원 채용대비에 필요한 경제용어
◆ 사전식 구성으로 최신·중요 경제용어 총 1050개 수록
◆ 자가진단TEST 및 십자말 풀이, 파트별 실력점검 퀴즈로 이해도와 용용력 강화

가볍게! 빠르게! 한눈에 보는
부동산용어
사전 1310

상식연구소 편저

◆ 2024년 제35회 공인중개사 출제 용어 수록
◆ 부동산학개론 / 민법 및 민사특별법 /
부동산 세법 / 부동산공법 / 중개실무 / 부동산공시법 /
◆ 자가진단TEST 및 십자말 풀이, 파트별 실력점검 퀴즈로 이해도와 용용력 강화

SEOWONGAK (주)서원각

| 시사용어사전 | 경제용어사전 | 부동산용어사전

시사용어사전 1228

매일 접하는 각종 기사와 정보! 공기업/언론사/기업체/공무원 채용을 준비하는 수험생과
현대인이 꼭 알아야 할 최신 시사상식을 쏙쏙 뽑아 이해하기 쉽도록 영역별로 정리

경제용어사전 1050

주요 경제용어는 거의 다 실었다! 금융권/공기업/언론사/기업체/공무원 채용을 준비하기 전에,
경제 공부를 시작하기 전에 읽어보면 경제가 쉬워지도록 사전식으로 구성

부동산용어사전 1310

부동산에 대한 이해를 높이고 부동산의 개발과 활용, 투자 및 부동산 용어 학습에도
적극적으로 이용할 수 있는 교재, 공인중개사 출제용어도 수록

자격증

한번에 따기 위한 서원각 교재

한 권에 준비하기 시리즈 / 기출문제 정복하기 시리즈를 통해 자격증 준비하자!